高等院校通识教育　　　　　　　　　　　　　应用技术型高等院校
"十三五"规划教材　　　　　　　　　　　　综合素质教育系列教材

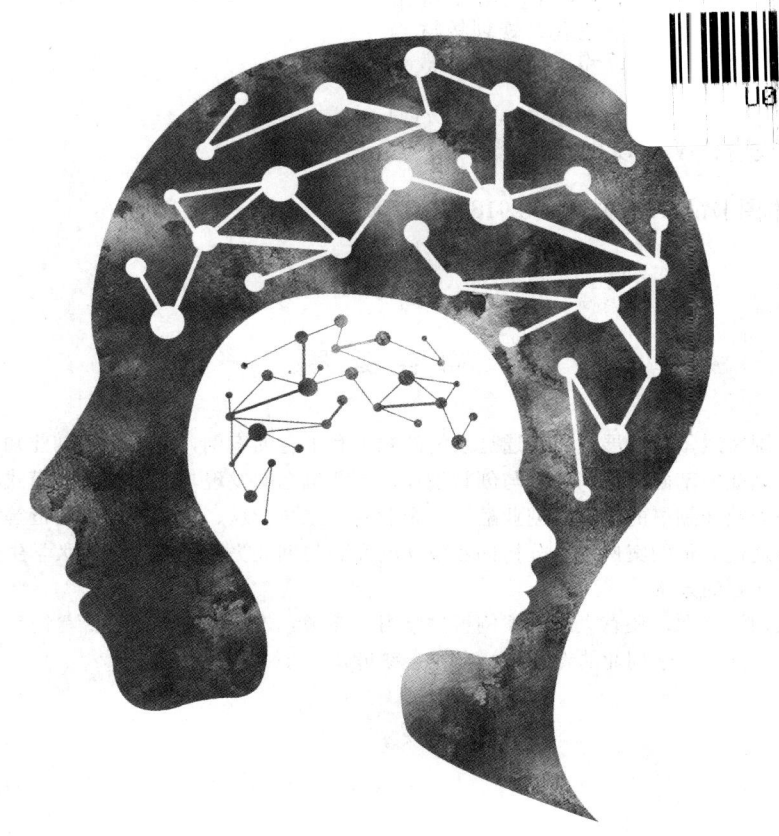

INNOVATION AND ENTREPRENEURSHIP

创新创业基础

慕课版

嵇毅　王艳　主编
刘娟　刘轶　副主编

人民邮电出版社
北京

图书在版编目（CIP）数据

创新创业基础：慕课版 / 嵇毅，王艳主编. -- 北京：人民邮电出版社，2018.8（2020.7重印）
高等院校通识教育"十三五"规划教材
ISBN 978-7-115-48717-9

Ⅰ．①创… Ⅱ．①嵇… ②王… Ⅲ．①大学生－创业－高等学校－教材 Ⅳ．①G647.38

中国版本图书馆CIP数据核字(2018)第137009号

内 容 提 要

本书结合国家政策与发展战略，通过系统的知识和丰富的案例，对大学生创业知识准备及心理准备、大学生创业的基础方法、创意与创新创业、创业机会的发现与选择、创业模式的选择、创业团队的组建、创业计划书的撰写、创业融资、企业的设立与管理、创业的风险防范等现实进行了重点阐述。最后通过大量的案例综合分析创业成功的经验与创业失败的教训，为大学生提供可以参考的模板和解决问题的方案。

本书不仅知识全面，还有大量的案例可供学习、参考。本书既可作为各高等院校大学生创业课程的教材，又可供有志于创业的青年和社会人士参考。

◆ 主　编　嵇　毅　王　艳
　　副主编　刘　娟　刘　轶
　　责任编辑　王　平
　　责任印制　焦志炜

◆ 人民邮电出版社出版发行　北京市丰台区成寿寺路11号
　邮编　100164　电子邮件　315@ptpress.com.cn
　网址　http://www.ptpress.com.cn
　中国铁道出版社印刷厂印刷

◆ 开本：787×1092　1/16
　印张：18
　字数：427千字　　　　　2018年8月第1版
　　　　　　　　　　　　　2020年7月北京第3次印刷

定价：49.80 元

读者服务热线：(010)81055256　印装质量热线：(010)81055316
反盗版热线：(010)81055315
广告经营许可证：京东市监广登字20170147号

前言
PREFACE

  深化高等学校创新创业教育改革,是国家实施创新驱动发展战略、促进经济提质增效升级的迫切需要,是推进高等教育综合改革、促进高校毕业生更高质量创业就业的重要举措。鉴于此教育的重要意义,我们组织了多年从事创新创业教育的一线教师,结合教学经验及实际社会环境,编写了此书,旨在提高高等教育质量、促进大学生全面发展、推动大学毕业生创新创业。

  本书针对当前大学生创业教育与研究发展的问题,以及当代大学生创业过程中遇到的实际问题,给大学生提供了全方位的创业指导。本书重点介绍了大学生创业基础、创业机会、创业模式、创业者与创业团队、创业计划、创业融资、企业的设立、创业的风险及防范、互联网创业、大学生创业案例剖析等内容。

  作为大学生创新创业指导的教材,与目前市场上的其他同类书相比,本书具有以下特点。

  (1)切合实际。本书在当前大学生就业与创业环境下,从大学生的创业环境、创业能力等方面进行全面阐述,引导大学生树立并培养创新精神、创新意识、创业意识与创业能力。

  (2)案例丰富。本书附有大量案例,包括大学生创业案例、优秀创业者的创业案例。这些案例具有很强的可读性和参考性。大学生可以从中得到感悟、经验和教训。

  (3)配套名师同步在线视频教程。本书配有名师同步视频教学课程,学生可登录人邮学院(www.rymooc.com)进行在线学习,通过老师在线视频讲解来学习和巩固所学知识,这不仅增加了学习的途径,而且更利于大学生接受和理解知识,从而提高学习效率。

  本书由武汉华夏理工学院嵇毅、王艳任主编,刘娟、刘轶任副主编。在本书的编写过程中,参考和使用了有关资料,在此谨向这些资料的作者致以诚挚的谢意。

编 者
2018 年 5 月

目录
CONTENTS

01
第一章　大学生创业基础 　1
第一节　大学生创业政策支持 　2
　一、大学生开展自主创业的意义 　2
　二、国家鼓励创业的政策 　6
　三、部分省市关于大学生创业的政策 　9
　四、部分大学生创业园区的基本情况 　11
第二节　创新与创业 　13
　一、创新是创业生存之本 　13
　二、激发创新意识 　14
　三、训练创新思维 　15
　四、提升创新能力 　20
　五、从创新到创业 　21
　六、创业的过程 　22
第三节　创业与自我认识 　26
　一、自我剖析 　26
　二、找准目标并拉近距离 　27
　三、获得良好的人脉关系 　28
　四、做好创业前的心理准备 　28
第四节　创业对职业生涯发展的影响 　33
　一、创业和职业生涯发展的关系 　33
　二、创业对个人职业生涯规划发展的意义和作用 　34
第五节　评估与分析 　37

02
第二章　创业机会 　44
第一节　创业机会的识别 　45
　一、创意与创业社会 　45
　二、创业机会的特征和类型 　48
　三、创业机会的来源 　48
　四、影响机会识别的关键因素 　50
第二节　创业机会的把握和选择 　53
　一、创业机会的把握 　53
　二、创业机会的选择 　55
第三节　创业机会的评价 　59
　一、定性评价方法 　59
　二、定量评价方法 　60
第四节　评估与分析 　64

03
第三章　创业模式 　69
第一节　商业模式 　71
　一、商业模式的概念 　72
　二、商业模式的要素 　73
　三、成功商业模式的特征 　74
　四、商业模式与创新 　75
第二节　创业模式 　79
　一、常见的创业模式 　79
　二、适合大学生的创业领域 　86

目录
CONTENTS

第三节　评估与分析　88

04

第四章　创业者与创业团队　89

第一节　创业者　90
　一、创业者的类型　91
　二、创业者的素质和能力　92
　三、创业应具备的条件和能力　95
　四、影响创业成功的心理障碍　99

第二节　创业团队　103
　一、创业团队的概念与类型　104
　二、创业团队的优劣势分析　105
　三、创业团队的组建　107
　四、创业团队的管理　110

第三节　创业领导者　113
　一、创业领导者的角色与行为策略　114
　二、创业领导者的个人魅力　114

第四节　创业团队的社会责任与分工合作　116
　一、创业团队的社会责任　116
　二、创业团队的分工合作　117

05

第五章　创业计划　121

第一节　创业调查　122
　一、市场调查的含义　122
　二、市场调查的内容　123
　三、市场调查的方法　124

第二节　完善创业构思　128
　一、了解你的顾客　129
　二、了解你的竞争对手　132

第三节　编写《创业计划书》　135
　一、《创业计划书》的作用　135
　二、《创业计划书》的内容　135
　三、《创业计划书》的编写步骤　138

第四节　评估与分析　141

06

第六章　创业融资　144

第一节　创业融资的产生原因及条件　145
　一、创业融资的产生原因　145
　二、创业融资的基本条件　146

第二节　债券融资　148
　一、向家人、朋友借款　148
　二、银行贷款　148
　三、大学生创业贷款　151

第三节　股权融资　153
　一、创业资本融资　153
　二、天使融资　159
　三、私募股权投资　161

目录 CONTENTS

第四节　创业融资的问题　164
　　一、廉价出售你的技术或创意　164
　　二、花别人的钱，圆自己的梦　164
　　三、没有完善的融资战略设计　164
　　四、缺少对融资方案的比较性选择　165
　　五、过度包装或不包装　165
　　六、缺乏资金规划和融资准备　166
　　七、缺少必要的融资知识　166
　　八、盲目对外出具融资担保函　166
　　九、盲目扩张，不建立合理的企业治理结构　167
　　十、融资缺乏信用　167
第五节　评估与分析　168

07

第七章　企业的设立　170
第一节　创办企业前的准备　171
　　一、新创企业的类型　171
　　二、新创企业组织形式的选择　174
　　三、选择企业组织形式需考虑的因素　175
第二节　企业设立的流程　177
　　一、企业名称预先核准登记　177
　　二、登记并领取"五证合一"证照　178
　　三、刻制印章　184
　　四、办理税务登记　184
　　五、开立企业银行账户　186
第三节　企业的管理　188

　　一、企业管理的原理与方法　188
　　二、基础管理与人力资源管理　192
　　三、创业初期营销管理　194
　　四、创业初期财务管理　200
　　五、创业初期顾客管理　205
第四节　评估与分析　211

08

第八章　创业风险及防范　214
第一节　创业风险概述　215
　　一、风险与创业风险　215
　　二、创业风险的特征　216
　　三、创业风险的类型　217
　　四、创业风险识别　219
第二节　创业各阶段的风险　220
　　一、创业前期的风险　220
　　二、创业中期的风险　222
　　三、创业后期的风险　224
第三节　创业风险的防范措施　227
　　一、外部风险的防范措施　227
　　二、内部风险的防范措施　230
第四节　评估与分析　233

09

第九章　互联网创业　235
第一节　"互联网+"基础知识　236

目录 CONTENTS

  一、"互联网+"基本概念 　236
  二、"互联网+"新一代信息技术 　239
  三、互联网思维 　243
  四、"互联网+"商业模式 　245
 第二节　"互联网+"创新创业 　249
  一、"互联网+"新技术革命 　249
  二、"互联网+"重点行动 　250
  三、"互联网+"创新创业机遇 　252
  四、"互联网+"创新创业挑战 　253
 第三节　校园创新创业项目 　254
  一、"互联网+"大学生创新创业大赛 　255
  二、"挑战杯"中国大学生创业计划竞赛 　257
 第四节　评估与分析 　258

10

第十章　大学生创业案例剖析　260
 第一节　创业的成功经验 　261
  一、选择适合大学生的创业项目 　261
  二、大学生创业成功方法与案例 　262
 第二节　创业失败的教训 　268
  一、大学生创业失败的主要原因 　268
  二、大学生创业失败案例评析 　269
 第三节　评估与分析 　276

参考文献　279

CHAPTER 01

第一章　大学生创业基础

学习目标

>>> 了解国家对大学生创业的扶持政策
>>> 了解创新与创业的关系
>>> 掌握创新思维的训练方法
>>> 掌握提升创新能力的方法
>>> 学会自我分析和自我评估
>>> 了解创业对职业生涯发展的影响

案例导入

刘新杰从小就对一些新奇的小游戏十分感兴趣，特别是那些拓展思维的益智小游戏。进入中学后，刘新杰第一次接触到了计算机，那时，只要一到计算机课，刘新杰绝对是最先到教室，最后离开的。他打开计算机的第一件事情就是把计算机里面的小游戏打开，先玩一局。渐渐地，这些游戏被他全部攻破，没有吸引力了。这时刘新杰就想，可不可以自己来设计游戏呢？

进入大学后，刘新杰毫不犹豫地选择了计算机软件专业，通过几年的刻苦学习，刘新杰不仅学会了程序的编写方法，而且开始设计制作自己喜欢的游戏，他设计制作的游戏受到了同学和老师的一致好评。这不仅实现了他一直以来的梦想，而且使他感到非常自豪。

为了让更多的人体验到益智游戏的乐趣，刘新杰想到了自己创业。于是，他在校外租了一套两室一厅的房子，花3万多元置办了4台计算机，开始了自己的创业之路。不久之后，他靠天使投资出资的100万元，在北京中关村软件园正式注册了公司。

随后的日子里，靠着自己和员工的共同努力，他们开发了很多小游戏。这些游戏一经发布，很快就获得了相当好的评价。随着公司的发展，刘新杰渐渐感到有些力不从心，为此，他特地招聘了一位管理学博士来帮他管理并规划公司，公司渐渐步入正轨……

启示　从上面的案例来看，刘新杰一开始便对自己有着清晰的认知，知道自己喜欢做的事情和以后想要从事的事业，并为此努力学习累积经验，在自己具备相应能力后，在国家扶持政策的帮助下，开始了自己的创业计划。这说明，能清晰认识自我，找准目标并为之努力的人，创业成功的概率会更大。

事实上，国家已经出台了很多鼓励、扶持大学生创新创业的政策，各省、区、市的有关单位和高校也积极开展了创业活动，这大大激发了大学生创新创业的激情。但只有激情是不够的，大学生缺乏创业经验，很容易因盲目跟风而导致创业失败。因此，大学生在创业前应该好好积累职业技能、学术知识、人脉、经验、渠道等资源，并做好创业的心理建设，为创业做好全方位准备。

大学生创业政策支持

2015年4月21日和2015年6月10日，"如何扶持大学生创业"两次被列为国务院常务会议议题。

一、大学生开展自主创业的意义

大学生自主创业是创业中非常重要的一部分。虽然在现实生活中，大学生创业还存在诸多不足，如创业实践少，自主创业科技含量和成功率较低，同时抗挫折能力不够，创业所需的综合知识和能力素质比较欠缺等，但是不能否认的是，自主创业不仅对大学毕业生自身发展和成长具有重大意义，而且对社会发展和国家繁荣也具有重大的现实意义和深远的历史意义。

扫一扫

大学生开展自主创业的意义

麦可思研究院发布的《2016年中国大学生就业报告》暨2016年《就业蓝皮书》显示，我国大学生的自主创业比例由2011届的1.6%上升到了2015届的3%，大学毕业生自主创业的比例呈现持续和较大幅度的上升趋势，如图1-1所示。

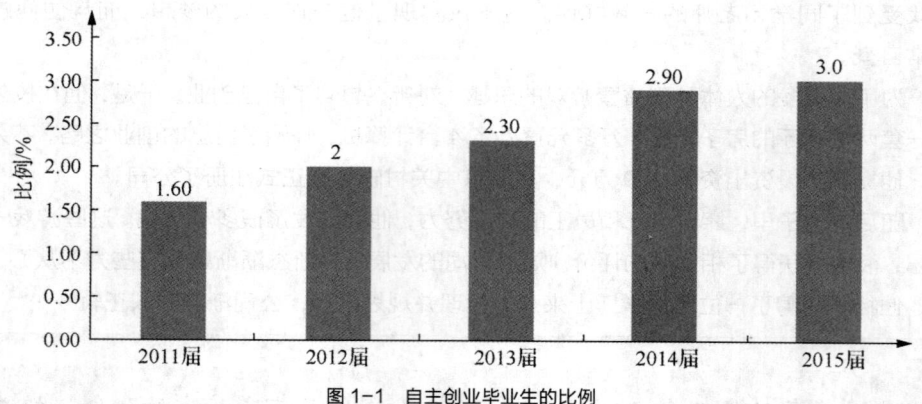

图1-1　自主创业毕业生的比例

（一）自主创业有助于社会生产力的发展

创业者是现代生产力的催生者，创业活动是技术创新并实现产业化的主要形式。目前，我国的科技创新成果很多，但仅有6%~8%的产业转化率；即使是在北京中关村这样一个人才密度高于美国硅谷的地方，科技成果转化率也仅有20%；而发达国家的科技成果转化率达到50%，美国硅谷科技成果转化率甚至高达60%~90%。

硅谷的发展

从旧金山的湾区中半岛沿着加州101号高速公路往南至圣何塞，被称为"硅谷大道"，在它的两侧有着上千家高科技公司，既有世界知名的领先企业，又有许多依附大公司制造零部件的中小型公司，它们都是硅谷的组成部分。

知名物理学家威廉·肖克利1955年带着他的晶体管发明回到老家圣克拉拉谷创办了肖克利半导体实验室，并在1956年荣获诺贝尔物理学奖，他被誉为"晶体管之父"。很多东部的人才纷纷前往硅谷，投奔到威廉·肖克利的实验室。同时，被誉为"硅谷之父"的弗雷德·特曼教授也致力于将斯坦福大学打造成"西部的麻省理工学院"，并鼓励师生创业。

其后，硅谷先后出现了罗伯特·诺伊斯——"集成电路之父"、苹果公司创始人乔布斯、微软创始人比尔·盖茨等优秀人物，还有谷歌、亚马逊、eBay、PayPal、Facebook等企业或互联网媒体。在硅谷聚集着众多世界级高科技公司，它们之间的联手及竞争加快了研发升级，进一步促进了各领域的快速发展。

美国硅谷的发展证明，鼓励和支持高等专业技术人才投身于自主创业的大潮中，有利于实现科技成果转化、促进社会生产力发展、建设创新型国家的目标。因此，鼓励和支持创业活动能有效地推动社会生产力发展。

（二）自主创业有助于实现经济高速增长

创业活动与社会经济之间是相辅相成的。一般而言，经济发达的地区也是创业活动活跃的地区，推动创业活动，也就推动了经济的发展。尽管目前我国大学生创立的大多数是一些中小企业，但这是一支不可估量的新兴力量。

虽然目前我国大学生创业所创造的收入占GDP的比例不高，但可以想象，不久的将来，随着更多的大学生加入自主创业的行列，我国自主创业的企业不管是数量还是质量都会有一个质的飞跃。

（三）自主创业有助于创造新的就业机会

大学生自主创业，有利于缓解国家的就业压力，为更多的毕业生提供新的就业岗位，能从根本上解决毕业生就业难的问题。因为一人创业成功，可以带动至少10人就业，同时，自主创业还增加了中小企业的数量，开创新的产业领域，为经济发展注入了动力。

据统计，目前我国中小企业数量占全国企业总数的99%，大约有4 000万家，提供了大约80%的城镇就业机会，是解决就业问题的主力军。

大学毕业生创业就是利用自己的知识、才能和技术，以自筹资金、技术入股、寻求合作等方式创立新的就业岗位，为自己、为社会、为更多的人创造就业机会。

个人网站带来的就业机会

2000年，当李想的同学还在为高考而努力奋斗的时候，李想已经看到了互联网市场的发展前景，他对自己的父亲说："互联网是个潜力无穷的增长市场，现在我不去占领，几年后，就会被别人占领了。"于是，19岁的李想找到大学毕业后在深圳打工的朋友，说服他回到石家庄，两人建立了泡泡网，专门提供计算机硬件、个人和办公数码产品的信息服务。

李想的预料没有错，随着科技发展和互联网的兴起，他们的网站业务开始慢慢有了起色，随后又有两名年轻人加入了他们的队伍。到2003年注册公司以后，队伍的人数也慢慢地变多，达到20个人左右。李想的队伍里基本上是大学刚刚毕业的年轻人，这些年轻人很有干劲，刚刚踏入社会，心态还很年轻，学习能力也很强。

李想的网站从最初的个人网站，慢慢发展成为国内排名靠前的中文IT专业网站。在他看来，"创业"其实是"就业"的另一种形式，通过另一个平台，以创业者的心态去对待、去发展自己的梦想，依靠自己的努力来实现梦想。

（四）自主创业有助于实现自我价值

创业是青年就业的有效方式，也是实现自我价值的有效途径。大学生通过自主创业，可以把兴趣与职业紧密结合，实现人生价值。创业者在创业中往往会面临许多困难与挫折，历经千辛万苦才能取得成功。因此，创业是一个意志锤炼的过程，是学习提高、锻炼和自身发展的过程。创业成功，不仅个人可以获得利益的回报，实现自我价值，还可以回报社会，为国家的繁荣做出贡献。

陈东海自我价值的实现

2000年，我国房地产业刚起步时，房屋装修和家庭、单位保洁也刚刚打开市场。发现这个商机后，陈东海辞掉了待遇不错的饮料销售员工作，花6 000元买来一台吸尘器和一辆摩托车，和妻子一起开始了走街串巷的创业之路。

陈东海和妻子的第一笔业务是为一栋200 m²的复式楼做保洁工作，两人忙碌整整一天后，得到了客户的肯定，并得到了创业的第一笔回报——120元的保洁费。就这样，陈东海和妻子从小单做起，到2001年成立了家政公司。随后由于业务量的扩大，他们常常忙得焦头烂额，而很多员工由于不熟悉现场作业情况，在工作中有些畏首畏尾。于是夫妇二人招聘了业务接听员，并亲自带着员工一起干。

由于陈东海的坚持和努力，他的公司慢慢步入正轨，业务也热热闹闹地开展起来了，不到半年就赚取了纯利润6万元。到了2002年，陈东海的公司承接了古田海尔厂房的钢架清扫业务。在执行清洁工作时，看着 10 m 高的钢架，陈东海突然意识到，在这么危险的环境下，能不能找到什么东西来替代人工作业呢？他想到了借助机器。于是，陈东海引进国际先进的清洁设备，并请来上海、广州的行业专家，培训员工机械化操作。

2007 年，陈东海在与客户接触中经常被问到是否提供汽车零部件清洗业务。他想到，如果自己有汽车零部件专业清洗机，公司的业务不就能扩大吗？于是，他四处走访，向行家请教，并在从事机械设备设计工作的弟弟的帮助下，用积累的近 200 万元资金，开始研发清洁设备。

经过一年的考察、调研、学习，陈东海终于搭建起自己的自动化技术团队，也确定了工业自动化清洗流水线的研发方向，此后开发出了自动化工业清洗设备，并将其成功地应用于公司的配套系统中。

2009 年，他的公司成功开发了工业高压清洗机产品线。2012 年，他的公司新开发了环卫清洗机产品线，并应用在了武汉、海口、宁波、合肥等城市的环卫系统上。

陈东海最初创业的梦想是让自己和家人的生活变得更好，随着创业的成功，他获得的成就越来越大，个人社会地位也越来越高，受到了员工和群众的爱戴。这也是他实现自我价值的过程。

（五）自主创业有助于促进我国高等教育理念与人才培养模式改革

传统办学的指导思想、培养目标与社会对人才的需求目标不匹配，因此，推进大学生创业是对我国的传统教育方式的一种挑战。

要全面推进大学生创业，就要从创业对人才素质的要求和建设创新型国家的需求出发，转变育人观念，对高等教育进行系统改革和创新，进行思想教育、人才培养模式的转变，以及教学内容、教育方法、课程设置、考试制度等方面的改革。

山西省创业培训部分意见

山西省人力资源和社会保障厅、省财政厅、省教育厅联合发布通知，决定在全省普通高校开展大学生毕业学年创业培训专项活动。创业培训分为创业意识培训和创办企业培训两部分。

创业意识培训：创业意识培训以教师课堂讲座为主，辅以专家现场指导或创业成功者经验介绍等形式，培训课程不少于 21 个课时，培训人数每班应在 90 人左右。

创办企业培训：创办企业培训采用参与性培训形式，以教师授课为主，辅以创业指导帮扶和政策讲解、创业成功者经验介绍、现场考察创办成功的企业等形式，培训课程不少于 49 个课时，培训人数每班不得超过 30 人。

各高校创业培训定点机构在毕业学年内（即从毕业前一年 7 月 1 日起的 12 个月）组织本校大学生完成创业意识培训和创办企业培训，经结业考核合格者，均可享受财政培训补贴。每人在毕业学年内只能享受一次同类型的创业培训补贴。补贴标准：创业意识培训为每人 150 元，创办企业培训为每人500元。创业培训补贴资金申领支付采取面向高校创业培训定点机构的形式，申报创业培训补贴资金时，高校创业培训定点机构应按季度向省、市人社厅（局）提交资金申请报告。

各高校创业培训定点机构组织实施创业意识或创办企业培训，须统一使用由国家创业指导委员会项目办公室提供的大学生版标准教材；须根据规定的教学课程计划开展培训教学活动；参加创办企业培训考核合格的学员，将由省或市人力资源和社会保障厅（局）颁发统一的培训合格证书。

（六）自主创业是时代赋予大学生的历史使命

时代造就青年，时代呼唤青年。大学生自主创业有助于为国家造就一批年轻的企业管理人才，创业者将是我国未来经济发展的主力军，而大学生则是我国现在和未来创业的主体力量之一。

阅读材料

3名大学生的游戏引擎创业

吴虎、常军、林蔓雯原是某大型网游公司的员工，虽然他们工作年限都不长，但个人能力非常突出，专业技术也相当过硬。在看到国内手机软件尤其是手机游戏软件市场蓬勃发展的趋势后，他们想抓住其中的商机，于是几个人经过筹划后决定辞职一起创业。

他们创业的项目并非游戏本身，而是游戏引擎。游戏引擎简而言之就是一种开发制作游戏的工具，它能够帮助广大游戏生产商提高工作效率，而几个人过去在工作中也设计制作过加快游戏开发进度的工具，所以具备相关经验。经过5个多月的艰苦努力后，一款可操作性极强的可以用作商业游戏开发的引擎被他们制作出来了。这款游戏引擎比国外的相关产品便宜得多，一套只卖30多万元。他们制订了相应的营销方案，向国内游戏开发商推广他们的产品和服务，并大获成功。据一位客户透露，以往想要制作大型游戏，就要购买国外的开发引擎，而一套引擎动辄就在300万元以上，现在购买他们的这套游戏引擎，虽然功能不如国外的引擎强大，但应付现在的手机游戏开发已经是绰绰有余，而且还提供产品升级服务。他也非常佩服这些开发者，认为这么少的几个人，能够把这么棒的产品开发出来，实在是非常了不起。

二、国家鼓励创业的政策

根据2015年《政府工作报告》部署，国务院为改革完善相关体制机制，构建普惠性政策扶持体系，推动资金链引导创业创新链、创业创新链支持产业链、产业链带动就业链，提出了若干意见。

（一）国务院关于大力推进"大众创业、万众创新"若干政策措施的意见

以下是国家为推进"大众创业、万众创新"提出的若干意见。

（1）完善公平竞争市场环境。

（2）深化商事制度改革。
（3）加强创业知识产权保护。
（4）健全创业人才培养与流动机制。
（5）加大财政资金支持和统筹力度。
（6）完善普惠性税收措施。
（7）发挥政府采购支持作用。
（8）优化资本市场。
（9）创新银行支持方式。
（10）丰富创业融资新模式。
（11）建立和完善创业投资引导机制。
（12）拓宽创业投资资金供给渠道。
（13）发展国有资本创业投资。
（14）推动创业投资"引进来"与"走出去"。
（15）加快发展创业孵化服务。
（16）大力发展第三方专业服务。
（17）发展"互联网+"创业服务。
（18）研究探索创业券、创新券等公共服务新模式。
（19）打造创业创新公共平台。
（20）用好创业创新技术平台。
（21）发展创业创新区域平台。
（22）支持科研人员创业。
（23）支持大学生创业。
（24）支持境外人才来华创业。
（25）支持电子商务向基层延伸。
（26）支持返乡创业集聚发展。
（27）完善基层创业支撑服务。
（28）加强组织领导。
（29）加强政策协调联动。
（30）加强政策落实情况督查。

（二）大学生创业优惠政策

具体到大学生创业，国务院也出台了相关具有针对性的政策，主要包括以下12个方面。

❶ 税收优惠

持人社部门核发的"就业创业证"，高校毕业生在毕业年度内创办个体工商户、个人独资企业的，3年内按每户每年8 000元为限额依次扣减其当年实际应缴纳的营业税、城市维护建设税、教育费附加和个人所得税。对高校毕业生创办的小型微利企业，按国家规定享受相关税收支持政策。

❷ 创业担保贷款和贴息

符合大学生自主创业条件的，可在创业地按规定申请创业担保贷款，贷款额度为10万元。鼓励金融机构参照贷款基础利率，结合风险分担情况，合理确定贷款利率水平。金融机构对个人发放的创业担保贷款，在贷款基础利率基础上上浮3个百分点以内的，由财政给予贴息。

❸ 免收有关行政事业性收费

毕业2年以内的普通高校学生从事个体经营（除国家限制的行业外）的，自其在工商部门首次注册登记之日起3年内，免收管理类、登记类和证照类等有关行政事业性收费。

❹ 社会保险补贴

对大学生创办的小微企业新招用毕业年度高校毕业生，签订1年以上劳动合同并缴纳社会保险费的，给予1年社会保险补贴。

❺ 免费创业服务

有创业意愿的大学生，可免费获得公共就业和人才服务机构提供的创业指导服务，包括政策咨询、信息服务、项目开发、风险评估、开业指导、融资服务、跟踪扶持等"一条龙"创业服务。

阅读材料

牛浩的凉皮店

刚大学毕业的牛浩本想去一家外企做技术顾问，但在面对严峻的就业形势时，他发现，自主创业也许是更好的选择。牛浩是陕西人，最喜欢吃家乡凉皮，于是他毫不犹豫地选择了卖陕西凉皮这门生意。在牛浩看来，陕西凉皮名声在外，在南方的餐饮市场有广阔的发展空间；并且，制作陕西凉皮的准备工作主要在前期，现场做一碗凉皮用时不超过30s，有利于标准化生产。

牛浩进一步了解到，国家出台了一系列鼓励创业创新的政策，按照规定他属于毕业年度内自主从事个体经营的高校毕业生，3年内可享受月销售额不超过2万元的暂免征收增值税等优惠政策。于是，牛浩和几个伙伴合伙凑钱，在成都环球中心租了一间小铺面，开始了他的创业之路。开业以来，业绩蒸蒸日上，不久税务部门就与他联系税收减免事宜。

牛浩发现，减免税收不是最重要的，重要的是随着创业环境的改善，目前关注大学生创新创业的人越来越多，特别是天使投资的发展，为像他这样的创业者带来了资金、经营和管理等方面的帮助。在这样的创新创业环境下，牛浩的小店越来越红火。

❻ 取消高校毕业生落户限制

高校毕业生可在创业地办理落户手续（直辖市按有关规定执行）。

❼ 创新人才培养

自主创业的大学生可享受各地各高校实施的系列"卓越计划"、科教结合协同育人行动计划等，同时可享受跨学科专业开设的交叉课程、创新创业教育实验班等，以及探索建立的跨院系、跨学科、跨专业交叉培养创新创业人才的新机制。

❽ 开设创新创业教育课程

自主创业的大学生可享受各高校充实的各类专业课程与创新创业教育资源，以及面向全体学生开设的研究方法、学科前沿、创业基础、就业创业指导等方面的必修课和选修课；可享受各地区、各高校资源共享的视频公开课等在线开放课程，以及在线开放课程学习认证和学分认定制度。

⑨ 强化创新创业实践

自主创业的大学生可共享学校面向全体学生开放的大学科技园、创业园、创业孵化基地、教育部工程研究中心、各类实验室、教学仪器设备等科技创新资源和实验教学平台。同时可以参加全国大学生创新创业大赛，全国高职院校技能大赛，各类科技创新、创意设计、创业计划等专题竞赛，以及高校学生成立的创新创业协会、创业俱乐部等社团，提升创新创业实践能力。

⑩ 改革教学制度

自主创业的大学生可享受各高校建立的自主创业大学生创新创业学分累计与转换制度，将开展创新实验、发表论文、获得专利和自主创业等实践折算为学分，将学生参与课题研究、项目实验等活动认定为课堂学习的新探索。

同时，自主创业的大学生也可享受为有意愿、有潜质的学生制订的创新创业能力培养计划，教学实践活动中，会有创新创业档案和成绩单等一系列客观记录，用于量化评价学生情况。优先支持参与创业的学生转入相关专业学习。

⑪ 完善学籍管理规定

有自主创业意愿的大学生，可享受高校实施的弹性学制，放宽学生修业年限，允许调整学业进程、保留学籍休学进行创新创业。

⑫ 大学生创业指导服务

自主创业的大学生可享受各地各高校对自主创业学生实行的持续帮扶、全程指导、一站式服务，地方、高校两级信息服务平台可以为学生提供国家政策、市场动向等信息。除此之外，各地在充分发挥各类创业孵化基地作用的基础上，还应因地制宜地建设大学生创业孵化基地，并配以相关培训、指导服务等扶持政策。

三、部分省市关于大学生创业的政策

国家颁布了一系列的创新创业政策，具体落实时，各省市又根据各地具体情况开展工作。

（一）北京市关于大学生创业的政策

《北京市人民政府关于进一步做好普通高等学校毕业生就业工作的通知》（京教学〔2011〕6号）中明确说明，要在以下方面切实关注和支持大学生创新创业。

（1）落实和完善创业扶持政策及贷款贴息、减免税收等政策。

（2）加强创业培训和创业服务，根据高校毕业生的特点和需求，组织开展政策咨询、信息服务、项目开发、风险评估、开业指导、融资服务、跟踪扶持等"一条龙"创业服务。

（二）上海市关于大学生创业的政策

上海市有关大学生创业的优惠政策如下。

（1）高校毕业生（含大学专科、大学本科、研究生）从事个体经营的，自批准经营日起，1年内免交个体户登记注册费、个体户管理费、经济合同示范文本工本费等。此外，如果成立非正规企业，只需到所在区县街道进行登记，即可免税3年。

（2）自主创业的大学生，向银行申请开业贷款担保额度最高可为7万元，并享受贷款贴息。

（3）设立了专门针对应届大学毕业生的创业教育培训中心，免费为大学生提供项目风险评估和指导，帮助大学生更好地把握市场机会。

（4）免收管理类、登记类、证照类等有关行政事业收费。

（5）提供免费企业登记公告服务，大学生创新创业企业的优秀人才在办理上海市居住证时，不受企业注册资金限制；办理人才引进时，不受企业注册资金限制；实行"大学生创业跟踪联系"制度。

（6）工商部门开辟"绿色通道"，落实专人担任"创业联系人"，为大学生创业提供事前指导、快速办结、定期联系等全程跟踪服务。

（三）广州市关于大学生创业的政策

广州市关于大学生创新创业的政策如下。

（1）注册资本"零首期"。

（2）高校毕业生创办企业从事技术转让、技术开发业务和与之相关的技术咨询、技术服务业务取得的收入，免征营业税。

（3）高校毕业生创办企业为开发新产品、新技术、新工艺所发生的研究开发费，未形成无形资产计入当期损益的，在按照规定据实扣除的基础上，按照研究开发费用的50%加计扣除；形成无形资产的，按照无形资产成本的150%摊销；减免企业所得税；放宽小额担保贷款政策等。

（4）毕业学年起3年内自主创业，在本市领取营业执照或在其他法定机构注册登记并正常经营的在穗高校毕业生，每户给予一次性创业扶持补贴5000元。

（5）毕业学年起3年内自主创业在本市领取营业执照或其他法定机构注册登记并正常经营的在穗高校毕业生，按本市现行社会保险缴费基数下限和缴费比例，给予最长不超过3年的养老、失业、工伤、医疗和生育社会保险补贴（个人缴费部分由个人承担）。

（6）毕业学年起3年内租用经营场地或店铺（在各类创业孵化基地的除外），从事个体经营或创办小微企业的在穗高校毕业生，自工商注册登记之日起正常运营6个月以上并吸纳3人以上就业，办理了就业登记手续的，根据租赁合同期限，给予每户每年最多3000元场地租用补贴，租金每年低于3000元的按实际予以补贴。补贴期限最长不超过2年。

（四）杭州市关于大学生创业的政策

杭州市关于大学生创业的政策如下。

（1）政府牵头成立杭州大学生创业联盟，搭建组织培育、导师帮带、教育培训、阵地支持、项目发展、融资服务6大平台。

（2）实施工商注册优惠政策：工商注册免费，允许大学生租用、使用高校范围内的相应场地作为经营场所进行注册登记；加大创业资助力度等。

（3）拓宽大学生创业企业资金渠道，解决创业企业资金难的瓶颈。项目由杭州市中小企业担保有限公司承保，杭州银行与杭州联合银行承贷，可为创业大学生提供50万~200万元的创业贷款。

（4）大学生创业企业在创业园外租赁房屋用于创业的，2年内由纳税地财政给予房租补贴，补贴标准为第一年补贴1元/（平方米·天）、第二年补贴0.5元/（平方米·天）（实际租用面积超过100平方米的，按100平方米计算；房租补贴超过实际租房费用的，按实际租房费用补贴）。

（5）大学生创业企业参加市政府（或经市政府批准）举办或组织参加的各类国内外会展，经企业纳税地政府部门认可后，由纳税地财政按展位费的50%给予补贴。对单家企业每年最多补贴3万元，可连续补贴3年。

（五）云南省关于大学生创业的政策

云南省关于大学生创业的政策如下。

（1）从放宽市场准入限制、财政扶持、税收优惠、金融支持、培训和创业补贴、社会保障优惠6个方面设置扶持政策，并出台了20项措施鼓励创业以促进就业。

（2）云南省财政每年将安排1亿元创业资金，重点用于支持大学毕业生、农民工、复转军人、留学回国人员和其他有创业能力的人员自主创业。

（3）实施"泛海扬帆——大学生创业行动"公益项目，通过公益资助、政策扶持、技能培训和经验分享等方式，全方位帮扶大学生实现自主创业。

（4）实施"云岭大学生创业引领计划"，预计3年扶持2万名大学生实现自主创业，带动6万人就业。

（5）开展"两个10万元"微型企业扶持培育工程，对符合要求的微型企业提供资金补助和贷款需求，且免收其管理类、登记类、证照类行政事业性收费。

（六）陕西省关于大学生创业的政策

陕西省关于大学生创新创业的具体优惠政策如下。

（1）大学生创业贷款、小额担保贷款并轨运行推动"大学生创业引领计划"。

（2）将自主创业大学生的户籍范围由西安市暂扩大到省内，外省籍大学生创业的，根据其项目经审核可适度放贷。

（3）通过开展大学生创业培训、创业引导和创业服务工作，多渠道宣传创业政策，在全社会营造良好的创业环境和氛围，实施小额担保贷款扶持大学生创业。

四、部分大学生创业园区的基本情况

我国正处于经济高速发展的阶段，创业正是推进我国经济持续发展的一个重要因素。大学生创业者是创业大军中最重要的一股力量，他们代表了新一代创业者的素质。通过创业还可以创造社会财富，缓解国内的就业压力，促进经济有效发展。

然而，现行大学创业教育的缺失和制度的束缚，阻碍了大学生创业前进的步伐。因此，大学生创业还需要社会树立有效的导向机制、鼓励机制和帮扶机制。在国家干预下，部分大学生创业园区的兴起，营造了支持大学生创业的社会氛围，提高了大学生自身的能力，有助于大学生创业成功。部分大学生创业园区的基本情况如表1-1所示。

表1-1 部分大学生创业园区的基本情况

创业园区	相关情况	特点
浙商大学生创业园	浙商理念："两低"优势——低门槛创业进入机制、低风险退出机制	连接了本土浙商资源和大学生创业群体
深圳大学生创业园	每年投入100万元设立深圳大学学生创业基金	主要支持有市场潜力的科技创新项目以及在商业模式上有特色的项目
上海大学科技园区	由孵化基地、市北工业园及莘莘学子创业园3个部分组成	主要产业化方向为信息技术、新材料、生命科学、机电一体化、环境保护技术
湖南大学生科技创业园	创业场所使用费、自主创业开办费和各类社保补贴，享受优先获得担保贷款、全额补贴各项税费等政策扶持	以优惠政策为引导，以创业培训为支撑，以全程专业服务为手段，打造大学生创业、就业、企业和事业四位一体的示范基地
杭州市大学生创业园（上城区）	联合中国美术学院建立大学生创业领导小组，成立大学生创业俱乐部，联合冰川投资管理有限公司创办了上城区大学创业园	500万元的大学生创业专项资金和大学生创业导师制度，搭建大学生就业创业"一站式"服务窗口、网上"一站式"服务平台和审批绿色通道，从就业创业信息公开、就业创业技能提升、就业创业服务整合等环节解决大学生就业创业中遇到的困难
华南师范大学南海校区大学生创业园	出台创业课程的开设与评估制度、创业导师的聘任制度、创业项目的筛选与评估制度等，同时出台了创业园免收场地租赁费、免费开通网络和电话以及入驻创业园等一系列优惠措施	集创业教育、创业实践、项目孵化、政务代理、法律咨询和园区管理于一体，实现创业教育平台与相关技能平台、创业实践平台的相互支撑
南京市大学生创业园	具有项目开发、风险评估、开业指导、创业培训、政策咨询、信息和融资等一系列创业孵化服务与相应的创业孵化扶持政策	可为入驻的新创企业提供人事代理、劳动保障、工商、税务、融资、信息、咨询等"一站式"服务

拓展训练

搜集创新创业优惠政策

搜集国家或地方政府对创新创业活动的扶持政策，并从中筛选出你可能用到的政策。

评分标准：找到的优惠政策越多得分越高。

第二节　创新与创业

创新是创业的基础，创业则是一种创新性实践活动。创业者只有在创业的过程中具有创新思维和创新意识，才能产生新的富有创意的想法和方案，才能找到新市场、新方向、新模式，最终获得创业的成功。

一、创新是创业生存之本

《孟子·梁惠王》中记载："君子创业垂直，可继也。"这里的创业，即指"创立基业""开创事业"。"创业"由"创"和"业"组成，所谓"创"就是创造，即创建、创立、创新之意，"业"具有学业、业务、工作、专业、就业、转业、事业、财产、家业、企业等含义。

在现代社会中，"创业"被普遍用于描述开创某种事业的活动，它是一个过程，也是一个主体通过主观努力而取得的新的结果。即某个人或者某个群体通过有组织的努力，以创新、独特的方式追求机会、创造价值和谋求增长，也是一种着重于创新活动的行为过程，是创业者通过创新手段，将资源更有效地利用，为市场创造出新的价值。

阅读材料

苹果公司的发展

截至2017年2月25日，苹果公司的总市值为7 167.8亿美元，为全球最有价值的科技公司。12年之内，原本不过60亿美元左右的苹果公司市值增加了近119倍，其原因就在于创新。

1998年，苹果公司推出了第一款独特的台式计算机——iMac，人们首次在苹果产品的身上看到了"i"字母，并最终沿用至现在的每一款iOS设备。

2001年10月，苹果公司推出了第一代iPod。它只有5GB的容量，2MB的RAM和32MB的ROM，也不能与Windows操作系统兼容，但它采用了1.8英寸（1英寸=2.54cm）的硬盘作为存储介质，并采用了机械卷轴滑轮式操作按钮。当时这款产品的售价为399美元，然而产品开售不到两个月，就已经卖出了125 000台。

2003年，苹果公司推出了iTunes。这是苹果公司历史上最具革命性创新的产品，也推动了苹果市值的快速飙升。iTunes是苹果终端的管理平台，无论是iPod、iPhone还是iPad，都通过iTunes来管理。随着iTunes的推出，苹果公司得以进入音乐市场。它建立了强大的商业模式，它也证明只要价格合适、界面足够简单，人们实际上是可以为音乐付费的。短短3年内，"iPod+iTunes"组合为苹果公司创收近100亿美元，几乎占到公司总收入的一半。

2007年，苹果公司推出了iPhone，它将移动电话、可触摸宽屏iPod以及具有桌面级电子邮件、网页浏览、搜索和地图功能的因特网通信设备这3种产品完美地融为一体，让用户能够通过手指控制手机。

2010年年初，苹果公司又推出了iPad，它采用和iPhone同样的操作系统，是一款介于笔记本和手机之间的便携设备。它外观小巧，提供浏览网站、收发电子邮件、阅读电子书、播放音频或视频、玩游戏等功能。iPad一经发布，便受到苹果用户的喜爱。

2011年，苹果公司推出了iPad 2系统，并正式在中国零售。

苹果公司取得的这些成就，根源主要在以下3个方面。

（1）根据用户需求设计新产品，即优先考虑用户的需求以及操作的简便性。比如iPod开发团队在推出iPod前，就先对MP3播放器为何滞销进行了调查，发现原因是存储容量小、切换歌曲不方便。因此，苹果公司对容量进行扩充，并摒弃了一切不需要的硬件。iPod的附加功能，如录音功能、数码相机伴侣、存储非音频格式文件等，方便了用户的工作和生活。

（2）超越顾客的需求，给顾客需要但没有想到的需求。比如iPhone的各种应用程序和良好的移动互联网体验，就使它成为新一代手机市场的领军者。

（3）商业模式的创新，把新技术和卓越的商业模式结合起来。比如"iPod+iTunes"组合创新的不仅是硬件，而且让数字音乐下载变得更加简单。苹果公司开创了一个将硬件、软件和服务融为一体的新的商业模式。

作为大学生创业者，应该明白创新对于创业的重要性。没有创新，大学生创业者将很难在激烈的创业竞争中脱颖而出。

创新的方法很多，有的人通过引进一种新产品而创新；有的人通过采用新的生产方式而开辟了一个新的市场；有的人通过利用新的原材料而发现新的需求；有的人采用新的组织形式而获得新的道路，这些都是激发大学生创业的因素。

也可以说，创新是创业的本质，一个企业要想长期发展，必须不断创新。比如企业每年都要招募新的人才，就是期望这些人才为公司带来新观念、新思维，不断创新。观念和思维的创新是一切创新的前提。

二、激发创新意识

创新意识指人们根据社会和个体生活发展的需要，善于独立思考、敢于标新立异，提出新观点、新方法，解决新问题和创造新事物的意识。它对一个人创新能力的形成具有十分重要的作用。创新意识是人产生的一种主动发现、积极探索解决问题的意识思维，是人们进行创造活动的出发点和内在动力，是创造性思维和创造力的前提，也是形成创新能力的基础。

马斯洛说："创造性首先强调的是人格，而不是成就，自我实现的创造性强调的是性格上的品质，如大胆、勇敢、自由、自主性、明晰、整合、自我认可和一切能够造成这种普遍化的东西，或者说强调的是创造性的态度、创造性的人。"这就是说，创新最重要的不是结果，而是要有强烈的进取精神和勇于探索新事物的思维意识。拥有了这种创新精神，才敢去想别人没有想过的事物，做别人没有做过的事情。

第一件胶布雨衣

麦金杜斯在苏格兰的一家橡胶工厂工作,由于经济困窘,无力购买雨具,所以每当下雨时,他只能冒雨上下班。1823年的一天,麦金杜斯在工作时,不小心把橡胶溶液滴到了衣服上,怎么也擦不掉,他舍不得丢弃这件衣服,所以仍旧穿着它上下班。不久,麦金杜斯发现,这件衣服上涂了橡胶的地方,好像涂了一层防水胶,虽然样子难看,水却不会渗透进去。他灵机一动,索性将橡胶水涂满整件衣服。世界上第一件能防水的胶布雨衣就是这样诞生的。

创新需要一定的敏感度,而敏感是建立在多观察、不断探索的基础上的。当人们仔细观察、探索,并努力思考的时候,便能产生更多的思维火花,解决许多本来很难解决的问题。同时,创新还需要强烈的好奇心,好奇可以使人产生探索的欲望,使人想要去质疑、探索、刨根问底。人的潜能也会在这个过程中得到释放。

创新是一个长久的过程,最难的就是创新活动前创新意识的产生,也许有时候一个一闪而过的念头、一件微不足道的小事就会触发我们去思考,但这个触发的过程并不长久,这就要求我们更进一步地运用创新意识挖掘这件小事。就像很多人都被树上的果子砸到过,看到过东西从高处落下,但不是所有被果子砸过的人都能因此受到启发而发现万有引力。

人的一生中,会经历许许多多的事,有时其实你已经接近创新的边缘了,然而却没有把握住创新的机会。作为大学生,或许我们不能做出十分惊人的壮举,但是,我们一定要激发自己的创新意识,学会思考、怀疑与探索,然后结合自身的知识来加以实践。

三、训练创新思维

21世纪是一个高速发展的时代,科学技术日新月异。如果一味追随别人的脚步,就会落后于人。所以,我们需要培养良好的创新思维,以推动社会发展。

创新思维指对事物间的联系进行前所未有的思考,从而创造出新事物的思维方法。一切需要创新的活动都离不开思考,离不开创新思维,可以说,创新思维是一切创新活动的开始。只要学会运用创新思维,就可以具有创造力,具备成为一名成功企业家的潜质。

紧身裙与可口可乐瓶

关于经典的可口可乐瓶的设计传说有这样一个故事。路透是美国一家玻璃瓶厂的工人,由于上班路上耗费的时间很长,他便在离工厂不远的地方租了一个小隔间,以便自己休息和上班。他工作繁忙,已经很长时间没有和女友见面了,他和女友都十分想念对方。

一天上午,女友精心打扮了一番,穿了一条时兴的紧身裙来探望路透。这条裙子在膝部附近变窄,凸出了人体的线条美,实在是非常漂亮。约会后,路透突然想到:为什么不把沉重的可口可乐瓶设计成这种紧身裙的式样呢？

于是，路透按照女友裙子的样式制作了一个玻璃瓶，并将玻璃瓶的图案画下来进行了专利登记。之后，他来到可口可乐公司，将制作好的玻璃瓶和图案交给了当时可口可乐公司的经理——史密斯。史密斯看了之后非常高兴，大大称赞了路透一番，并马上与路透签订了一份合同，约定每生产12打汽水便支付路透5美分。就这样，可口可乐饮料的瓶身就变成了现在我们所熟知的样式。路透通过女友漂亮的裙子，想到了改变可口可乐原本不实用的瓶身，这就是他的创新思维促使了其灵感的发挥。

（一）突破思维定式

思维定式指我们用一种固定的思维模式来思考问题的习惯，它会使人的思维沿一定的方向、一定的次序思考，使思维受到限制，从而阻碍新观念、新想法的产生，阻碍人的创造性。

阅读材料

半杯水

著名的美国汽车大王——亨利·福特十分重视对员工创新思维的开发，经常会出一些小问题来考察员工。在一次会议上，他突然举起桌上的半杯水，问在座的员工："你们看这杯水，能从中得出什么结论？"

马上有人回答："水已经被喝了一半了，杯子空了一半。"

另一个人答道："杯子里还有一半的水可以喝。"

亨利·福特听后，对大家说道："你们说的都对，但我的思维方式和你们不同。"看到大家都不明白，他接着说："我看到的是，这个杯子的容积是水的两倍。这说明了什么？说明装这半杯水，只要用这个杯子一半大小的杯子就够了。"

亨利·福特认为，用一只大杯子来做一只小杯子能做到的事，这是对资源的浪费。通过这个小小的问题，他不仅告诉了员工节约资源的重要性，还启发了大家要换一个方向来思考问题，这样才能打破思维的常规习惯，创造不同的价值。

思维定式适用于人们遇到同类或相似问题的情况，但对于创造性问题来说是十分不利的，因为它会让人的思维活动逐渐变为一种既定的方向和模式，形成思维惯性，逐渐成为一种本能反应，使人的创造性思维受到束缚。

对于创新者来说，突破思维定式是十分重要的。我们在思考问题时，可以从以下7个方面来打破常规的思维模式。

（1）这个问题还能用其他的方式来表示吗？

（2）可以将问题颠倒过来看看。

（3）能不能用另一个问题来替换目前的问题？

（4）将自己的思考方向转换一下。

（5）将思考问题时我们脑中出现的想法记录下来，并认真思考。

（6）把复杂的问题转换为简单的问题。

（7）把自己生疏的问题转换为熟悉的问题。

先入为主是我们最容易形成的一种思维定式，这其实是一种偏见思维。当人们被一些自己并未察觉的现象干扰，或凭自己的主观臆测看待问题时，就很容易做出错误的判断。因此，应该主动、理智地分析问题，加强对问题的理解，提高观察和分析问题的能力，不断发现新事物和解决问题的新方法。

（二）扩展思维视角

"视角"就是思考问题的角度、层面、路线或立场。思考问题时，若仅从一个视角出发，则得到的结论往往是不全面的。大学生创业者要想训练自己的思维能力，就应该尽量拓宽视角，学会从多种角度观察问题，从而提高发现新事物或解决问题的新方法。

❶ 发散思维

发散思维又称辐射思维、放射思维、扩散思维或求异思维，指人在思考的过程中，不受已经确定的规则、方式和方法的约束，思维呈现一种扩散状态的模式，如图1-2所示。

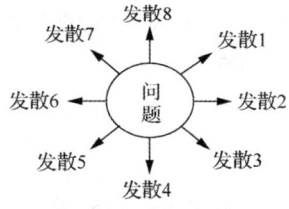

图1-2 发散思维

发散思维就像一棵树，树枝从树干的四面八方延伸出去，从多个方向、多个角度扩展思维的空间。我们在进行发散思维训练的过程中，要做到思维的流畅、变通和新颖。

（1）流畅。流畅指尽可能在最短的时间内产生更多的思维火花，表达尽可能多的思想和观念。训练思维流畅性的方式如下。

① 在5分钟内，说出至少50个带有"雨"的成语。

② 在3分钟内，列出至少60种水果的名称。

③ 如果你只剩下一天的时间，会做什么？

曲别针的用途

在一堂选修课上，教授拿出一枚曲别针对学生们说："大家都动动脑筋，告诉我曲别针都有哪些用途？"

同学A说："可以别胸卡、挂日历、夹文件。"

同学B说："可以别相册、挂讲义、挂稿件。"

同学C说："可以当钩子，衣服的纽扣、拉链坏了，可以当搭扣。"

同学D说:"串起来当链条,可以绑东西;把针掰直,可以代替钥匙开锁;还可以磨成鱼钩去钓鱼。"

同学们七嘴八舌地说了一通,教授只笑笑并问道:"还有吗?"看大家都沉默了下来,教授才轻轻地伸出5个手指头,说道:"曲别针的用途远不止这些,我可以说出50种、500种、5 000种。"

接着,他将曲别针不停地拆开再进行组合,分别组成了数字1、2、3、4等用来进行数学运算;做成英文字母用来拼读;利用曲别针的导电作用,将它绑在手机充电器上给手机充电;曲别针可以与硫酸反应生成氢气;曲别针包含铁元素,将其与其他物质发生化学反应,可以生成成千上万种物质……

我们在生活中往往习惯按照固定模式来思考问题,久而久之,就会妨碍思维的灵活性与创造性的发挥。所以,必须要训练自己的思维能力,打破常规,为自己的思维插上腾飞的翅膀。

(2)新颖。新颖指用与众不同的新观点、新认识反映客观事物,对事物表现出独特的见解。新颖既是发散思维的最高目标,又是创新思维的本质。作为大学生创业者,更要努力开阔自己的思维独特性,以获得解决或发现新问题、新思想、新事物的能力。

❷ 逆向思维

逆向思维指朝着与固定思维相反方向进行思考的思维模式,它是一种从问题的对立面出发进行思考,从问题的相反面进行分析的方法。比如我们熟知的电动吹风机和电动吸尘器,它们就是发明者从相反的原理方向进行研究而发明的事物。

吸尘器的产生

为了更有效地清除地毯、房间中的灰尘,人们希望有一种能够迅速清理灰尘和脏物的机器。人们首先采用的是"吹"的方法,即通过机器把灰尘"吹"掉。很快,英国人比赛尔经过试验制造出了清扫器,并将它用于宫廷和高尔夫球场的清洁工作。

到了1901年,在英国伦敦举行了一场车厢除尘器公开表演活动,桥梁建筑师舒伯特·布特也应邀参加。当表演活动开始时,灰尘被清扫器"吹"得漫天飞舞,使人睁不开眼睛,舒伯特·布特对这种方法并不赞成,他心想:不应该采用吹的方法来除尘,应该反过来,先把灰尘吸入机器中,再清理机箱中的垃圾。

实验证明,舒伯特·布特的想法是正确的。回到家后,舒伯特·布特用手帕的正面蒙住口鼻,趴在地板上用嘴使劲吸气,结果发现手帕的背面沾满了灰尘。1901年8月,舒伯特·布特根据自己的实验结果,终于发明了真正意义上的第一台真空吸尘器。

后来,人们在舒伯特·布特发明的吸尘器的基础上又进行了改进,最终使吸尘器小型化,从而使吸尘器成为了适合普通家庭使用的小家电。

逆向思维的主要目标是要形成一种观念,即在思维的过程中,并不局限于一条思维道路,对客观事物要向相反的方向分析、思考,这样才能改变传统的立意角度,产生全新的见解。逆向思维的方法有以下4种。

(1)对待事物,要以怀疑的眼光来看待。

（2）在思考问题时，既要看到事物之间的差异，又要看到因事物之间存在的差异而产生的互补性。
（3）要积极主动地从正、反两方面进行思考，以便发现问题存在悖论的地方。
（4）对问题进行分辨、评判和剖析，以发现客观事实。

❸ 联想思维

联想指思路由此及彼的连接，即由所感知、所思的事物、概念和现象刺激而想到其他事物、概念与现象的心理过程。联想思维指在人脑内的记忆表象系统中，由于某种诱因使不同表象发生联系的一种思维活动。比如，美国工程师斯潘塞在做雷达起振实验时，发现口袋里的巧克力融化了，原来是雷达电波造成的。由此，他联想到用雷达电波来加热食品，进而发明了微波炉。

联想是一种创造性思维活动，它可以通过对事物的接近、对比、同化等条件，把许多事物联系起来思考，加深了对事物之间联系的认识，并由此形成新的构想和方案。

刘秀用"后跟朝前，脚尖朝后"的策略摆脱追兵

西汉末年，邯郸一位将士奉命缉拿驻扎在蓟县的刘秀。这位将士带兵包围了刘秀及其部队，刘秀及其部队被迫逃跑。他们从蓟县逃到饶阳，又从饶阳逃到束鹿，对方一直紧追在后，此时，刘秀只好带领部队去树林里躲藏，可是树林里刚下过雨，道路泥泞，若留下脚印，则必然引来追兵。

刘秀想了一个办法，他命令将士们脱下脚上的鞋子，将鞋子掉个头，让脚后跟朝前，脚尖朝后，再将鞋绑在脚上走路。这样，他的部队实际上是朝东走的，而留下的脚印却是朝西的。

果不其然，对方的追兵向相反的方向追击，刘秀和他的部队摆脱了危险。

联想要求人们在脑内为事物建立某种联系，所以，大学生创业者还要广泛实践，接触和了解事物，然后结合思维训练的方法，将大脑中存储的经验、知识联系起来，这样才能达到创造性思维的目的。

爱因斯坦说："想象力比知识更重要，因为知识是有限的，而想象力概括着世界上的一切，推动着进步，并且是知识进化的源泉。"这说明，想象思维也是非常重要的。想象思维与联想思维是一对孪生姐妹，不同的是，想象思维是一种有目的的创造性思维活动，是利用我们头脑中存储的已有信息，构筑新的形象的心理活动。

（三）头脑风暴法

头脑风暴法又称智力激励法，是由美国创造学家奥斯于 1953 年正式发表的一种激发性思维的方法。它指一群人（或小组）围绕一个特定的兴趣或领域，无限制地自由联想和讨论，进而产生新观念或激发创新设想的一种方法。

在头脑风暴中，每一个人都被鼓励发表就某一具体问题及其解决办法的看法，从而产生尽可能多的观点。头脑风暴法有以下 4 个要点。

（1）不要在思考的过程中评价想法，一定要完成头脑风暴后再进行评价。
（2）尽可能地说出想到的任何意见，不要害怕自己的意见不被采纳。
（3）看法越多越好，主要是注重看法的数量，而不是质量。

（4）综合分析他人的方法，集思广益。

（四）六顶思考帽

六顶思考帽是英国学者爱德华·德·博诺博士开发的一种思维训练模式。强调的是"能够成为什么"，而非"本身是什么"，是寻求一条向前发展的路，而不是争论谁对谁错。它提供了"平行思维"工具，避免将时间浪费在无谓的互相争执上。六顶思考帽分别如下。

（1）白色思考帽：关注客观的事实和数据。

（2）绿色思考帽：代表创造力和想象力，即提出如何解决问题的建议。

（3）黄色思考帽：代表价值与肯定，即从正面考虑问题，评估建议的优点。

（4）黑色思考帽：运用否定、怀疑、质疑的看法，合乎逻辑地进行批判，尽情发表负面的意见，找出逻辑上的错误。

（5）红色思考帽：通过直觉、感受、预感等进行判断。

（6）蓝色思考帽：负责规划和管理整个思考过程，并得出结论。

六顶思考帽已经被全球很多学校教育领域设为教学课程，同时也被许多著名企业使用。如英国 Channel 4 电视台通过六顶思考帽，在两天内创造出的新点子比过去 6 个月的还要多；J. P. Morgan 通过使用六顶思考帽，使会议时间减少了 80%。

四、提升创新能力

我们是否拥有突破旧认知、旧事物，勇于探索和创造有价值的新事物的能力，已经成为能否成功创业的关键。这种能力就是我们所说的创新能力。创新能力是一个发现问题、分析问题、发现矛盾、提出假设、论证假设、解决问题以及在解决问题过程中进一步发现新问题，从而不断推动事物发展变化的过程。

微博移动客户端的创新

肖猛在毕业后和几个志同道合的朋友一起开发微博移动客户端。在他们做这个项目的时候，其实国内市场上已经有几款不错的产品，而且这些产品的市场占有率也不算低。不过他们不觉得晚，因为在知识经济时代，任何一个厂商都不可能占据绝对垄断的地位，只要一款客户端没有过时，而且没有达到极致，那么它就还有创新的空间。

在随后的 6 个月中，肖猛和他的团队也确实做到了创新。他们对官方微博客户端存在的相关问题进行了总结。首先，官方客户端的 Logo 太过单调，而且界面非常老气；其次，在操作上，微博客户端不够流畅，这是因为官方客户端的加载方式是一次性的，也就是说，一个页面如果有 50 条微博，那么这 50 条微博是一同加载的。肖猛的团队在此进行了独创，在不转换页面的情况下一次只加载 10 条微博，同时将有图片的微博进行特殊压缩，从而使得加载速率大大提高。

此外，他们在界面中不再采用图片作为表现形式，而只用色块，这样微博在加载的时候，就只加载代码而非图片，这也能够帮助移动用户节省流量。这款微博客户端在推出之后，迅速获得了广大用户的欢迎，下载量飙升，而肖猛的团队也顺利获得了投资。不过他们很清楚，他们不可能停下来，因为每一天可能会有成百上千的人去模仿甚至抄袭他们的创意，他们只有不断创新才能打破这道枷锁，让自己始终处于领先的地位。

当今时代对创新能力的要求越来越高，因此，只有不断培养和提升自己的创新能力，才能在迎接挑战的过程中把握机遇，实现自己的人生价值。

（1）提高发现问题的能力：生活从来不缺少问题，而是缺少发现问题的眼睛。创新能力的提升离不开观察力的培养，只有在日常生活中做到多听、多看、多问，才能发现问题并找到解决问题的方法。

（2）提高信息处理的能力：当今社会是一个信息化的社会，更快捷地获取最新、最有效的信息是我们在当前的市场环境中取胜的前提。然而由于当今信息爆炸的特性，学会从众多信息中筛选出专业、有效的信息对创业者来说是相当重要的。

（3）提高学习能力：知识和经验是我们进行一切创新活动的基础。要想在瞬息万变的市场中取得成功，就必须不断学习，并将学习到的知识和经验转化为我们创业所需要的能力。

（4）提高创意构思能力：创意的火花往往转瞬即逝，要抓住创意，就要时刻做好创意产生的准备，当创意来临的时候，要分析这个想法是否符合要求，是否具有可执行性。

（5）提高解决问题的能力：发现问题后，要对问题的现状及解决方法进行全面分析和评估，在现有的状态下，确定解决问题的最佳方案，并判断和论证该方案的合理性。

五、从创新到创业

创新和创业是通过创新者而关联在一起的，可以说，创新者也许不是发明家，但他们一定是能够发现潜在利益、敢于冒险并具备组织能力的企业家。奥地利经济学家熊彼特认为，创业就是抓住机会、产品、服务、人员、资源及工艺流程等一系列要素的再组合。创新之初，创新者需要将创新的成果进一步转换为生产力，继而向创业的道路靠近。

创新型企业——海尔

1984年海尔还是一个资不抵债、濒临倒闭的小厂。在这样的条件下，海尔从德国引进了世界一流的冰箱生产线，开始了冰箱的生产。在随后的销售过程中，有用户反映海尔冰箱存在质量问题。在给用户换货后，当时的厂长张瑞敏决定将这些有问题的冰箱当众砸毁，并提出"有缺陷的产品就是不合格产品"的观点。海尔砸冰箱这一事件一时间传为美谈，不仅为企业赢得了信誉，而且反映出我国企业质量意识的觉醒，拉开了科技创新竞争的序幕。

1990年，海尔冰箱开始进军德国，但德国人一向只信任自己的产品，为了验证海尔的品质，海尔把揭掉商标的冰箱与同样揭掉商标的德国产品摆放在一起，进行全面质量检测，结果海尔得分更高，超过了德国产品。

不仅如此，海尔还根据我国市场的需求，研制生产出第一台完全国产化的冰箱。此后，我国第一台分体组合式冰箱以及世界第一台无氟、节能、大冷冻力三合一的抗菌冰箱等相继问世。海尔的技术创新踏上新的台阶。"海尔——中国造"响彻大江南北。

如今，海尔在全球有多个研发中心、几十个工业园、几十个贸易公司和十几万个销售网点，用户遍布全球 100 多个国家和地区。

海尔的观点是"不打价格战，要打价值战"。这里的价值战，就是以自己独特的创新技术的方式，实现企业、产品和市场价值，实现自主技术的扩张。经过 30 多年的创新，海尔已经形成了自己独特的创新文化，伴随着海尔的发展一起深入到了每个海尔员工的日常生活。这才是海尔能够从一家资不抵债、濒临倒闭的小厂发展成为全球家电第一品牌的原因。

创业者身处良好的创业环境、拥有创业资源，然后将创新落实到创业的过程就是技术创新转化的过程。这个过程涉及创新构思的产生、技术的研究开发、技术管理、生产制造、市场营销、用户体验等一系列活动，这些活动相互联系、相互作用，完成了由创新到创业的转化。

提醒　创业者在注重创新的同时，还要着重创新向创业的转化，注重市场的需求，必须从实用和现实角度出发来应对创业过程中的各种问题。

六、创业的过程

创业是一个阶段性的过程，我们可以把创业的过程按时间顺序划分为 6 个阶段，每个阶段都有不同的中心任务，如图 1-3 所示。

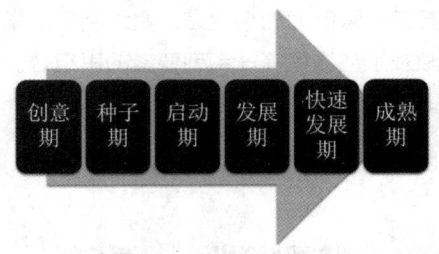

图 1-3　创业的过程

（一）创意期

创意期的企业和实体企业有较大的距离，不论是创业机会，还是商业模式和团队构成，都停留在创意的萌芽状态。未来什么时候企业能够创立起来，这时候的创业者还不能回答。

创业者跨越创意阶段的标志是创业方向和目标市场的大致确定。创业者在寻找创业方向和目标市场的过程中，一定要不断积累知识与能力，通过课余时间兼职、参加社团、参加创业培训等，不断积累创业经验。

（二）种子期

这一时期创业者已经初步选定适合的创业机会。为了使创业机会能够成为现实，创业者需要寻找合适的合作伙伴，吸收必要的有形及无形资源，构

扫一扫　创意期

扫一扫　种子期

建可能的商业模式。

此时，企业尚未建立，也不涉及组织结构问题，只是几个志同道合的创业伙伴走到一起组成创业团队，进行相关技术的研究开发和前期的准备活动。这一阶段，创业者要特别关注创业机会，考虑创业技术是否成熟，考察市场发展前景是否良好，并编写《创业计划书》。

（三）启动期

启动期属于企业的正式创立阶段。企业的创立时间基本明确，已经有了一个处于初级阶段的产品，可以初步投入市场，企业也组建成功，拥有一个分工较为明确的管理队伍，组织结构初步成形。

在企业搭建之后，创业者就要规划必要的竞争策略来应对市场压力。这一阶段的关键是要做好资金、人员的安排，选择合适的合作者，制订适合企业的管理制度和市场策略，度过脆弱期，确保企业进入稳步成长阶段。

（四）发展期

一般企业经过 1 年左右的初创期后，生存问题基本得到解决，进入了发展期，发展期一般需要 3~5 年。随着企业的发展，团队成员对企业的未来充满信心。但同时创业者也将面临迅速增多的管理事务，需要考虑进一步规范组织制度。

这一阶段创业者的主要挑战是规划企业的下一步发展，需要有意识地从公司战略层面思考企业发展目标，同时进一步调整企业的商业模式，如果管理团队的能力和素质无法满足企业发展战略需要，则需要吸收新的发展期团队成员。

在此阶段，要特别注意快速完成资本的原始积累，形成企业的主攻方向，实行粗中有细的管理模式，保证企业骨干的能力满足企业发展的要求等。

（五）快速发展期

在经过 3~5 年的发展期后，企业开始进入快速发展期。在这一阶段，企业将会进一步确定发展目标和企业战略。以新的战略为基点，企业可能需要发展新的商业模式，创业者可能希望组建自己的销售队伍，扩大生产线，进一步拓宽市场。

这一阶段，企业逐步形成规模，产品开始具有一定的市场占有率。在快速发展期，创业者不仅立足于原有的创业点，而且试图开发相关产品和相关项目。企业所拥有的资源较为丰富，管理制度也基本到位，且可能成为风险投资机构热衷的投资对象。创业者应致力于专业化的发展，即使要发展多元化的业务线，也应该是与主营业务相关的多元化。此外，创业者还要做好如下工作：扩大企业规模，对产品和服务进行延伸；降低开支，减少浪费；优化资金募集方式；细化分工；做好知识产权的保护等。

（六）成熟期

在成功发展 5~10 年后企业开始步入成熟期，此时企业的核心产品已经在市场上占有较大份额，利润额剧增。

成熟期的企业组织结构日趋完善，但也可能出现组织创新的惰性和障碍。经营中存在的潜在风险和管理者可能的失当举措使得成熟期的企业可能出现衰退的端倪。对于企业来讲，在这一阶段筹集资金的方法之一是通过发行股票上市。

成功上市筹集的资金一方面可为企业发展增添后劲，使企业拓宽成熟期运作范围和规模，另一方面也可为风险投资机构的退出创造条件。这一阶段，创业者要不断开发新产品、新服务、新市场，注重年轻干部的培养和继任者的选择等。

一、小组讨论

通常，创新就是从发现问题、解决问题，即"挖痛"开始的。请阅读下列短文，谈一谈你对创新、成功或财富的理解。

卖石头的青年人

有两个青年人一起在山上采石头，其中一个青年人把大石块砸成石子，再把石子卖给那些建房的人；另一个青年人则直接把开采的石块运到杭州，卖给那里的花鸟商人，因为那山上怪石嶙峋，所以他就只卖造型不卖重量。几年后，卖石头造型的青年人盖起了村里的第一间瓦房。

后来政府号召村民在山上种树，而且禁止开采石头。于是，荒山变成了果园。一到秋天，漫山遍野的梨子吸引着来自四面八方的商人。因为这里产的梨子又大又甜，香脆可口，他们便把梨子成筐成筐地运往全国各大城市，后来还增加了出口，销往世界各地。

就在大家忙着种果树的时候，那个卖石头造型的青年人却卖掉了果树，种上了柳树。因为他发现，客商缺的不是梨子，而是用来装梨子的筐。几年后，他又第一个在城里买了房子。

又过了几年，一条铁路修到了村里，贯穿南北。小山村不像以前那么闭塞了，果农们也开始了果品的加工和市场的开发。就在一些人开始集资办厂的时候，还是那个青年人，在他的地头砌了一垛3米高、百米长的墙。这垛墙面正朝着铁路，两旁是一望无际的万亩果园。坐火车经过这儿的人，在欣赏果园的美景时，会突然看到某知名大企业的醒目广告。据说这是几百里铁路沿线唯一的广告，墙的主人凭借这垛墙，每年有6万元的广告收入。

有一天，国外一家大公司的亚洲代表来中国考察。当他坐火车经过这个小山村时，听到这个故事，十分钦佩主人公敏锐的商业头脑，决定马上下车找到这个经商奇才。

当那个代表找到这个人的时候，他正在自己的店门口与对门的店主吵架。因为他店里的一套西装标价1 000元的时候，同样的西装在对门标价900元；他标价900元的时候，对门就标价800元。几个月下来，他仅批发出9套西装，而对门那家却批发出了1 000套。

那个代表看到这种情形，大失所望，以为上了讲故事的人的当。可当他得知对门的那个店也是归那青年所有之后，立刻决定以百万年薪聘请他来公司任职。

成功有时就来自于你独特的眼光和非凡的创意。同一种事物，聪明人总能发现其中潜在的价值，并将其很好的利用，为自己赢得财富。

资料来源：四川在线－四川日报（成都）

二、创新体验

活动目的：

让学生体会创新的乐趣。

活动内容：

请同学们列出可以改进、进行创新设计的某些学习用品或生活用品（至少 3 种），说明需要改进的具体方面。

活动结束后，教师根据表 1-2 进行评分。

表 1-2　活动评价表

评分标准	满分/分	实际得分/分	备注
需要改进的用品数量（1 个 10 分）			
改进的创新性	40		
其他	20		
总分			

三、案例分析

亚马逊与当当网

时间 1：1994 年。

这一年，30 岁的杰夫·贝佐斯有了一个令他惊奇的发现，那就是尚未成熟的互联网的使用情况正以每年高达 2 300% 的速度在暴增。

正如你现在看到的，一般人是使用互联网，杰夫·贝佐斯却注意到了互联网的使用。

那时候的他正坐在曼哈顿一栋办公大楼的 39 层的一张计算机桌前，对互联网进行探索。这个发现让他很兴奋，他预感到了什么！他开始思考：既然有这样的一种趋势，流连于互联网的人越来越多，那么能否在互联网空间中创造一些商机呢？

他毅然辞职了——为了这个不成形的预感！

但到底要在互联网中做什么，卖什么东西，办一家什么样的公司，他对此还没有清晰的思路。于是他就跑到大街上寻找灵感。

终于，某天当他看到一个书店时，一个主意浮上了他的脑海：为什么不在网上开办一家书店呢？

"亚马逊"网上书店就这样诞生了！他用世界上最长的一条河流来给它命名。

杰夫·贝佐斯毫无争议地率先开启了电子商务的大门，并且亚马逊用自身的超速成长，引领了世界商业模式的革命，也诠释了到底什么叫电子商务。

现在的亚马逊是个什么样子呢？

咱们设想一下：有这样一家书店，有十几个平方千米的面积，备有 310 万种以上的图书，可以接待 500 多万人次的顾客，这该是多大的书店啊！你要想浏览完它所有的书目，恐怕必须要开上汽车才行。这样的设想可能让你感到吃惊，因为如此大的书店根本无法在现实中实现，然而，互联网能做到这一切，这就是亚马逊网络书店。当然，亚马逊现在不仅仅是卖书，它已经名副其实地成为一家"百货公司"。杰夫·贝佐斯在 1994 年之前在做什么，他开办网上书店的启动资金从哪里来的，他又是怎样做起来的呢？

时间 2：1999 年。

这一年的 11 月，当当网开通了。这也是一家从网络书店开始的电子商务公司，现在则号称是全球最大的中文网上商城。换句话说，它现在的商品不仅仅是图书了，其商品种类繁多。

现在很多人都愿意从当当网上购物，打折、货到付款、足不出户，而且等待时间并不算长。当当网也非常成功。

【思考】

1. 亚马逊和当当网都非常成功。不过，看到这里你有没有想到一个问题：亚马逊网站作为第一个真正意义上开启电子商务大门的商业模式，无疑可以称为创新，那么当当网则带有一定的借鉴性质，也可以称为创新吗？如果它算的话，那么这两种创新又怎么区分呢？

2. 按照创新的含义，你是否可以自己举几个例子？

第三节 创业与自我认识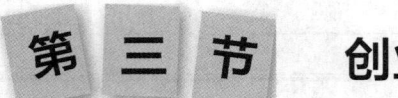

虽然国家对大学生创业有许多优惠政策，但这并不意味着鼓励大学生盲目创业。在进行创业之前，大学生应该对自己有充分的认识，首先冷静下来，认真思考一下自己当下最需要的是什么，未来要做什么，该怎么去做。对自己有一个冷静的分析和规划，为以后的创业历程做好准备，避免盲目选择而导致创业失败。

自我剖析

古语有云："知己知彼，百战不殆。"这里的知己，就是指自我认识与剖析。"知己"要求创业者不仅要对创业过程中可能涉及的各个领域有所了解，更重要的是对自己有充分的了解。创业者要能够正确认识自己的优点、缺点，知道自己处于什么样的环境中，是不是适合创业。

（一）我是谁

俗话说："人贵有自知之明。"做人、做事最基本、最重要的原则，就是知道什么可为，什么不可为。人无完人，每个人都有自己的长处和短处，只有真正了解自己的优势，知道自己适合做什么，才能充分发挥自己的才能。

比尔·盖茨的长处

比尔·盖茨于1955年出生在美国西海岸的西雅图。比尔·盖茨的父亲是当地著名的律师，母亲是位金融家的女儿。他从小就十分好动，并且喜欢思考，更酷爱读书。除了记忆力超乎寻常，比尔·盖茨还有着许许多多新奇独特的想法，比如他把垃圾桶改造成了体育锻炼的道具。同时，比尔·盖茨对自己喜欢的事物十分痴迷和专注，并习惯于独立思考，经常废寝忘食地专注于某一事物。13岁时，比尔·盖茨进入私立的湖滨学校就读，在那里，他迷上了一台笨拙的计算机终端。在8年级时，比尔·盖茨就通过自己的学习和钻研写出了他的第一款软件程序。到了10年级，他开始传授计算机知识，并为学校编写学生座次排序软件。

比尔·盖茨的缺点也不少，他在学校调皮捣蛋，还经常搞些恶作剧，让老师和同学哭笑不得。他也不擅长与人协作，在一次学校的篮球赛上，他接到队友的传球后只顾自己投篮，而不愿意把球传给队友，赛后遭到同伴的斥责。

1973年，比尔·盖茨考进了哈佛大学，在那里他和同伴保罗·艾伦为第一台微型计算机——MITS Altair 开发了不同版本的BASIC编程语言。

由于对计算机和软件的热爱，1975年，比尔·盖茨离开哈佛大学，成立了微软公司。该公司为计算机开发软件，并致力于将计算机发展成为普及每个家庭、每个办公室中的工具。在比尔·盖茨的领导下，微软公司持续地发展改进软件技术，使软件更加实用、更省钱和更富于乐趣。

每个人都有自身的特点，形形色色的机会摆在眼前，如果能够找到适合自己的，就是有利于自己发展的。当然，创业者也应该对自己创业的能力和未来充满信心，做一个自信的创业者，才会给自己和别人带来动力。

（二）我要成为谁

未来的我是怎样的？我将要做什么？这是创业者评估自己后应该首先考虑的问题。这时，我们不妨问问自己，自己所向往和崇拜的人是谁？以自己的榜样为目标，关注和学习他好的方面，这就是一个成功的开始。

确定一个明确的目标和方向，找到自己最希望成为的人，可以激发自己变得更好以与偶像比肩的激情。有了这样的激情，我们才能够保持充分的活力，在瞬息万变的创业过程中认真地向选定的方向努力。因为只有当人渴望成功时，才会有动力去做好一件事，才可能获得成功。

> 制订明确的目标和方向，是创业者创业成功的关键。一个没有激情、没有目标的创业者，是不会有进取心和创造力的，这样的人不适合创业，也不会取得成功。

三、找准目标并拉近距离

创业者要想创业成功，就要多与优秀的、成功的企业家来往，学习他们身上的优点，而不是与悲观者为伍。要转变自己的心态，以一个企业家的标准来要求自己，使自己逐渐具备一个企业家应有的眼光、心态、思维模式和分析处理事务的能力。

创业者要想拉近与目标的距离，就需要不断向这个方向努力。把自己目前所拥有的和将来自己想要达到的情况相比较，明确二者之间的差距，将差距转换为动力，通过不断学习和积累新的知识、经验，慢慢缩短与目标之间的距离。要坚信，只要坚持不懈地努力，我们一定可以成为一名企业家。

> 如果创业者身边没有可以作为参考的成功企业家，可以通过阅读世界上知名成功企业家的传记来学习他们的心态和所具备的能力，久而久之，在潜移默化中自身也会受到影响。

三、获得良好的人脉关系

人脉代表了创业者构建的人际网络或社会网络，良好的人脉关系可以帮助创业者减少创业过程中的阻力，使其领先于其他没有人际网络的创业者。因此，人脉是创业过程中最重要的资源，一个目标明确的创业者，在创业之前就应该广交朋友，扩展自己的人际圈。

（一）交友需谨慎

身边的同学、朋友等是离创业者最近的人脉资源，他们可以在一定程度上帮助创业者开展创业活动，但俗话说"近朱者赤，近墨者黑"，创业者在人际交往的过程中，要有选择、有取舍，多与心态良好、对自己创业有帮助的人结交。

（二）交友要胜己

创业者应该把有限的时间专注在创业计划上，结交比自己优秀的伙伴，而不是无意义地浪费时间。多与优秀的人结交，时间长了，自己也会变得更优秀。

（三）客户群体

一个企业是否能够获得收入，关键在于它是否有客户群。可以说，目前成功的企业大部分都拥有自己积累的基础客户群或优势资源。所以，创业者决定创业后，就要时刻关注市场的发展变化，保持与客户群体的密切联系，从而更好地满足客户群体对产品或服务的需求。

> 除了市场需求客户群体，一些企业高管或创始人也是创业者可以认识和发展的客户，当然这类人平时可能不常见，创业者可以去参加一些培训讲座，如EMBA、领导力培训等，在这些场合中可以接触一些前辈，得到他们的指点。

四、做好创业前的心理准备

创业的过程是艰辛的，创业的结果却不一定是成功的。创业是一项具有风险且需要创业者长期坚持、付出努力的活动。创业者在进行创业前，应该有良好的心理准备，不要因为后期的压力或挫折而半途而废。

（一）胆识和魄力

创业者在创业前，要具备一定的胆识和魄力，要勇于尝试新的事物，拥有坚定的信念、执着的精神，才能在变化莫测的市场动向中把握住机会。俗话说："一个人只有承担大风险，才能获得大成功。"当然这不是无谓的冒险，而是一个有胆识的人在面对常人认为不可行的事情时，能够审时度势，看到危险中所蕴藏的机遇，勇于出手。

纵览历史，能够在人类历史长河中留下耀眼光辉的人，都拥有非凡的胆识和魄力，比如成吉思汗等。而现代社会中，像李嘉诚、霍英东等商界人士，他们都是具有独到的眼光、敢冒风险、拥有过人气魄的人。

（二）自信

对于大多数创业者来说，创业并不是永远顺利的，它可能充满艰辛和坎坷。但不管怎样，创业者首先要相信自己能够创业成功，要相信自己的选择是正确的；如果对自己都没有信心，则很难创业成功。

（三）毅力和坚持

创业者要不畏惧创业过程中遇到的任何问题。既然立志通过创业改变自己，那么就要始终坚持自己的目标，通过坚韧的毅力、矢志不渝的努力来打败各种挫折。人生没有永远的失败，也没有战胜不了的困难，要坚信"风雨过后一定会有彩虹"。

坚持使李华创业成功

李华毕业于国内一所知名大学，学的是计算机软件专业，在校期间他的成绩非常优秀，和导师合作的项目也获得了国家专项基金的扶持。在校外实习时，李华也受到国内一流企业的青睐。无论去哪一家公司，相信他未来的前景都会很好。

但拥有这么多光环的李华却是个不喜欢被束缚的人。他决定自己创业，认为现在正是创业的好时机，虽然自己不具备很多的经验，不过至少有头脑。虽然创业注定辛苦，但他已经下定决心把自己的青春和热血都献给中国互联网这片热土。

李华选择进入的领域是移动分享。他的产品可以帮助用户通过互联网分享所见所闻，分享看到的好风景。软件操作十分简便，用户界面也非常人性化。

软件开发前期，李华凭借着他的锐气获得了一些投资，投资商也都认为他的公司未来一定会有非常大的发展。但投资商要求在软件中嵌入广告并对广告进行收费，李华拒绝了这种以损害用户利益来换取软件盈利的要求。就这样，投资商中断了第二轮投资计划。李华遇到了以往不曾遇到过的难关。发不出工资的李华甚至不敢与员工对视。在大企业工作的那些好朋友打来电话的时候他都不知道该怎么说，因为他太投入工作，与女朋友的感情也渐渐变淡，他突然感觉好像全世界都抛弃了他。

但是李华天生是一个不服输的人。为了拿下投资，他多次与投资商磋商周旋。面对投资商撤资的威胁，他一遍又一遍地向投资商耐心分析，让他们明白前期加广告会给产品带来多大的损失。不管付出多大代价，李华都不能让自己的梦想夭折。

最后投资商被李华的这种精神所打动，双方选择了一个折中的方案，即软件前期不加广告，但后期需要加入投资商提供的广告。不管怎样，李华总算是可以继续自己的梦想，他的创业也可以继续进行。

李华在压力最大的时候，依然没有选择妥协，他没有违背自己的信念，因为有种强大的力量在支撑着他，那就是不可半途而废的创业精神。一个有精神的创业者，往往能体现出更强大的气场，而这种气场是金钱买不来的。

（四）耐心

时间永远是最稀缺的资源，但创业的过程不仅艰辛，而且漫长，要想在短时间内看到效果，对大多数企业来说是不现实的。这意味着创业者需要保持良好的耐心，首先要有长期创业的思想准备，然后将自己的精力全部投入其中。

在遇到问题时，创业者应该冷静面对、认真分析、逐项解决，决不能在某个环节出现问题时产生浮躁情绪而怨天尤人，或者只找客观原因，忽视主观检讨，要避免"欲速则不达"。

一个人只要有信心、勇气和不屈不挠的精神，以积极的态度去迎接挑战，就能渡过创业的难关，最终取得成功。

一、创业体验

微商运营金点子活动

活动目的：

能从已有的微商营销模式里找出创新点；能利用创新点进行创业模拟。

背景资料：

随着以微博、微信为代表的移动互联网的兴起，微商作为一个新名词诞生了。有很多在职人员、全职妈妈、在校学生都在做微商，其中不乏成功人士。由于微商加入的门槛太低，很难保证每个微商都会规范经营，最终造成市场鱼龙混杂，大量"三无"产品充斥于市场。消费者对微商的信任度正在逐渐降低。

模拟情景：

小丽是某高校的一名女生，希望利用课余时间进行创业。经过仔细考虑，她觉得虽然消费者对微商的信任度正在逐渐降低，但如果有好的创意和点子，在微信平台上开店并非不能赚钱；而且做微商成本低，时间自由，正好适合她这样的学生进行创业。

金点子：

请大家为小丽的创业项目出谋划策（可分组进行），其中包括以下3个方面。

（1）为了从众多的微商经营的产品中脱颖而出，应该经营什么样的有创意的产品？

（2）如何进行创意营销以便将经营的产品推广出去？

（3）除微信平台外，还有哪些网上平台适合小丽进行创业？

创业体验：

（1）同学们在班级分享自己的好点子，采用头脑风暴法对其进行完善，形成可行性方案。方案包含经营团队人员及各自的职责、供货渠道及供应商、微店的设计及商品资料的发布、微店的日常经营管理（业务洽谈、售后服务、微店的营销与推广）等。

（2）选取实验组，每组4~6人，按照方案进行创业模拟。

活动检测：

活动结束后，教师可根据表1-3进行评分。

表1-3 活动评价表

评分标准	满分/分	实际得分/分	备注
金点子的可实施性	25		
产品创意	25		
营销创意	25		
其他	25		
总分	100		

二、案例分析

华南理工大学学生成功创业的6种模式

作为我国理工科大学中综合排名较前的一所高校，华南理工大学素有"企业家的摇篮"之美誉，除了源于1978届无线电专业出了TCL的李东生、康佳的陈伟荣以及创维的黄宏生这3位知名人士外，更是因为历届均有众多学子踏上了自主创业之路。

华南理工大学学生成功创业的模式可总结为以下6种。

1. 大为模式

胡大为是一个本科、硕士两度跳级的"神奇小子"，在他23岁攻读博士时已经拥有7项专利，发表了30余篇论文，其中最出名的一项发明是节煤率高达30%的"煤炭燃烧催化剂"。以该项发明为核心技术，胡大为积极参与挑战杯等创业比赛，明确公司构思，听取专家意见，并于2009年在科技园与导师胡小芳教授共同投资成立了广州市芬芳环保有限公司，2011年该公司的年销售额已超过2 000万元。

大为模式可以概括为先天专利型创业，即拥有理工科出身的背景，围绕一项或多项领先的原创专利技术并进行商业转化，公司创始人拥有扎实的技术但管理基础薄弱，需要通过创业比赛锻炼以及多方听取专家意见以完善自我对公司管理的实施。

2. 云睿模式

曾是贫困生的2007届硕士毕业生胡云睿，为赚取生活费而组建的牛奶订购团队最鼎盛时一天可接下高达6万元的订单，而在校期间参加的商业大赛中胡云睿发现自己具有突出的销售潜力。毕业前夕，胡云睿了解到一种建筑用黏合剂产品市场客观但当前只能靠从国外进口，学化学工程专业的他马上想到了通过技术模仿研发替代产品。经过1年的艰苦奋斗，胡云睿终于在不断向校内化工专家请教的情况下取得了专利，并在2007年5月以勤工俭学积累下的2万元在科技园成立了广州劲诺新型材料科技有限公司，现在公司年产值相当可观并计划几年内向高科技公司发展。

与大为模式相反，云睿模式是后天专利型创业，同样是理工科出身的背景，但公司创始人通过商业比赛发掘自己的能力及创业意愿后才结合专业背景转向技术研发，最后围绕核心专利创立公司。在专利研发成功的前提下，此类模式需完善公司创始人的管理能力以及公司研发的持续能力。

3. 陈第模式

陈第是计算机学院的学生，与所有走IT技术路线的同学一样，他热衷于参加各种IT创业类比赛，但目的是奖金而非创业。当比赛中上传的小游戏达到每天2 000次的下载量时，陈第开始考虑"技术变现"的事情。2010年毕业之际，陈第及自己的团队以承接外包软件开发业务赚取的资金在大学城数字家庭孵化基地成立了手机网络广告推广公司，开当时中国之先河，实现了游戏开发商、广告商和手机广告公司三方收益分成的局面，月均营业额约100万元，1年后该公司在1 000多万元的风投中逐渐成形。

陈第模式是IT技术型创业，以IT专业出身为背景并专注于该领域的发展，顺应网络营销发展，把握好机遇进行技术变现。该模式能保证持续的研发能力，但受网络发展变化影响较大，需及时寻求稳定且具有竞争力的盈利方式。

4. 卫刚模式

与前面提到的创业者不同，张卫刚是在毕业8个月后辞去工作踏上创业之路。2011年10月，张卫刚所创立的网络YOU商城正式开业，承诺下订单两小时内必定能送货上门。YOU商城主营零食特产、礼品精品等小件商品，并只在广州天河高校圈及大学城校区配送，其最大特点是货源来自周边商家并与其达成联合经营。最初，YOU商城的推出只为参加创业比赛，没想到张卫刚在其中培养了创业意识并在毕业之后进行实践。

卫刚模式是服务创新型创业，依靠电子商务平台开拓新的经营模式并打造服务的特殊卖点，其创业重心不依赖于科技而更倾向于服务管理，如要做大做强，一来要培养核心竞争力，二来要有较好的盈利模式维持扩张，三来要注重团队执行力。

5. 君长模式

虞君长的创业也从挑战杯开始，那时他才大学二年级并且刚转专业至工商管理学院，面临的最大难题是无人脉却要组建一支有价值的参赛队伍。首先，他成功劝说材料学硕士陈平绪携国家发明专利"耐水环保标签黏合剂"加入，随后陆续吸引了众多研究生、博士生的加入。作为团队中年龄最小、年级最低却是最重要的队长，1年后虞君长成功带领团队获得了挑战杯的全国决赛金奖。毕业之后的虞君长接手家族企业并成功对其进行了转型升级。

君长模式是家族企业型的二次创业，毫无疑问，挑战杯的锻炼促使了他管理水平的提升，增强了他的经营实力，让他在校园内以系统的思维看待企业成长问题并吸纳了诸多专家的指导意见，最终在实战时成功开启家族企业的全新局面。

6. 少武模式

来自工商管理学院会计专业的吴少武的创业之旅起步于大学二年级的一次"大学生恋爱经济"调研比赛，他的认真以及专业得到了在速递行业打拼近20年的韦总的赏识。其后，吴少武受邀进驻该公司参与的内部管理系统优化以及毕业生行李托运项目均取得了不俗的成绩。2011年9月，仍在校的吴少武在韦总的投资下创办了广州新陆程物流有限公司，主营华南地区的中短途高端公路运输，并且将业务从广州起步，以无人问津的海口专线作为切入点，开始物流人生。经历一年多的历练，公司从两个人发展到18个，月营业额也达到了60万元。

少武模式属于人才储备型创业，通过展现个人能力得到投资者的认可，在进一步接触中协助投资者完成项目并获得信任，最终被投资者以人才储备的目的赋予子公司的完全管理权。

【思考】
请从创业的构成要素、创业的过程两个角度简略分析华南理工大学学生成功创业的 6 种模式的优势与劣势。

第四节 创业对职业生涯发展的影响

创业同职业生涯发展有着非常大的关系。并不是说创业了,职业生涯就成功了,关键是创业的意识和创业的能力,创业者若具备这种意识和能力,将对个人职业生涯发展产生非常积极的作用。

 创业和职业生涯发展的关系

创业是一个活动,也是一个过程。创业并不只是简单地开办一家企业,获得财富,让生活更好,它更是一个人实现人生价值,完成人生使命的过程,而这一过程存在于职业生涯发展中。

每个人都想创造出巨大的价值,许多人选择通过创业来实现这一目的。职业生涯发展的意义在于生存、发展、实现个人价值,所以,创业对于一个人的职业生涯来说,就是一次质的飞跃。

创业为小吴带来的职业发展

中专毕业的小吴没有找到合适的工作,只能到一家工厂帮忙跟车送货,每天都重复相同的工作。日子一天一天过去,眼看自己每天起早贪黑的工作,一年下来却攒不了多少钱,小吴开始重新考虑未来的人生。偶尔,他也想干脆辞职,开始创业,但面对资金的短缺,在创业的路上,小吴还是犹豫徘徊。

和很多年轻人一样,在工作闲暇时,手机就是小吴最大的娱乐工具。他常常下载一些电影存到内存卡里,新的电影越下越多,有些看过的电影又舍不得删除,渐渐的内存卡空间开始不够用了。于是小吴开始到网上了解内存卡的规格、价钱等。

起初,小吴只是怀着好奇心了解一下。后来在送货下乡时看到每个村都有好多手机维修店,他猛然一想,这是一条创业之路啊!于是,说干就干,送货的小吴深知小卖铺最怕的就是积压货物,当产品出现问题时厂家不退货也不换货。于是经过缜密考察,小吴在网上选择了一家公司,本着一个月卖不掉包退、3 个月包换的经营策略,小吴开始创业。

创业开始阶段,小吴进了七八百元的货,借着跟车送货的便利条件,逐个到那些小店铺里进行推销。对于上门推销店主们都稍微有一些抵触心理,他们习惯自己直接去拿货,送上门的货反倒担心会是假冒产品或积存产品。为了打消店主们的顾虑,小吴大胆地尝试先让他们帮忙代销,等货卖出去以后再把款项结算给自己。由于小吴的货价格不高,很快就有一些店主主动联系小吴代销内存卡。为了让更多的人了解这种销售模式,小吴还特意找了一些简易展板,打了广告放在各家小店门口,以达到更好的宣传目的。

现在小吴开始回笼资金，虽然赚的钱不是很多，但是已经足够给刚创业的小吴增加无穷的信心。接下来，小吴还打算把销售渠道拓宽到手机专卖店里。现在虽然他每天还是一边跟车送货，一边推销他的内存卡，但他坚信，在不久的将来，自己一定会成为一个真正的创业成功人士！

三、创业对个人职业生涯规划发展的意义和作用

大学生创业对他们的个人职业生涯规划发展具有重要的意义和作用。创业不仅督促大学生不断学习新的知识，为职业发展积累经验和资源，还使得大学生的各种能力得到锻炼，个人素质得到提高。

（一）实现创业学习

大学生一般都有强烈的实现自我价值的愿望，所以在一般情况下，大学生思维活跃，创新意识强，热衷于学习一些新事物，而正是这些，驱使大学生自主创业，在创业的过程中不断学习，不断进步。有了创业的机会，才可能得到创业的锻炼。

（二）增强创业意识

大学生就业形式越来越严峻，因此，一些大学生在求职时发现找不到自己理想的职业，或者薪资达不到预期后，便打算自己创业。这种意识不是与生俱来的，而是职业生涯发展规划得不到满足而产生的。这种不满足感会充分地调动起人的积极性。大学生想改变自己的现状，因而增强了创业意识。

（三）提升机会识别能力

机会识别对于创业者来说是比较难的一件事。并没有人天生就具备机会识别的能力，它是在磨炼中获得的。在经历过创业之后，创业者才能更清醒地认识到什么是机遇，什么是陷阱。

（四）训练创造性思维

人缺乏创造性思维，很大一部分原因是懒惰，因为环境安逸，所以无须改变。创业则不一样，创业者需要时刻面对生死存亡，稍不小心，就会血本无归。因而创业者为了竞争，为了生存，就会积极地调动创造性思维，让自己在创业中能变得更强。这也正是大学生职业生涯规划中要求大学生获得的一种能力。

变"油污"为"淘金风格"

钱龙的家族是做服装企业的，而他也非常热爱服饰文化。所以，毕业后钱龙就在家人的资助下，开办了一家牛仔服饰贸易公司，开始了创业生涯。有一次，一批订单出现了问题，牛仔裤上有非常多的皱褶，还有几条甚至有油污，这可急坏了钱龙的下属。不过钱龙盯着这批将要被退回的订单，却突然喜上眉梢。他觉得这正是一个非常不错的机会，他专门跑去工厂，然后要求工厂就生产这样的牛仔裤，而且不仅要有油污，有些还要有油漆点，突出蓝领工人的硬汉特点。然后他又为这些产品制作了专门的广告，主题就是"来自加利福尼亚的淘金风格"。广

告所创造的形象正好满足了都市年轻人渴望变化的要求。油污牛仔裤受到采购商的追捧，甚至出现了跟风者抄袭钱龙的创意，不过他现在已经开始准备让自己的牛仔裤和时下最火热的苹果手机结合起来，再做一次宣传和推广活动。

钱龙创造性地将可能会被退货的产品推广了出去。广大创业者在创业过程中会遇到很多难题和阻挠，如果运用好创造性思维，也能给产品和服务带来巨大的附加值和无限的可能性，从而实现创业的成功。不过创造性思维也是一种短暂性思维，不可能永远有效，这就需要创业者积极开动脑筋，继续创新下去。

（五）培养团队精神

团队精神是大学毕业生比较缺乏的一种精神，因为在长期的学习生涯中，大学生都习惯了独自解决问题，没有合作的经验，而在激烈的工作竞争中，大学毕业生又想更多地表现自己，使自己的价值得到认可，在这种情况下，团队的效能就被降低了。

创业则需要大学生创业者积极配合，发挥"1+1>2"的价值。所以创业能够培养大学生的团队精神，这种精神在职业生涯的任何阶段都具有重要意义。

（六）锻炼管理能力

管理能力是一种综合实力。大学生通过创业，会接触到一个活动的方方面面，从而也就具有了全局观，经过这种训练，大学生的管理能力也会得到锻炼。

阅读材料

管理能力来自时间和实践的积累

王晶与高岗都毕业于北京某高校，毕业之后两个人又同在一家公司工作了3年时间。经过3年工作的历练，两人无论是在能力还是在经验上，可以说都有了质的飞跃，并且两个人都不约而同地怀揣着创业的梦想。

2011年，两人在经过一番谋划之后，决定开办一家快递公司。两人首先想到的是自己的公司得有个名字才能让顾客知道自己的公司。名字定下来后，两人又着手设计公司构架、人员组成和服务口号等事宜。不久，公司就安排了第一次招聘业务员的活动。

面试官由王晶担当，他在以前的公司里从事人事方面的工作，在这方面有着充足的经验。招聘现场，王晶向应聘者提了几个问题，有的应聘者说了实话，有的应聘者却没有做到诚实。那么王晶究竟是怎么分辨的呢？

有的应聘者介绍自己是个爱劳动、勤于锻炼的人，王晶就让他们举起哑铃试试。有的应聘者说自己对营销很感兴趣，曾经做过这方面的工作，王晶就询问了他们一些营销的基本常识。后来，凡是据实回答问题的应聘者都进入了下一轮面试，而那些未能说实话的，就全部被刷了下来。

这个案例告诉我们，管理并非夸夸其谈，管理能力需要在时间和实践中不断积累。创业者管理企业的过程，也是管理理念为员工所认同的过程，这种认同感积累到一定程度时，管理理念的作用才能逐步显现出来。

一、小组讨论

有人说,创业就是为了获得收入。有人说,做任何想做的事情就是创业。也有人说,创业就是一种放弃,放弃按部就班,放弃一丝不苟,放弃委曲求全为了别人而活;创业更是一种选择,选择不同寻常,选择不断求变,选择让自由的灵魂活得更加精彩。还有人说,真正的"创业"应该是着重于创造性而非简单的重复别人做过的事情。

请同学们以4~6人为一组,讨论上述观点是否恰当。

评分标准:(1)积极参与讨论(25分);(2)能理解创收、创造与创业的关系(25分);(3)能够大胆表达自己的想法(25分);(4)语言表达流畅(25分)。

二、创业体验

旧物营销

活动目的:

让学生在活动中体会创收、创造和创业的关系。

活动内容:

(1)每位学生搜集自己不打算继续使用的旧物品(如日常用品、服装、书籍等),每天利用微信朋友圈、QQ朋友圈或其他自媒体方式进行物品的销售。记录自己的销售成果,体会创收的乐趣。

(2)分析旧物销售能否成为创业项目。若可行,可3~5人为一组,进行创业实验。

(3)利用头脑风暴法思考,除了既有的营销方式,还能创造性地想出其他营销方式吗?

说明:活动内容不局限于旧物销售,可以是其他的商品或服务。

活动检测:

活动结束后,教师可根据表1-4进行评分。

表1-4 活动评价表

评分标准	满分/分	实际得分/分	备注
能积极参与活动实施	20		
能够实现有效销售	20		
创业机会分析过程准确无误	20		
提出的营销方式有创造性	20		
其他	20		
总分	100		

第五节 评估与分析

前面章节中介绍了创新对于创业的重要性、大学生创业的优惠政策、自我剖析与创业的关系、创业对职业生涯发展的影响等内容。这些知识除了通过课本进行学习,还需要在日常生活中不断学习与积累。

1. 某学校正在进行一场乒乓球单打比赛,共有 153 人参加,请问:至少需要比赛多少场才能产生冠军?

要求:仔细分析题目,看看除了采用普通的算式计算,还有没有其他比较便捷的方法。可采用逆向思维的模式来解答。

分析:常规解题思路是按照一轮比赛有多少名胜者,再根据这一轮比赛的胜者来计算下一轮比赛的场数。即第一轮比赛有 76 场,一人轮空休息;第二轮比赛的参赛者是 76 名第一轮比赛中的胜者,加上轮空休息的一人,共 77 人,共有 38 场,一人轮空休息;第三轮比赛有 39 人,共 19 场,一人轮空休息;第四轮比赛共有 10 场,无人轮空休息;以此类推,计算方法为 76+38+19+10+5+2+1+1=152,逆向思维解题是通过比赛的败者来计算和分析,153 人有 152 人要淘汰,因此有 152 场。

2. 在表 1-5 中写出通过所示词语你能联想到的内容。

表 1-5 联系内容

词语	联系内容		词语	联系内容	
水	①	②	纽扣	①	②
	③	④		③	④
	⑤	⑥		⑤	⑥
电	①	②	光	①	②
	③	④		③	④
	⑤	⑥		⑤	⑥
粉笔	①	②	橡胶	①	②
	③	④		③	④
	⑤	⑥		⑤	⑥
红色	①	②	纸	①	②
	③	④		③	④
	⑤	⑥		⑤	⑥
线	①	②	点	①	②
	③	④		③	④
	⑤	⑥		⑤	⑥
	⑦	⑧		⑦	⑧

续表

词语	联系内容		词语	联系内容	
墙	① ③ ⑤ ⑦	② ④ ⑥ ⑧	花	① ③ ⑤ ⑦	② ④ ⑥ ⑧

3. 现在你手里有一把雨伞，表 1-6 列出了伞的一些问题。仔细思考这些问题，针对问题提出解决的办法，以此发散思维，达到训练思维的目的。

表 1-6 雨伞存在的问题与解决办法

雨伞存在的问题	解决办法
伞布渗水	① ② ③
样式单调	① ② ③
伞骨容易折断	① ② ③
雨伞太大，不方便携带	① ② ③
开伞、收伞时容易伤到人	① ② ③
晴天、雨天伞不能兼用	① ② ③
雨伞太重，不方便携带	① ② ③
伞帽容易脱落	① ② ③
伞布容易被划破	① ② ③
抗风力太弱，伞面容易外翻	① ② ③

4. 一位游客在美国旅游时，看到一辆新型的公交车，如图 1-4 所示。车的车头和车尾完全一样，当时车并没有开动，这位旅客不知道车要开往哪个方向。你能分辨出吗？

图 1-4　车头和车尾一样的公交车

要求：全面发散思维，根据事物运行的规律和逻辑进行分析，以达到训练思维的目的。可以模拟公交车行驶的场景，并结合日常行为习惯进行判断。

5. 仔细分析你的现状，并想想将来你要成为什么样的人，将它们认真填写在表 1-7 中。

表 1-7　自我分析

时间	优点	缺点
现在	① ② ③ ④ ⑤ ⑥ ⑦	① ② ③ ④ ⑤ ⑥ ⑦

时间	生活目标	家庭目标	事业目标	个人发展
未来	① ② ③ ④ ⑤ ⑥ ⑦	① ② ③ ④ ⑤ ⑥ ⑦	① ② ③ ④ ⑤ ⑥ ⑦	① ② ③ ④ ⑤ ⑥ ⑦

提醒　也可以让周围的亲朋好友或同学对自己进行评价，看看你眼中的自己和别人眼中的自己是否一致，以帮助你更好地认识自己。

6. 在表 1-8 中填写自己创业需要联系的人的名单，并写出联系他们的原因。

表 1-8 联系人名单

信息项目 联系人	姓名	职务	电话	地址	联系的原因
1					
2					
3					
4					
5					
6					
7					
8					
9					
10					

7. 仔细思考并回答表 1-9 中的问题，将答案填写在相应的位置。对自己创业的打算进行评估，看看自己是否有足够的能力创业。

表 1-9 创业素质和能力评估

问题	答案
毕业后，你准备自主创业吗？	
如果你有创业的想法，打算做什么呢？	
你认为自己自主创业的优势有哪些？	
你有哪些创业资源？列举出来。	
如果你的企业出现资金不足、客户流量不足、技术短板等问题，你会采取什么办法解决？	
你觉得自己创业会成功吗？有没有做好创业失败的打算？	

拓展训练

一、案例分析

季某，女，中南大学艺术设计专业 2005 级学生，开设了一家画室，从事美术类高考考生的考前培训。

季某在创业之前有着非常丰富的勤工俭学经历，曾先后代理过手机卡的销售、米高轮滑鞋的销售，代理过福森造林有限公司的市场拓展业务，参加过湖南软件学院的招生工作，还曾自制圣诞礼物出售，在超市等地方打过工。在经历了一系列的兼职后，进入大学二年级学习的季某开始了自己的第一次创业：她投资了 1 万多元和别人合伙开了一家奶茶店。当时的创业初衷是想为家里谋一些福利，可由于对合伙人的了解不足，在经营中产生了矛盾，不久奶茶店的经营以失败告终,不但没有盈利,还个人亏损了 4 000 多元。第一次创业的失败对季某的打击很大,身心交瘁,病了一个月。但过了一段时间后,她调整了状态,以一种不甘心失败的心态,和同学一起投资成立了一个工作室,主要进行广告板和封面的设计,她开始了第二次创业。工作室经营一段时间之后,不仅收回了成本,还能解决其生活费,但因为工作室的业务与她的学习课程产生冲突,最终取消经营。在有了两次创业的经验和教训后,季某又投资了 2 000 多元,成立了一家画室。因为季某本人对美术很有激情,而且具有通过美术考试升学的亲身体会和成功经验,所以画室的经营目前较为顺利,并有一定的盈利。

对于毕业以后是选择就业还是创业,目前季某还没有明确的想法,但如果画室发展得很好的话,还会继续经营下去。

【思考】
1. 结合本案例,谈谈创业素质与创业能力的培养对创业过程的影响。
2. 结合所学知识,分析什么样的创业动机是正确的?什么样的创业动机是不正确的?

二、创业访谈

创业人物生涯访谈

活动目的:
通过创业访谈,使学生了解不同创业人物的创业动机,感受创业动机在创业过程中的重要作用。

活动内容:
以小组为单位进行创业人物生涯访谈。具体操作步骤如下。
(1)3~5人为一组,每组选出一个负责人。
(2)自行确定 2~3 个访谈对象。
(3)拟定访谈提纲,内容包括创业者的教育背景、成长环境、创业动机、创业素质、创业能力、创业历程、创业心得等。
(4)访谈结束后,每组撰写一份访谈报告,分析他们的创业动机、创业成功的因素以及从他们身上获得的启发。
(5)将报告内容制作成PPT,在课堂上以小组为单位进行交流汇报,每组10min。

活动检测:
活动结束后,教师根据表1-10进行评分。

表1-10 探索活动评价表

评分标准	满分/分	实际得分/分	备注
积极参与访谈活动	20		
按要求实施了访谈	20		
访谈报告内容详尽、分析正确	20		
PPT 制作精美	20		
其他	20		
总分	100		

三、创业能力测评

测评说明：

1. 无论是刚从学校毕业的年轻人，还是在学校经历了多年的上班族，许多人都希望拥有一份属于自己的事业。当老板可不是一件容易的事。是否适合创业？有多少创业的潜力？下列测试可以帮助你决定是否进行创业。

2. 本测试由一系列题目组成，请根据实际情况，选择最符合自己特征的答案。

3. 在选择时，请根据自己的第一印象回答，请不要做过多的思考；根据你的情况在每道题后面选择"是"或"否"。

测评题：

1. 是否曾经为了某个理想而设立两年以上的长期计划，并且按计划完成直到理想实现？ 是　否
2. 在学校和家庭中，你是否能在没有父母和师长的督促下，就可以自动地完成分派的任务？ 是　否
3. 是否喜欢独自完成自己的工作，并且做得很好？ 是　否
4. 当你和朋友在一起时，你的朋友是否常寻求你的指导和建议？你是否曾被推举为领导者？ 是　否
5. 求学时期，你有没有赚钱的经验？你喜欢储蓄吗？ 是　否
6. 是否能够连续10个小时以上专注地投入个人兴趣中？ 是　否
7. 是否有保存重要资料，并且井井有条地整理，以备需要时随时提取查阅的习惯？ 是　否
8. 平时生活中，你是否热衷于社会服务工作？你关心别人的需要吗？ 是　否
9. 是否喜欢音乐、艺术、体育以及各项活动课程？ 是　否
10. 在求学期间，你是否曾经带动同学完成一项由你领导的大型活动，比如运动会、歌唱比赛等？ 是　否
11. 当你为别人工作时，发现其管理方式不对，你是否会想出适当的管理方式并建议改进？ 是　否
12. 喜欢在竞争中生存吗？ 是　否
13. 当你需要别人的帮助时，是否能充满自信地要求别人，并且能说服别人来帮助你？ 是　否
14. 你在募捐或义卖时，是不是充满自信而不害臊？ 是　否
15. 当你完成一项主要工作时，是否总是给自己足够的时间仔细完成，而绝不会让时间虚度，在匆忙中草率完成？ 是　否
16. 参加重要聚会时，你是否准时赴约？ 是　否
17. 你是否有能力安排一个恰当的环境，使你在工作时不受干扰，有效地专心工作？ 是　否
18. 你交往的朋友中，是否有许多有成就、有智慧、有眼光、有远见、老成稳健的人物？ 是　否
19. 你在工作或学习团体中，被认为是受欢迎的人物吗？ 是　否
20. 自认为自己是个理财能手吗？ 是　否
21. 是否可以为了赚钱而牺牲个人娱乐？ 是　否

22. 是否总是独自挑起责任的担子，彻底了解工作目标并认真地执行工作？是　否
23. 在工作时，是否有足够的耐心和耐力？是　否
24. 是否能在很短的时间内结交许多新朋友？是　否

测评标准：

"是"得1分，"否"不计分。统计分数，参照以下答案判断自己是否适合创业。

0～5分：目前不适合自己创业，应当训练自己为别人工作，并学习技术和专业。

6～10分：需要在旁人的指导下创业，才有创业成功的机会。

11～15分：非常适合自己创业，但是在回答"否"的题目中，必须分析出自己的问题并加以纠正。

16～20分：个性中的特质足以使你从小事业慢慢开始，并从妥善处理中获得经验，成为成功的创业者。

21～24分：有无限的潜能，只要懂得掌握时机和运气，将会成为优秀的创业者。

第二章　创业机会

学习目标

>>> 了解创意与创业机会之间的关系
>>> 学会识别和选择创业机会
>>> 了解创业机会的特征与评价

案例导入

约翰·伯德是《大问题》杂志的总编，同时也是一名优秀的社会企业家。然而在1991年以前，他是一名默默无闻的流浪汉。

20世纪80年代的伦敦街头到处都是流浪汉，约翰·伯德也是其中的一员。约翰·伯德出生在伦敦诺丁山的一个穷苦家庭，5岁时就已经无家可归，7岁时被孤儿院收养，到了十几岁时因为偷窃被抓，在监狱待了几年。出狱后，由于没有工作和经济来源，因此一直在街头流浪。

1990年，约翰·伯德的朋友戈登·罗迪克去纽约出差时，碰到了一名兜售《街头新闻》的小贩。通过与小贩的交谈，戈登·罗迪克受到启发，意识到这是一个可以借鉴并发展的商业机会，于是，他便和约翰·伯德商量并决定在英国试办一个新型的街头杂志，通过雇佣街头流浪者来兜售杂志。

1991年，约翰·伯德和戈登·罗迪克联合创立了《大问题》杂志，通过专业记者的采编，记录了一些关于娱乐奖项和当前时事的消息。杂志刚创办时，只有10名流浪汉参与，但让人出乎意料的是，几百份杂志一下子就销售完了，杂志的标语"从街头浮现""帮助无家可归者自助"也迅速吸引了热心公益人士的目光，他们纷纷以提供独家专访、亲笔撰文等方式支持约翰·伯德和戈登·罗迪克。

很快，杂志的销量屡创新高，约翰·伯德也拥有了自己的办公室。1993年6月，《大问题》杂志从月刊增加到一年51期；1995年6月，约翰·伯德被英国女王授予勋爵；1997—1998年，《大问题》杂志以每周发行量280 000份跃居时事类杂志发行量榜首。2004年，约翰·伯德被英国广播公司（British Broadcasting Corporation，BBC）授予"伦敦传奇"称号，2008年10月，《大问题》杂志获年度社会企业奖。

《大问题》杂志并不是最早的由流浪汉销售的街头报刊，它晚于纽约的《街头新闻》杂志，《街头新闻》杂志最终在美国无疾而终，而约翰·伯德和戈登·罗迪克通过分析发现，仅仅在街头销售杂志是不行的，要从更广、更深的社会维度来发挥媒体的作用。这些流浪汉不仅可以有效地销售杂志，而且能为他们收集信息，提供杂志内容。同时，戈登·伯德还提出要求，每个售卖杂志的人员都必须遵守一些准则，清楚哪些可以做，哪些不可以做。另外，他们还根据社会的发展，对杂志的内容进行更新，比如最新改版的《大问题》杂志，就推出了一系列新栏目和专栏作者，并邀请明星为他们拍摄封面。

启示 创业的机遇无处不在，能不能创业成功，就看你能不能正确地识别并抓住创业的机会，找到有效的市场需求，具备形成满足这种需求的产品或服务并从中获益，使创业机会转变为成功的商业模式，才能带领创业团队走向成功。

第一节 创业机会的识别

创业机会指具有较强吸引力的、较为持久的有利于创业的商业机会，创业者据此可以为客户提供有价值的产品或服务，并同时使自身获益。美国著名未来学家、《大趋势》的作者奈斯比特，在其著作《定见》中说："成功靠的不是解决问题，而是利用机会。"可见，创业机会是创业成功最关键的要素，也是最基础的要素。

一、创意与创业机会

创业者发现和利用各种资源，在现有的环境中产生新的创意，将其转化为创业机会，是成功创业的第一步。

（一）创意经济

创意经济也称创意产业、创新经济、创意工业、创造性产业等，指那些从个人的创造力、技能和天分中获取发展动力的企业，以及那些通过对知识产权的开发可创造潜在财富和就业机会的活动。从经营角度来看，可以从以下3个方面理解创意经济。

（1）创意经济是对产品内容附加值的生产。
（2）创意经济是创意投入和创意资本化主导的经济行为。
（3）创意经济是企业策划和广告营销。

创意经济所涉及的范围非常广泛，如时尚设计、媒体、表演艺术、交互式互动软件、出版、软件及计算机服务、电视和广播等行业，都可以通过创业经济进行产业转型，以改变市场或消费者的需求，促进产业创新和结构优化，有效地推动经济发展和转变。

创意产业发展与旧城改造

"Loft"是对旧城市建设与改造的创意产业，它将废弃的工业厂房、发电水塔、房屋、车间等建筑进行了充满创意的改造，将其奇迹般地变成充满情趣的工作室、画廊、舞蹈室、电影制作室等。人们可以根据自己的需要，在里面分隔出工作或居住需要的各种空间，比如：你可以只在房间里放上一张大桌子，以便绘画需要；你也可以对地板进行装饰，在上面铺满厚厚的地毯，增加舒适感并起到放松的作用。此外，这种改造的优点在于空间足够大，租金也很便宜。

"Loft"的空间不仅大，而且体现了轻松惬意、自由放松与无拘无束。这种新的生活、工作模式引起了人们的强烈反响，并快速发展到其他地区，成为城市新生的另一种体现。

"Loft"的英文原意为阁楼或高大空间的建筑，它是对传统文化产业的运营模式进行创新，不仅为旧城市建设与改造提供了新的渠道，还将当代艺术、建筑空间、历史文化和城市生活环境结合在一起，为当地的经济发展做出了贡献。在"Loft"之前，纽约休南区还是玩具厂和废纸加工厂，现在这里已经成了时尚的代名词，是艺术展馆、艺术家阁楼、时尚精品店的集聚地。

创意产业是新技术、与知识产权有关的创意与传统产业的融合。很多创意产业的类别不仅界限模糊，而且相互交叉，由于产业价值链体系不断延伸和扩展，新的运作模式层出不穷，产业合作形式日新月异，也使得创意产业一直吸引着人们的高度关注。

（二）创意可以转化为商机

创意是具有一定创造性的想法或概念，它不是天才的所有物，而是每个人都具有的一种普通智能。创业是实现创意的一个过程，好的创意可以产生创业机会，从而将创造力转变为商机，创造一种可以满足市场需要的可能。

设计与印刷无缝对接产生的商机

凭着对电子商务的热爱和自主创业的激情，陈涛毅然辞去了待遇不错的工作，和好友余伟商议后，两人决定成立一个以图片设计为主的在线网络平台。2008年，"改图网"在湖北省武汉市成立了，该网站主要为客户提供图片处理服务，如照片修复、卡通图设计等。

通过一段时间的经营，陈涛发现市场对名片、企业宣传册、海报这一类产品的需求很大，但现有的网络平台只做印刷，不做设计，很多单纯做设计而不做印刷的公司也很难赚到钱。于是，陈涛便想到将自己的公司发展成一家既做网络设计，又做网络印刷的网站。

通过对市场和资金的分析，陈涛决定先通过名片印刷来开启网站的在线印刷业务。他先让公司的员工设计了很多免费的名片模板，将其公布在网站的在线印刷版块中，用户只需登录网站，选择需要的名片模板，再输入名片的详细信息并提交印刷订单即可。网站会根据客户地址，将名片印刷文件发送到最近的合作印刷厂，然后以最快的速度将名片配送到客户手中。

这项业务很快发展起来，并逐渐扩大其在印刷行业里的影响力。2011年11月，改图网荣获美国硅谷"英特尔——全球技术创业挑战赛"的全球总冠军。随后，改图网又提供了Logo、画册、宣传单等商品的设计、印刷和配送服务，真正实现了将网络设计和网络印刷融为一体的商业模式，为公司的可持续发展提供了更明确的方向。

不仅如此，改图网还自主研发了在线图像创意互联网平台系统和多种印刷产品的在线设计平台，解决了广大用户在商务活动及现实生活中的各种需要。

改图网能够从最初的设计、名片印刷网站变成现在很受用户喜爱的网站,是因为陈涛看到了印刷业在互联网技术中的发展机会。在很多传统印刷业者还没有意识到变革的时候,他已经抓住了这个机会,将传统设计和印刷服务融入高速发展的互联网中,使客户足不出户,就能享受到便利的服务并从中获得满足。

创业并不需要特别优秀的创意,只要创业者能够给人们提供比他们现在所拥有的更好的产品、服务,就能够创造出创业机会。

创意就在我们身边,只要有创意就有商机。大学生创业者最不缺乏的就是激情、活力和创意。当我们产生创意时,需要深入地思考,并脚踏实地、认认真真地执行这些"创意",不要仅仅停留在创意阶段而浪费了创业的机会。

(三)创意需要评估

创业机会是具有商业价值的创意,一个好的创意未必是一个好的商业机会。这就需要创业者在创意产生之后,制订一套切实可行的执行方案,把创意层层推进,或者对创意进行评估,确定其是否具有值得经营的价值。

变废旧手表为艺术品

看看图 2-1 中这几款精致的摩托车工艺品,它们是由一位叫 Dmitriy Khrisenko 的乌克兰艺术家制作的,原材料主要是废旧手表。

图 2-1 摩托车工艺品

Dmitriy Khrisenko 在二手市场甚至是垃圾堆中淘来足够多的旧手表,将它们拆卸后重新组装。通过自己的创意和设计,Dmitriy Khrisenko 将表盘变成轮框,将腕带卷成轮胎,将表面玻璃制作成挡风玻璃,最终制成了这些微型的摩托车模型,每件作品的售价都在 475 美元以上。对于一般人而言,旧了或坏了的手表要么扔掉,要么放在一个不起眼的小角落里,Dmitriy Khrisenko 却通过自己的创意将其变成了一件件精美的艺术品,并且在制作这些艺术品前,他还专门通过调查机构进行了一番调研,发现很多人其实都比较喜欢这种创意商品,因此,他的创意手表摩托车一出品,就得到广大用户的喜爱。

二、创业机会的特征和类型

1 创业机会的特征

创业过程是由创业机会驱动的,那么创业机会的特征有哪些呢?主要可以从以下3个方面进行了解。

(1)普遍性:凡是有市场、有经营活动的地方,客观上就存在着创业机会。市场的规模、潜力和竞争形势越有利于创业者,创业的机会就越大。

(2)偶然性:创业机会的发现和捕捉具有很大的不确定性,任何创业机会的产生都有意外因素。

(3)消逝性:随着市场、产品或其他客观条件的变化,创业机会的存在时间并不稳定,会根据外界条件的变化而消逝或流失。

2 创业机会的类型

一个好的创业机会的获取是极不容易的,往往很多人都能看到机会的时候,它已经不再是机会了。根据机会的性质,可以把创业机会的类型分为以下4种。

(1)问题型机会:现实中存在的未被解决的问题所产生的创业机会,如新能源、现代环保产业等项目。

(2)趋势型机会:在变化中看到未来的发展方向,预测到将来的潜力和机会,如互联网个性化、高端化和差异化的发展趋势。

(3)创新型机会:通过技术创新带来的创业机会,如苹果、微软在别人短时间内没有的技术中获得的创新机会。

(4)组合型机会:将现有的多项技术、产品、服务等组合起来,以实现新的用途和价值而获得的机会。

三、创业机会的来源

创业机会无处不在、无时不在,主要来自以下5个方面。

(一)从"问题"中挖掘机会

创业的根本目的是满足市场和客户的需求。假如市场和客户有相关需求没有得到满足,这就成了所谓的"问题"。优秀的创业者能及时地发现这些问题,并且利用这些问题作为自己的创业契机。例如,四川绵阳有一位大学毕业生发现,远在郊区的本校师生因为每天需要往返于市区和郊区之间,交通十分不便利。于是这位大学生就创建了一家专门运送老师与学生的客运公司,解决了他们"不便利"的问题。这就是把问题转化为创业机会的成功案例。

(二)在"变化"中把握机会

当市场结构和需求发生重大变化时,必然会产生一些市场空白,这些市场空白就是可利用的最佳创业机会。世界著名的管理大师彼得·德鲁克曾经说过:"成功的创业者,就是那些善于在市场上寻找变化,并能随着这种变化做出及时积极回应的投资人。"这种变化或许来自国家政策的调整,或许来自某行业的结构调整、市场重新整合、人口结构的变化以及人们精神上的需求变化等。例如,随着私人轿车拥有量的增加,衍生出汽车代驾、汽车销售和保养维修、二手车买卖等诸多创业机会。

变废墟为财富

20世纪中期，美国一大城市曾建有一座巨大的铜质女神雕像。当地许多居民都以拥有这座雕像而感到自豪。但是随着政府重新规划市政，这座雕像面临被推倒的厄运。当地许多人都为此深深叹息，他们为以后再也看不见这座雕像而感到伤感，因为这座雕像就是他们的精神寄托。

一位在当地上学的大学生，他敏锐地发现了这里面蕴藏的巨大商机。他四处筹钱，从政府手里，以非常低廉的价格购买下了雕像残骸（对于这堆废铜烂铁，政府正愁怎么处理呢）。然后这名大学生租用了一家冶炼厂的车间。他将雕像上的废铜烂铁重新入炉，制作出一个个和原来雕像一模一样的小雕像进行兜售。同时，他还利用雕像上面的铜，制作出了一套女神雕像纪念币用来发行。为了达到促销的目的，这位大学生打出广告："您花上一点点的钱，买下一座小雕像，就能将女神永远地留在您的家里；购买一套纪念币，就能将您曾经的美好回忆永远地保存。"果然，这样的宣传方法确实起到了极好的效果，短短3个月，小雕像和纪念币被当地人抢购一空，而这位大学生也因此狠狠地赚了一笔。

（三）从竞争中自主发现机会

同一行业的参与者，水平必然有高低之分，业务水平和经验参差不齐。一个有实力的创业者，面对竞争者时，能汲取竞争对手的长处，弥补自己的短处，从而逐渐扩大自己与竞争者的优势。从业者在埋头苦干时，不妨对比下自己的同行，看看他们能给客户提供哪些更优质、更便捷的服务，想想这些是否自己也能做到。如果自信的你觉得没问题，或许就发现了一个相当不错的创业机会。

（四）创造发明来创造机会

现在处于一个高速发展的时代，各行业的创新产品都在源源不断地涌入市场。这些新产品、新服务在更好地满足顾客需求的同时，也带来了创业机会。假如你自信有这样的实力和潜力，关注一下创新行业，在创新产品上多下一番功夫，也不失为一种不错的创业路径。

（五）新知识、新技术的产生

当今社会是知识经济的社会，技术的不断进步和知识的逐渐普及蕴含了大量的商机。比如，随着人们健康意识的提高，一些投资创业者通过加盟、代理某品牌的滋补养元汤，成功走上了致富道路。

研发新技术获得创业机会

吴斌是武汉大学临床医学院的大三学生，在导师的指导下，他研制出以海洋生物甲壳素为主要成分的"纽绿特新型生物医用敷料"。该医用敷料采用"吸水保湿疗法"，在加快伤口愈合的同时预防疤痕，并且其生产成本较低。由于上述原因，该项研究获得了第五届"挑战杯"中国大学生创业计划竞赛的金奖，并申请了8项国家专利。

之后，该项目获得武汉人福高科技产业股份有限公司的关注，该公司给吴斌成立的武汉锐尔生物科技有限公司注资了1 000万元，专门用于生产壳聚糖生物医用膜，使产品走出实验室。

吴斌说，他们研发的壳聚糖和传统药物相比，成分安全、可降解，又因为其中带有正电荷，一与血液接触，马上就能使伤口表面的红细胞凝集，形成血凝块，迅速止血。同时，还会形成一道抗菌屏障。

经过两年多的研发，武汉锐尔生物科技有限公司还自主开发了以壳聚糖为基础的急救生物止血海绵、生物止血粉、水胶体敷料、生物纱布等。此时，该公司已经生产了从生物止血膜到止血绷带、烧烫伤药等五六十种产品。由于这些产品的效果好，市场前景明朗，新产品一推向市场，就受到各地经销商的青睐。

四、影响机会识别的关键因素

能否正确识别创业机会是创业的基础，它受到创业机会自身的属性、创业者所处的社会网络、创业者的先前经验及外界环境等因素的影响。

（一）创业愿望

创业愿望是创业者的创业动力，只有具有强烈的创业愿望，创业者才有可能更快、更有效地发现和识别市场机会。反之，再好的创业机会也会与创业者失之交臂。

从断掉的鞋跟里创业

出生于山东省滕州市的吴迪是一名毕业于北京某大学的高材生。他在毕业后的较短时间内跳槽了4次。当朋友问他为什么会如此"不踏实"的时候，他说总是想着哪天自己能当回老板，哪怕是个修鞋匠，也总比给别人打工强。

有一次，吴迪的妻子新买的皮鞋后跟掉了。于是吴迪拎着鞋子，几乎转遍了大半个滕州，最后在一个小胡同里找到了一家补鞋店，谁知最后鞋子补完了却不能穿。鞋子虽然没有修好，但这次经历却给了吴迪一个不小的启示。接下来的几天，吴迪做了详细的市场调查，发现皮鞋保养是个有着巨大商业潜力的行业。

后来吴迪又在网上查到，南方某省有一知名的皮鞋保养品牌。于是吴迪迅速向这家企业交了2 000元的押金，成为这家企业的加盟商，并且从这家企业引进了皮鞋保养美容的技术和相关工具。就这样，吴迪在滕州开办了一家"皮鞋美容店"。

谁知创业兴奋的劲头没能持续几天，吴迪发现这家企业所提供的技术并不太实用。当他赶去总部询问缘由的时候，发现这里还有许多其他的加盟商也反映了和吴迪相同的问题。事实摆在眼前，吴迪这次是被人坑了，但是此时小店已经开张营业了。

吴迪并不死心，他咬咬牙，带着1万元，亲自跑到温州皮鞋厂学习制作皮鞋的工艺。学艺归来之后，吴迪将自己所学运用到皮鞋美容的生意上。很快，吴迪的小店生意开始红火起来，来的顾客中不仅有滕州本地人，还有邻近城市的人。短短一年时间，吴迪在滕州开了4家分店。

吴迪创业之所以能成功，首先与吴迪本人的性格有直接关系。吴迪是一个自信的人，具有强烈的创业愿望。创业者首先得是一个自信的人，只有自信才有勇气推开创业的大门。同时吴迪能准确识别创业机会并快人一步开发新市场。吴迪所在的滕州市，几乎没有一家专业的皮鞋美容店，这就说明该市场几乎就是空白的，谁先占据市场谁就在竞争上处于主动地位。

通过案例可以发现，虽然吴迪的创业精神值得推崇，但其创业计划稍显不足。在没有摸准那家皮鞋美容企业具体技术如何的情况下，就开张营业，这显得有点急于求成。但比时吴迪利用了自己性格上的优点，他没有放弃，他清楚这样小成本的创业风险是在自己可接受范围内的，更何况滕州市内该行业没有任何竞争者，更不用担心自己的小店会被同行挤垮。

（二）认知能力与创业技能

国内外研究和调查显示，是否具有远见与洞察能力、信息获取能力、技术发展趋势预测能力、模仿与创新能力、建立各种关系的能力，是一个创业者能否有效识别创业机会的关键。这些能力可以是创业者天生所具有的，也可以通过后天的培养获得，因此，创业者要不断学习和提高自身的专业技能，成为在某个领域内的佼佼者，这样才会拥有更高的警觉性，获得创业成功的机会。

（三）先前经验

创业机会识别作为创业的首要阶段，对创业者创立新企业有着至关重要的作用。但创业者自身经验也影响着创业者对于机会的识别。先前经验是创业者基于先前经历积累起来的一种经验，可以分为行业经验、创业经验和职能经验，其含义如下。

（1）行业经验：创业者曾从事过相同或相近行业所积累的经验。

（2）创业经验：创业者曾创立并管理过新企业所积累的经验。

（3）职能经验：创业者曾从事过研究开发、行政管理等职能工作所积累的经验。

图2-2所示为对创业者创业机会的调查统计情况。通过该调查可了解到先前经验对创业者创业机会识别的重要性。它会帮助创业者累积丰富的信息和知识资源，提高创业者的机会辨别能力。当创业机会出现时，可以使创业者能够更加快速、清楚地认识并把握创业机会。

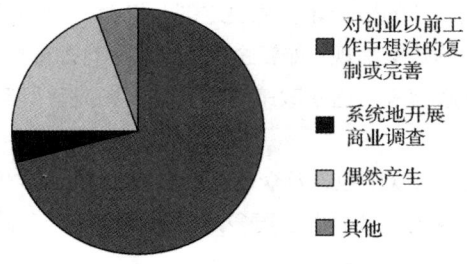

图2-2　创业者创业机会调查统计

先前经验能够帮助创业者选择更合适、更有创业价值的创业机会，能够使创业者更快速地识别市场机会，从而优先进入市场，获取更多的市场份额。

（四）社会关系网络

创业者存在于社会组织中，而社会组织与外界存在着各种联系，从而形成了社会关系网络。作为一种特定的经济组织活动，创业不可避免地同社会网络中的其他节点发生各种联系。创业者只有将自己置身于社会网络环境中才能完成价值链活动。研究表明，创业者的社会关系网络越深、越宽广，越能为创业者带来更有效的创业机会信息。

阅读材料

"外联帮"网站的创立

薛克兢是学生会外联部的干事，当学校需要举行活动或进行宣传时，就需要他们组织学生做宣传活动或去拉赞助。在一次活动前，为了拉赞助，薛克兢跑遍了学校周围的商家却毫无收获，这便使得他萌生了创业的念头。

薛克兢首先想到了金迪，金迪是他的同学，是学生会外联部的部长，通过与部长商量，两人开始联系同学帮忙，并与之前合作过的商家洽谈，得到他们的支持。于是，"外联帮"网站应运而生，该网站的主要目的是为学生组织和商家搭建起沟通平台，学生组织可以在网站上发布组织本身的信息和活动策划，商家可发布宣传要求、提供的经费预算等，这就为学生组织和商家的合作提供了一个更简单、更便捷的平台。

"外联帮"一经推广，全国不少名校的学生组织都开始在网站上注册，发布需求信息，覆盖范围扩展到全国数十所高校。

（五）创造性

在一定程度上讲，创业机会识别是一个创造的过程，是创业者不断反复进行创造性思维的过程。思维创造性高的创业者相对而言更能发现创业的机会。

（六）创业环境

国家宏观经济政策和企业内部的微观环境是决定创业机会、影响创业成功的重要因素。近年来，国家出台了很多影响创业机会的政策法规，如新企业所得税、对外商投资的产业限制政策、能源法、物权法、反垄断法和节能减排政策等。这些政策法规使得市场竞争得到改善，为创业者提供了创业空间。

目前，国家正在大力推进"大众创业，万众创新"。国家鼓励大学生创新、创业，并出台了一系列配套政策，这些政策为大学生创业者提供了更多的创业机会。

提醒

微观市场环境也是制约和影响创业机会的要素之一，创业者可以从供应商、企业内部、中间商、顾客和其他社会公众群体出发，对市场环境的变化进行分析，以便更好地协调和发现商机。

"第三生活空间"——星巴克的定位

星巴克从无名小卒成长为耀眼的明星,并迅速演变为一种标榜流行时尚的符号。在都市的地铁站旁、闹市区、大饭店和写字楼,在人潮涌动的地方,那墨绿色商标上的神秘女子总是静静地对你展开笑颜。星巴克的经营秘密在于选择定位:创造一个家和办公室之间可以提供休闲、洽谈、约会所需要的环境。在1999年星巴克开店之前,如果大家想谈一些事情时会选择去哪里呢?答案是麦当劳、肯德基或中餐厅。可不吃饭的时候去哪里呢?星巴克就是这样一个能给客人提供谈话场所的地方。可以说,星巴克给人的方便大于给人的味觉享受,它总是在人们逛街疲惫时,朋友来了没地方说话时,给人以方便。这正是星巴克想要的——任何时候都能为喜欢星巴克的人群提供服务。

【思考】
1. 你认为星巴克的创业定位可以给人什么样的启发?
2. 作为大学生,我们应怎样识别创业机会?

 创业机会的把握和选择

能否正确把握创业机会,并且通过自身能力将其转化为商机,是创业者应当具备的基础创业能力之一。

一、创业机会的把握

什么时候能够发现创业机会?创业机会到底在哪里才能看到?这些是大学生创业者应该首先考虑的问题。

(一)发现与创造需求

需求并不是一成不变的,它会因为技术、经济发展或国家政策等外界因素而发生改变。没有敏锐的市场洞察力和创造力的企业,生命周期不会长久。在没有发现市场需求的情况下,创业者很难发现创业机会,这时创业者应考虑的是:是因为需求本身不存在,还是自己未发现?若确实不存在,自己能否主动创造需求?

一个能够创造出需求的企业,往往也是能够发现并解决问题的企业,这样的企业才能在充满竞争的市场环境中屹立不倒。这也要求创业者具备需求创造的各种能力,如广阔的市场前景预测能力、精准的市场调研能力等,从中挖掘和发现隐藏的创业机会,进而有针对性地开展需求攻势,引导消费者把潜在需求转变为现实的需要。具体而言,创业者可以从以下4方面发现

或创造需求。

① 重新定位

定位指对商品、服务、企业或某个机构进行需求分析，以确定这些商品或服务在消费者心中的位置。重新定位就是对其进行再次定位，以摆脱目前环境下的劣势，发现新的机会。

航线宣传的重新定位改善了经营局面

莎碧娜航空公司最初为了满足消费者的需要，在运输、安全、舒适度等方面进行了大量的广告宣传。但运营一段时间后，乘客数量仍然没有增加。公司通过重新调研发现，这条航线是由北美到比利时首都布鲁塞尔，而当时的比利时还不是一个旅游胜地，因此，去往比利时的乘客数量并不理想。怎么办呢？经过一段时间的研究，公司发现比利时有5个"三星级城市"，而当时的国际旅游圣地阿姆斯特丹也是个"三星级城市"。这样一对比，莎碧娜航空重新对航线进行定位，推出了一个十分绝妙的创意——"比利时有5个阿姆斯特丹"。这才改善了局面。

② 改变用途

改变用途可以从以下两个方面来进行。

（1）产品在没有进行任何技术改进的前提下，通过增加产品的文化内涵而使之在具备原有功能的基础上，使消费者的购买理由产生变化。比如有名的"Zippo"打火机，很多人购买和使用它并不是把它作为一般的打火机来使用，而是对它所代表的文化的认可。

（2）放弃产品原有的功能，而将某个属性作为新功能来使用，以此发现和创造机会。比如将木梳卖给和尚：在木梳上刻字，将其推销给前来朝拜的人。

③ 创新品类

可以通过分析人们的需求，将其进行细分，以在原有市场中开辟新市场，创造出新类型的产品。

④ 技术创新

通过新技术来创造新需求，吸引消费者进入新市场，这是最直接、最有难度的方法。

（二）从意料之外捕捉创新商机

有时一次机缘巧合的意外也能造就创业的机会，但这仍旧依赖创业者平日的积累。

旧帆布中诞生的"李维斯"

在旧金山淘金热时期，李维斯跟着一大批人奔赴旧金山，打算去那里碰碰运气。在去的途中淘金者们遇到了一条阻断去路的河流，在其他人都感到愤怒的时候，李维斯却租了一条船开始做起摆渡生意。不久，一些别有用心的人抢走了他的生意。

一天，李维斯正在金矿附近溜达的时候，突然看到有人晕倒了。他发现当地气候干旱，高温少雨，来这里的淘金工人全都被太阳烤得汗流浃背，饥渴难耐，而这里又缺少足够的水源，不少人因为没有水喝而身体虚弱，晕倒在地。这时他利用前段时间淘金赚到的钱又做起了饮水生意，这既解决了工人的饮水问题，又让他赚了不少钱。

然而不久，卖水的生意也被人抢走了。乐观的李维斯相信天无绝人之路，他发现，采矿的工人因为要长期跪在地上，裤子很容易磨破，长时间穿着破烂的衣服在烈日下暴晒，这让工人们痛苦不堪。李维斯马上想到矿区里有很多被人遗弃的帐篷、睡袋，于是他便把这些东西收集起来洗干净，做成耐磨的裤子，牛仔裤就这样诞生了。

（三）在实际与预期结果的不一致中寻找机遇

创业是一项具有风险的活动，在准备创业时，创业者需要制订一份详细、缜密的计划。但计划往往赶不上变化，市场、政策或环境的改变，都可能引起创业计划出现偏差。当出现实际结果与预期结果不一致，甚至出现冲突时，不要直接否定自己的计划，而应从实际出发，修正自己的目标，改进前进的方向。要知道，大部分创业者的创业计划都不是一蹴而就的，不断调整并改进自我，才是发现商机并取得成功的关键。

（四）从新知识中捕捉机会

21世纪是知识经济时代，知识经济也叫智能经济，是建立在知识和信息的生产、分配和使用基础上的经济。知识经济是继自然经济、工业经济后在人类财富创造形式上的崭新时代。与依靠物资和资本等生产要素投入实现的经济增长不同的是，现代经济的增长越来越依赖于知识含量的增长。在这种经济模式下，出现了越来越多的以知识为创新机遇的创业者，他们大都有着高学历和丰富的行业知识，并利用这些因素产生新的财富和行为理念。

二、创业机会的选择

创业者要知道，成功的创业项目一定不是你想做什么，而是消费者需要什么。只有满足了顾客的产品或服务需要，才会激发顾客的消费欲望，企业才可以发展壮大。创业者在选择创业机会时，应考虑以下问题。

（一）创业时机是否成熟

每个创业者对于时机的把握都具有很大的主观性，因此，创业者首先需要对自己有个全面、客观的认识。在选择创业之前，不妨先问问自己以下问题。

（1）你了解你将要介入的行业吗？

（2）你有不同于竞争对手的特点吗？

（3）你所能协调的各种资源能满足这个项目的需求吗？

（4）你是否充分做好了吃苦耐劳的心理准备？

（5）你是否能接受创业失败带给你的各种打击？

（6）对于市场信息和变化规律你是否掌握充足？

假如上述问题你的答案都是肯定的，那你就具备了把握创业机会的主观条件。在创业的过程中，你可以自信地许下承诺，即便失败也有能欣然接受的能力。

（二）创业机会的开发

对于创业机会的开发，应秉承以下两个原则。

❶ 正确认识资源平台

创业者在决定开始创业后，一般会努力收集有关方面的可利用资源（如人脉关系、社会关系、资金提供者、技术等），然后将所有可利用资源重新整合，以此作为自己创业的基础。可对于大学生来说，实际情况是，他们很难获得足够的资源，比如可靠的项目、充足的资金、发达的人脉网，这些是大学生创业者很难具备的。因此，大学生创业者应转变创业开发的思路。创业并非只有在各种资源齐备的前提下才能进行，在资源缺乏的情况下也能找到机会。从创业的本质来说，市场经济无论是好还是坏，始终都有机会，我们要做的就是去发现、利用这些机会。

❷ 尊重兴趣、运用创新理念

对于大学生而言，创业本身也是对生活方式的创新。创新源自兴趣，创新是大学生创业的动力和源泉。根据相关机构的统计，近几年来，全世界平均每年约有 100 万家新公司诞生，这些新公司中，大多数都是那些有意创业或者找不到工作被逼创业的大学生所开办，且公司规模多在 20 人以下。因此，创新与创业是当代大学生的历史使命，学习创新与创业是我们立人、立家、立业、立国的首要任务。只有具备创新精神的创业者，在市场中才会更具生命力和竞争力。

（三）选择创业项目的方法

大学生创业者由于刚刚步入社会，还没有累积到足够的人脉和创业资源，所以在创业项目的选择上需要从自身优势出发。

❶ 就地取材

大学生创业者本身作为大学生群体中的一员，十分了解大学生的特点和消费习惯，可以直接以大学生群体为目标，就地取材，对他们进行详细的分析与研究，从中寻找创业的商机。现在很多大学生创业者的第一个创业项目是从大学校园里开始的。

从同学们的需求中创业

当同学们都沉浸在休息、玩耍中时，王俊杰已经开始了自己的发家致富之路，忙着接收订单和发货。目前，他创办的"卓越优饰"已经有了 4 名员工，几乎每天都有上千元的利润，并且业务和销量还在不断增长。

王俊杰的父母在他 5 岁时便带着他一起到广州创业，从事机械零件批发。在父母的影响下，王俊杰从小就对经商有着浓厚的兴趣。大二时，王俊杰的女朋友经常在他面前提起时下热门的明星，并嚷嚷着要他买抱枕这类东西。一开始王俊杰并没有在意，后来他逐渐发现，走在校园路上有很多女孩子的手机壳、屏保都是一些明星的图片。这突然激发了他的创业意识，通过自己和女朋友的分析，他们发现周围有很多的同学都希望用自己喜欢的明星的照片作为手机壳、屏保或海报的封面。

这让王俊杰兴奋极了，他立即开始研究怎么利用这个机会来挣钱。首先，王俊杰在学校的校刊中刊登了一则广告，广告的标题是"带你喜欢的人回家"，并留下了自己的电话号码。同时，他还在学校里雇人发小广告，上各寝室楼推销。

不久，王俊杰就接到了第一笔订单——制作一个特制抱枕。根据同学提供的信息，他很快和厂家确定设计并制作。一个星期后该同学就拿到了抱枕并夸王俊杰的抱枕做工精良，这给了他很大的鼓舞。

经过半年多的精心营销，王俊杰的业务越来越多，不只本校的同学，连附近学校的同学也开始在他那里订货。由于订货量较大，王俊杰专门建立了一个网站，在网站上，同学们可以提供自己的需求，然后提交订单，这样王俊杰就能够马上将这些信息反馈给厂家开始进行制作。

现在，王俊杰的业务范围也渐渐变大，产品类型也越来越丰富，像抱枕、手机壳、贴纸、海报等都渐渐发展起来。

❷ 做自己最擅长的

创业者很难因为做自己不擅长的事情而成功，比尔·盖茨在回忆自己的创业经历时曾说："做你自己最擅长的事。"这是因为，在创业者擅长的领域内，创业者能够最大限度地发挥出自己的能力或挖掘更深层次的潜力，将自己的自信心和勇气提升到最高的程度，增加创业成功的概率。

李芸的刺绣店

"锦绣云瑶"刺绣是当地较有名气的绣片订制店，不仅深受游客的喜爱，还获得了很多制衣厂商的青睐。这家刺绣店的店面不大，店里却摆满了琳琅满目的刺绣产品，这些刺绣产品上面的图案，有风景、人物、建筑等比较大型的图案，也有花朵、松鼠、蝴蝶等比较小的图案。店里还有一些颜色鲜艳、富有立体感的小饰品，可以直接粘在衣服上使用。所有这些刺绣都是老板李芸亲自设计的，价格从几元到几百元不等。

李芸3岁开始学画，大学学的是广告设计，毕业后在一家私营企业做后勤工作。由于经济和网络的发展，网上开店变得越来越流行，2009年，十字绣等刺绣产品变得十分火爆，李芸便萌生了开网店的念头。心动不如行动，李芸马上对一些刺绣店进行了考察，当拿到这些刺绣产品时，她觉得做工低劣，样式也不美观，这更加激发了她要自己创业的决心。

李芸平时是一个相当有品位的人，对产品的要求也十分严格。为了提供优质的产品，她先后去深圳、浙江等地考察，并决定自己亲自担任设计师，设计以民族风为主要风格的刺绣产品，然后选择义乌一家工厂为其加工。当她的刺绣产品在网店上架后，精心设计的产品和优美的文字介绍，立刻吸引了不少爱美的女性消费者。

李芸并不是一个止步不前的人，在民族风刺绣风头正盛的时候，她已经开始计划设计下一个热卖产品了。随着网店的良好发展，李芸将这些刺绣产品按照大小和种类进行细分，并将其推荐给周边厂商。现在，李芸的网店已经是当地最有特色的刺绣店了。

❸ 做自己最喜欢的

兴趣是最好的老师，要想做好一件事首先要对它感兴趣。任何一个人在做自己喜欢的事情时，都能使自己获得愉悦、满足的感觉，这样会使人乐此不疲、不知疲倦。做自己最喜欢的事情，创业者才有可能在遇到问题时仍然保持热情和执着，不至于半途而废。比如比尔·盖茨可以为了自己喜欢的计算机而通宵达旦，爱迪生平均每天有 18 小时待在实验室，他们如此执着于工作，是因为他们热爱自己正在从事的事业。

4 与他人合作

个人的能力始终是有限的，但是通过他人的帮助，采取合伙创业的方法可以增加创业成功的概率。著名成功学大师卡耐基说过："成功依靠的是15%的专业知识和85%的人际关系。"人际关系越好，创业者所能获得的帮助就越多，也越容易获得各个行业的相关信息，从而建立起对创业有利的信息网络和人脉关系。

同时，合作伙伴可能具有创业者自身所不具备的专长或能力，能弥补创业者自身能力的不足。特别是当你想做一件自己并不擅长的事时，就可以选择一个你熟悉且具有这方面能力的伙伴一起合作，这样可以得到合理利用资源、充分发挥能力的效果。

合伙创业解决创业危机

1984年10月28日，联邦集团前身——广东南海盐步联邦家具厂成立了。这个小家具厂的4名成员——王润林、何友志、杜泽荣、陈国恩是从小在一起长大的玩伴，他们走在一起，立志要干一番大事业。4个人都是农民出身，既没有良好的教育背景，又没有显赫的家世。王润林学过设计，何友志做过藤椅师傅，杜泽荣在建筑公司干过打桩，他们因为生活所迫走上了创业的道路，却对办企业一无所知。几个月之后，他们的家具厂因为销路不畅出现了危机，大量产品积压，他们欠下银行近10万元的贷款。

雪上加霜的是，厂里的生产经理见势不妙就离开了家具厂。一筹莫展的4人急得团团转，这时他们突然想到了儿时的玩伴杜泽桦。那时的杜泽桦正担任一家藤器厂的厂长，是广州小有名气的管理人才。几经辗转，杜泽桦被4人说动，来到家具厂担任了总经理一职，他利用自己的管理经验，迅速实行一系列急救手段，让家具厂摆脱了困境，扭亏为盈。后来，家具厂壮大起来，管理层人员欠缺，于是同样有着藤器厂工作背景的另一玩伴郭泳昌也被请来。这6个人便成为联邦最初的6人组合，后来一步步发展成为今天的联邦集团。

在家具厂面临危机时，王润林、何友志、杜泽荣、陈国恩4个创业者及时找到了有着丰富管理经验的杜泽桦加入团队，使企业焕然一新。在企业发展到一定规模时，他们又及时为团队注入新鲜血液，形成了稳定的创业队伍，为今后团队的可靠发展奠定了基础。团队成员之间的互补、协调以及创业者之间的补充和平衡，起到了降低管理风险、提高管理水平的作用。

一、创业思考

创业者选择一个市场，一定要有某个契机，绝不要选择一个平的市场，要单独凭一己之力去撬动。创新工场管理合伙人汪华经常说："创业者要做的事情永远是点燃那个沾满汽油的纸，只有万事俱备，你才能去做那个东风。"

比如2000年前后，有很多创业者做电商，他们都非常聪明，但是当时中国的网银还很不好用，用户线上支付的习惯还没有养成，物流配送的生态更是几乎等于零，由此导致当时一批创业团队的失败。所以，创业团队不要想着去撬动一个平衡度非常好的市场，而必须等到市场的平衡被某个外力因素（如政策、新的技术等）所破坏，创业者才可以快速找到某个切入点，快速撕开口子冲进去占领市场。

对于以上内容，从大学生创业的角度如何进行理解？

二、案例分析

武汉奇米网络科技有限公司坐落于湖北省武汉·中国光谷软件园，由一批IT界资深人士创立，公司聚集了互联网业界精英，现有在职员工数百名，数千平方米的办公场地。公司秉承服务于消费者，为消费者节省每一分钱的文化理念，形成了独特的企业文化。在给新的创业团队分享心得时，这个创业团队中的几位年轻的80后却连连表示自己并不算成功的创业者，但在这个年代既然大家都选择在互联网领域创业，其实也就意味着没有太多传统领域的背景，或者传统领域的背景帮不上忙，创业者还是要多花心思。在奇米创业团队看来，强化产品思维在商场永远不会过时。

武汉奇米网络科技有限公司由黄承松创建于2010年，是一家年轻的正在高速成长中的创业型公司。奇米专注于电商营销及消费者服务，旗下有卷皮折扣、卷皮9.9包邮等App和网站。经过多年的专注耕耘，奇米科技凭借独特的产品定位、创新的商业模式和有机的人才建设，在获得广大消费者和商家巨大认可的同时，亦成为中国发展速度较快的互联网电商公司之一。

【思考】

（1）你如何思考奇米创业团队的产品定位？

（2）你如何看待该公司的企业文化？

（3）你如何看待该公司的未来发展？

第三节　创业机会的评价

"创业有风险，学生应谨慎"，这并非是夸大其词。现今，我国大学生创业的成功率远远低于欧美发达国家。

面对如此不乐观的创业成功率，这就需要每个大学生创业者在面对创业机会时，应做出及时准确的评价和取舍。对创业机会盲目地取舍，不是错失良机，就是深陷泥潭。这个世界上不存在零风险的投资，投资的过程中会不时出现各种不可预知的阻碍，或许会成功，也可能会失败。创业成功可能是由于你的运气比别的投资者好，而创业失败也可能是在为你的下一次创业成功奠定基础。总而言之，在开始创业之前，要对创业机会有一个预先的评价。

一、定性评价方法

齐默尔和斯卡伯勒将创业机会的定性评价过程分为5个步骤，如图2-3所示。

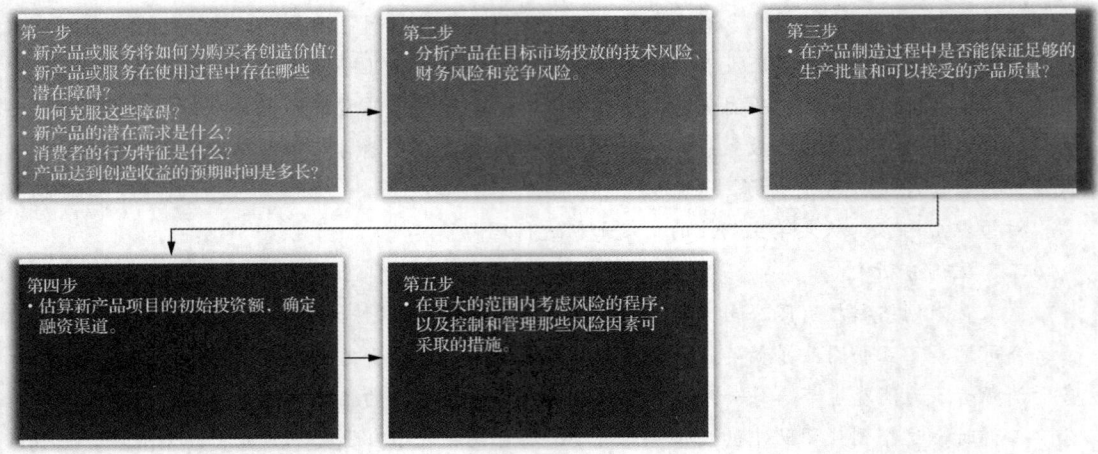

图 2-3　创业机会定性评价流程图

一个好的创业机会，通常具有以下特点。

（1）市场前景可明确界定。

（2）市场前景中前 5~7 年的销售额稳步且快速增长。

（3）创业者能够获得利用机会所需的关键资源。

（4）创业者不被锁定在刚性的技术路线上。

（5）创业者可以用不同的方式创造额外的机会和利润。

二、定量评价方法

一个创业机会具有很多方面的属性，如市场规模、市场增长率、商品成本等，这些属性可以通过一定的方法来进行评价。

（一）标准打分矩阵

选择对创业机会成功有重要影响的因素，并由专家小组对每一个因素进行好（3分）、较好（2分）、一般（1分）3 个等级的打分，最后求出每个因素在各个创业机会下的加权平均分，从而可以对不同创业机会进行比较。表 2-1 中列出了该方法较重要的 10 项评价要素，在实际使用时可以根据具体情况选择其中的全部或部分因素来进行评估。

表 2-1　标准打分矩阵

标准	专家打分			
	好（3分）	较好（2分）	一般（1分）	加权平均分
易操作性				
质量和易维护性				
市场接受度				
增加资本的能力				
投资回报				
专利权状况				

续表

标准	专家打分			
	好（3分）	较好（2分）	一般（1分）	加权平均分
市场的大小				
制造的简单性				
广告潜力				
成长的潜力				

（二）温斯丁豪斯法

温斯丁豪斯法的实质是计算和比较各个机会的优先级，公式如下。

$$\frac{技术成功率 \times 商业成功率 \times 年均销售数 \times (价格-成本) \times 投资生命周期}{总成本} = 机会优先级$$

在该公式中，技术成功率和商业成功率以百分比形式表示（0~100%）；成本以单位产品成本计算；投资生命周期指可以预期的年均销售数（年均销售数以销售的产品数量计算）保持不变的年限；总成本指预期的所有投入，包括研究、设计、制造和营销费用。将不同创业机会的具体数值代入计算，特定机会的优先级越高，该机会越有可能成功。

例如，现有一个创业机会的技术成功率为 80%，市场上的商业成功率为 50%，在 5 年的投资生命周期中年均销售数预计为 100 000 个，净销售价格为每个产品 150 元，对于每个产品来说的全部成本为 90 元，研发费用为 1 000 000 元，设计费用为 80 000 元，制造费用为 260 000 元，营销费用为 180 000 元，其创业机会的优先等级如下。

$$\frac{80\% \times 50\% \times 100\ 000 \times (150-90) \times 5}{1\ 000\ 000 + 180\ 000 + 260\ 000 + 80\ 000} \approx 7.89$$

（三）珀泰申米特法

珀泰申米特法是一种预先设定好权值的选项式问卷方法。大学生创业者可以针对不同因素的不同情况，来判断特定创业机会成功的潜力指标。对于每个因素来说，不同选项的得分可以是 −2~+2 分，通过对所有因素的得分进行求和得到最后的总分，总分越高说明特定创业机会成功的潜力越大，表 2-2 所示为利用珀泰申米特法对项目进行评价所估计的得分。

表 2-2　珀泰申米特法评价表

评价因素	项目 1 的得分/分	项目 2 的得分/分
对于税前投资回报率的贡献	1	0
预期的年销售额	2	1
生命周期中预期的成长阶段	2	1
从创业到销售额高速增长的预期时间	2	−2
投资回收期	1	−1
占有领先者地位的潜力	−1	0

续表

评价因素	项目 1 的得分/分	项目 2 的得分/分
商业周期的影响	2	0
为产品制订高价的潜力	2	2
进入市场的容易程度	2	1
市场试验的时间范围	2	2
销售人员的要求	1	−1
总分	16	3

根据表 2-2 中的数据可得出项目 1 比项目 2 具有更高的可行性,并且需要创业者注意的是:只有最后得分高于 15 分的创业机会才值得创业者进行下一步的策划,低于 15 分的创业机会都应被淘汰。

(四)选择因素法

贝蒂的选择因素法是通过 11 个选择因素的设定来对创业机会进行判断。如果某个创业机会只符合其中的 6 个或更少的因素,那么这个创业机会就很可能不可取;相反,则表明这个创业机会将大有希望。11 个选择因素的具体内容如下。

(1)这个创业机会是否只有你一个人发现?
(2)初始的产品生产成本是否可以承受?
(3)初始的市场开发成本是否可以承受?
(4)产品是否具有高利润回报的潜力?
(5)是否可以预期产品投放市场和达到盈亏平衡点的时间?
(6)潜在的市场是否巨大?
(7)你的产品是否是一个高速成长的产品家族中的第一个成员?
(8)你是否拥有一些现在的初始用户?
(9)是否可以预期产品的开发成本和开发周期?
(10)是否处于一个成长中的行业?
(11)金融界是否能够理解你的产品和顾客对它的需求?

拓展训练

一、小组讨论

生活中确实存在着大量的创业机会,但为什么有的人发现了,有的人却发现不了?请同学们以 3~5 人为一组,结合影响创业机会识别的因素进行分析讨论。讨论结束后,每组选一位代表讲述讨论的过程及内容。

评分标准如下。

（1）积极参与讨论（20分）。
（2）能够提出鲜明的观点（20分）。
（3）提出的观点具有合理性（20分）。
（4）能够大胆表达自己的想法（20分）。
（5）语言表达流畅（20分）。

二、探索活动

创业机会探索活动

活动目的：

培养学生发现创业机会的能力。

背景资料：

现在的创业者常常会感叹生不逢时，羡慕20世纪八九十年代的创业者们所面对的大量的市场空白、卖方市场，那时候似乎只要胆子够大、能够找到钱，无论上什么项目都不愁销路，而当前的市场，似乎任何领域都有着大量的竞争者，即使是有前景的市场领域，还没有做起来就陷入恶性竞争。这说明依靠信息、资源稀缺性来实现创业成功的路已经越来越窄。但这并不意味着现在已经没有创业成功的机会。任何时代的创造者都需要有超前的眼光和独辟蹊径的智慧才能走向成功。

活动内容：

仔细观察，认真思考，寻找身边的创业机会。具体操作步骤：3~5人为一组，每组通过头脑风暴的方式，以书面形式把所想到的创业机会一一列出。

建议：创业机会来源可考虑以下6个方面。

（1）个人生活经历。
（2）偶然的发现（日常生活中、旅行中……）。
（3）个人的兴趣爱好。
（4）个人的家庭环境、家庭成员从事的职业及相关行业背景等。
（5）国家政策导向。
（6）产业结构及技术的变革。

活动检测：

活动结束后，教师可根据表2-3进行评分，并评选出表现最优秀的一组。

表2-3 活动评价表

评分标准	满分/分	实际得分/分	备注
积极参与活动	20		
列出创业机会（每个4分）			
有创意	30		
可操作	20		
总分			

第四节　评估与分析

以下题目是与创业机会识别、创业机会把握、创业机会选择相关的练习，通过这些练习，可以分析与评估自己是否是一个能够及时把握创业机会的人。

1. 你具有良好的自我认知能力吗？下面是美国兰德公司的经典心理测试题，认真做下面这个测试，看看你的潜意识是怎样的，以帮助你正确认识自我。

要求：每题只能选择一个答案，并且该答案必须为你的第一印象，不能经过比较分析再选择答案。完成测试后，把每题相应答案的分值加在一起即为你的得分。

（1）你喜欢吃哪种水果？

　　A. 草莓（2分）　　B. 苹果（3分）　　C. 西瓜（5分）　　D. 菠萝（10分）
　　E. 橘子（15分）

（2）你平时经常去哪些地方休闲放松？

　　A. 郊外（2分）　　B. 电影院（3分）　　C. 公园（5分）　　D. 商场（10分）
　　E. 酒吧（15分）　　F. 练歌房（20分）

（3）哪种类型的人容易吸引你？

　　A. 有才华的人（2分）　B. 依赖你的人（3分）　　　C. 优雅的人（5分）
　　D. 善良的人（10分）　E. 性情豪放的人（15分）

（4）如果你可以成为一种动物，你希望自己是哪种动物？

　　A. 猫（2分）　　　B. 马（3分）　　　C. 大象（5分）
　　D. 猴子（10分）　　E. 狗（15分）　　F. 狮子（20分）

（5）天气很热，你更愿意选择什么方式解暑？

　　A. 游泳（5分）　　B. 喝冷饮（10分）　C. 开空调（15分）

（6）如果必须与一种你讨厌的动物或昆虫一起生活，你能容忍哪一种？

　　A. 蛇（2分）　　　B. 猪（5分）　　　C. 老鼠（10分）　　D. 苍蝇（15分）

（7）你喜欢看哪种类型的电影、电视剧？

　　A. 悬疑推理类（2分）　B. 童话、神话类（3分）　　　C. 自然科学类（5分）
　　D. 伦理道德类（10分）　E. 战争枪战类（15分）

（8）以下哪件物品是你随身必带的？

　　A. 打火机（2分）　　B. 口红（2分）　　C. 记事本（3分）
　　D. 纸巾（5分）　　　E. 手机（10分）

（9）你出行时喜欢坐什么交通工具？

　　A. 火车（2分）　　　B. 自行车（3分）　C. 汽车（5分）
　　D. 飞机（10分）　　　E. 步行（15分）

（10）以下颜色你更喜欢哪种？

　　A. 紫色（2分）　　　B. 黑色（3分）　　C. 蓝色（5分）
　　D. 白色（8分）　　　E. 黄色（12分）　　F. 红色（15分）

（11）从下列运动中挑选一个你最喜欢的（不一定擅长）。
　　A．瑜伽（2分）　　　B．自行车（3分）　C．乒乓球（5分）
　　D．拳击（8分）　　　E．足球（10分）　　F．蹦极（15分）

（12）如果你拥有一栋别墅，你认为它应当建在哪里？
　　A．湖边（2分）　　　B．草原（3分）　　C．海边（5分）
　　D．森林（10分）　　 E．城市中心（15分）

（13）你更喜欢以下哪种天气现象？
　　A．雪（2分）　　　　B．风（3分）　　　C．雨（5分）
　　D．雾（10分）　　　 E．雷电（15分）

（14）你希望自己住在一幢30层大楼的第几层？
　　A．7层（2分）　　　 B．1层（3分）　　 C．23层（5分）
　　D．18层（10分）　　 E．30层（15分）

（15）你认为自己更喜欢在以下哪一个城市中生活？
　　A．丽江（1分）　　　B．拉萨（3分）　　C．昆明（5分）
　　D．西安（8分）　　　E．杭州（10分）　　F．北京（15分）

分析：

40分以下：你是一个散漫、热爱自由、想象丰富、待人热情，但对朋友没有严格的选择标准的人。事业心、意志力和耐心都较差，更善于享受生活，我行我素。

40～69分：你是一个性情温良、重友谊、性格踏实稳重，但有时也比较狡黠的人。没有很强的事业心，能够认真对待本职工作，但对自己专业以外的事物没有太大兴趣。喜欢循规蹈矩的工作和生活，不喜欢冒险，家庭观念强，比较善于理财。

70～99分：你是一个好奇心强、喜欢冒险、人缘较好的人。事业心一般，对待工作随遇而安，善于妥协。善于发现有趣的事情，但耐心较差、敢于冒险，有时又较胆小。渴望浪漫的爱情，但对婚姻的要求比较现实，不善理财。

100～139分：爱幻想，思维较感性，以是否与自己投缘为标准来选择朋友。性格显得较孤傲，有时较急躁，有时优柔寡断。事业心较强，喜欢有创造性的工作，不喜欢按常规办事。性格倔强，言语犀利，不善于妥协。崇尚浪漫的爱情，但想法往往不切实际。金钱欲望一般。

140～179分：聪明，性格活泼，人缘好，善于交朋友，心机较深。事业心强，渴望成功。思维较理性，崇尚爱情，但当爱情与婚姻发生冲突时会选择有利于自己的婚姻。金钱欲望较强。

180分以上：意志力强，头脑冷静，有较强的领导欲，事业心强，不达目的不罢休。外表和善，内心自傲，对有利于自己的人际关系比较看重，有时显得性格急躁，咄咄逼人，得理不饶人，不利于自己时顽强抗争，不轻易认输。思维理性，对爱情和婚姻的看法很现实。对金钱的欲望一般。

2．完成以下测试，看看你是否有善于抓住创业机会的能力。

（1）有个陌生女孩向你问路，而恰好与你的方向相同，你会怎么做？
　　A．告诉她方向相同，然后一起走
　　B．很详细地告诉她，再从后面跟着
　　C．默默地带她到目的地
　　D．告诉她走法，自己另走一条路

分析：

A 项，能借此同行，说明是一个做事负责且善于利用机会的人，也十分体贴地为对方着想，懂得尊重别人。

B 项，将自己和他人的事情区分得很清楚，喜欢跟在别人后面求安全，没有太强的能力，但能够减少风险使自己获得可能成功的机会。

C 项，是个自我意识和自我满足感强烈的人，不太在意他人的想法，而一味强求，因此可能会制造敌人。

D 项，是个意志软弱、讨厌别人误解、在意他人看法的人。但一旦被人重视，又觉得是一种负担。

（2）正酣然入睡的你忽然被手机铃声惊醒，你会做出什么反应？

A．立即接听电话　　B．关机拒接

C．看电话号码后决定　　D．不理睬，继续睡

分析：

A 项，说明处于一种很敏感的状态，能够迅速地抓住开创事业的机遇。但突如其来的事情可能会让人有些摸不着头脑，因此，要切记具体问题具体分析，适时而动。

B 项，是个不追逐名利、安于现状的人。虽然忙碌，却不会因此而失去发财的机会，需要长时间的等待才能实现自己的事业。

C 项，是个处变不惊的潜在生意人，能够根据具体情况来把握有利时机。

D 项，这类人看来确实太累啦，应该好好休息，重新调整自己的状态，相信创业的时机总会到来。

（3）参加工作后领到的第一份工资，你是如何分配的？

A．花一些，存一些　　B．没有计划地花光

C．有计划地花光　　D．已经忘记了

分析：

A 项，是位现实主义者，不管做什么都会给自己留下可变化的空间，但又不愿承受太大的投资风险，也不想失去大好的创业机会，所以事业相对平稳，发展也随之缓慢。

B 项，是个随波逐流，不能统筹规划，没有计划的随心主义者。但相当精明，善于把握商机，可以寻找一位投资专家来合伙创业。

C 项，是个目的明确、有规划、胆大心细的人。能够准确发现创业机会并迅速做出反应。

D 项，是个没有规划，并且由于安于现状，不喜欢过多思考未来发展的人。如果想要创业，应该制订合理的创业投资方案，并准确实施。

3．通过上面的测试，你对自己应该有了更加深刻的认识。结合自身条件评估，仔细思考自己是不是适合创业。如果你既有创业激情，又具有创业的条件，那就马上行动起来，开始你的创业计划吧！此时，你需要看一看你是否掌握了一个好的创业时机。认真思考以下问题，并进行分析，这对你创业计划的实施具有很大的帮助。

（1）你是否拥有强烈的创业意愿？

（2）你是否具有吃苦耐劳的精神？是否敢于承担风险？

（3）你是否能提出一个明确可行且能够结合市场机会的创业构想？这个创业构想必须要具有一

定程度的创新及市场竞争优势。

（4）你是否看到了一个具有潜力的市场机会？

提醒　市场机会必须是一个潜力够大，且在可见的未来能够被实现的机会，当然也需要能够大略估计实现市场潜力所需要的时间与资源条件。

（5）你是否具有一个能够振奋人心的愿景？
（6）你是否拥有能够协助企业取得各项必要资源的社会关系网络？
（7）你是否拥有足以经营管理一个新生企业的经验与能力？
（8）你是否拥有足以带领团队前进的领导与沟通能力？
（9）你是否能发展出一个能够创造利润的创新经营模式？该模式必须能够描述经营模式的顾客需求、核心策略、资源整合能力、价值链各要素的内涵及创造利润的可能方式。
（10）你是否拥有足以判断产业相关技术与产品发展的专业能力？

4. 认真填写表2-4，看看你是否掌握判断一个项目是否为好的创业机会的技巧。

表 2-4　创业机会判断

项目调查目标	考察结果
产品是否具有卖点？	写出产品的特点和优势：
市场需求量大吗？	分析市场需求：
利润空间大吗？	
趋势特征是否明显？	
收入是否持续？	
业务模式是否能正常运转？	
品牌效应突出吗？	
有良好的技术支持和培训吗？	

拓展训练

一、能力训练

1. 假如你所在的社区存在以下问题，你能否从中发现创业机会？
（1）当地没有令人感到舒服的、可与朋友会面的休闲咖啡店。
（2）当地的餐厅较多，菜品、服务相似，没有特色。
（3）社区服务不健全，离家近的菜店蔬菜种类少且价格高；离家远的地方虽然有个综合型的蔬菜购买市场，蔬菜种类多且价格低，但坐车需要花20分钟。

（4）在当地的商店里，玩具品种比较少，顾客选择的余地不大。

2. 关注社会变化和政策变化。请大家根据表2-5理出社会变化和政策变化带来的商机。

表2-5 变化带来的商机

社会变化、政策变化	商机1	商机2	商机3	商机4
"互联网+"时代				
数字电视普及				
产业化升级				
旅游业的兴起				
"一带一路"的提出				
食品安全				

3. 请同学们用所学的创业机会评估方法评估以上发现的创业机会是否可行，然后由师生共同商量选出最具创意、最具可行性的创业机会，进行创业模拟。

二、案例分析

在低空飞翔的云悟无人机

陈有明是江西农业大学园林与艺术学院艺术设计专业2012级学生。陈有明曾是江西农业大学"每一刻"影视工作室的创始人之一，业务做得有声有色。陈有明与无人机的结缘，始于2013年网上疯传的作品《俯瞰农大》。看到这个作品，陈有明觉得非常振撼，很不可思议。"航拍+传统影视"，一个全新的想法开始在陈有明的脑海中酝酿！拿着从工作室的分红，陈有明独自走上了航模组装、调试和试飞的征程。一个艺术专业的大学生，在电子方面一窍不通，从在淘宝购买零件，到一点点焊接，陈有明艰难地组装成功了自己的第一架航模飞机。可是，成功的喜悦却在第一次试飞失败时摔得粉碎。欲哭无泪的陈有明没有放弃，他选择了一边学习，一边赚钱。在无人机论坛，他认识了南昌理工学院的模友，继而找到了《俯瞰农大》的作者李海峰，还有史思明、闫真阔等小伙伴。陈有明发现，自己的航模世界就像眼前的蓝天一样，一下子变得美丽和宽广。

【思考】

（1）如果你是陈有明，在二次创业前你会怎么做？
（2）如何理解"兴趣圈"和识别"机会圈"？
（3）本案例对你有什么启示？

第三章　创业模式

学习目标

>>> 了解商业模式的概念与特征
>>> 掌握成功商业模式的特征
>>> 了解商业模式与创新的关系
>>> 了解常见的创业模式
>>> 熟悉适合大学生的创业项目

案例导入

2004年,"易家通有限公司"成立,最初公司的定位是"通过派出'职业阿姨'为城市家庭提供高端家政服务"。要想提供高端服务,就必须有一支高素质的"职业阿姨"队伍,这样的高素质"职业阿姨"该怎么培养呢?公司采取的对策:将生活中经常遇到的各种日常问题,如护理孩子、照顾老人、买菜做饭这些琐事,制作成视频放在公司的网络系统上;再给"职业阿姨"每人配一台"上网笔记本"。这样一来,那些"职业阿姨"经过流程化的培训,再加上公司专家的指导,很快便掌握了整个系统,解决了服务中遇到的各种难题。

虽然在实行的最初阶段,这样的模式很受消费者喜欢,但实行一段时间后,许多问题便出现了。因为担当家政服务的"职业阿姨"大多来自农村,文化程度普遍不高,所以,她们的学习能力也比较低。更严重的问题是,应聘"职业阿姨"的人数在急剧减少。

公司高层经过仔细调查分析发现,随着中国经济的快速发展,家政服务的公司相应增加。将来能承担得起高端家政服务的家庭会增加。我国的家政服务业将走向专业化更高的道路。

于是在2010年,易家通有限公司开始商业模式转型。转型后的易家通定位于社区服务,力图做一个"精准化的服务网络平台"。

在走访了很多小区家庭之后,公司发现每个家庭几乎都存在或多或少的问题。比如对于双职工家庭来说,每天买菜买米,每周买油、换煤气,这些都是很费时间的事情。又或是修理鞋子、裁剪布料,虽然都是小问题,但如果附近没有一个值得信赖的服务商,那么也会让人感到头疼。

通过调查,公司得出结论:小区居民还需要很多日常服务。重要的是,每个小区有500～1 000户人家,大家的消费差不多都在同一个水平。假如将这些小区通过一个服务网络整合起来,就能形成一个大规模的需求平台。而且如果能将小区周围的商户和服务商也联合起来,就能提供全方位的便利服务。这个商业模式最大的魅力在于,它解决了电子商务最头疼的问题——物流，所有服务都是在小区周围几百米范围内开展，能节省不少的物流成本。

为了实现这样的模式，公司给小区每家住户发放一台平板电脑，并且将平板电脑与住户进行联名登记，与房号绑定。而平板电脑将会与公司服务系统连接，这个服务系统包括以下服务项目。

（1）便民服务。包括家政、教育培训、餐饮等24个种类，公司通过招标的方式，将项目承包给周围的商户，中标的商户可以在公司系统内开设网店，为小区居民提供便利服务。

（2）日用品采购。发放的平板电脑上有个采购图标，如同网上商城一样，小区居民只需在网上订购所需日用品，商家便会主动送货上门。因为是网上订购，能为商家节省库存成本，所以招徕了大批商户竞标，公司则可以根据小区实际情况选择最合适的合作商家。

（3）该系统还有个最重要的作用——促进社区管理。小区居民可以通过公司系统网络选举"业主委员会"的成员，而且还可以对家政、采购等服务提起投诉或提出建议，对服务态度进行评比。让小区居民参与"业主委员会"的选举，等于是让居民参与实际的物业管理，这在很大程度上减轻了政府管理工作的压力。因此，易家通的系统被纳入政府的管理系统。

对于易家通的商业模式，也有人发出过这样的疑问：为什么公司不自己开发一个类似的软件，装到居民家已有的设备上，而是免费发放平板电脑呢？这成本未免有点高。易家通的老总这样解释："是的，每台平板电脑的成本需要500元左右，我也是做过传统生意的人，了解小区的具体问题。我们可以将这个投入看作营销成本，相比其他电子商务网站每个用户高达2 000多元的营销成本，我们这已经是很低的。"

在这样的商业模式下，易家通可通过以下途径获取利润。

（1）收取商家的信息费。凡是在易家通系统展示服务的商家，每个月需缴纳300~400元的信息费。而那些既展示服务，又使用易家通下单系统的商家，每个月则需缴纳1 000元的费用。

（2）广告费。在每个服务项目的子项目页面里，根据不同的广告位，收取价格不等的广告费。

（3）佣金收入。将日常采购服务整体委托给沃尔玛或是麦德龙这样的大供应商，易家通可从中收取营销额2%的佣金。

从易家通的创立与发展，我们可以看出以下问题。

（1）类似易家通商业模式的想法有很多，而且有一部分已经在实施阶段，但是这种模式最大的缺点是环节比较复杂，协调成本较高，而且效率也较低，公司在这方面应做好充足的准备。

（2）这种模式实施的初级阶段，因为业务量相对较少，会导致商家服务不积极。因此，要积极拓展业务量，业务量提升才能吸引更多的用户和商家。

（3）易家通的经营逻辑总体较简单，可操作起来难度较大。因此，公司应注意服务区域的快速扩张，防止其他企业抄袭。

启示 创业者在把握环境、识别商机的基础上，筛选出的创业机会和项目，必须依托一定的商业模式，企业才能得以运转。因此，有必要深入了解创业商业模式，便于创业者根据自身条件和创业项目的特点做出正确的选择，闯出一片真正属于自己的新天地。

第一节 商业模式

不同类型的企业有不同的商业模式，同一类型的企业也有不同的商业模式，甚至同一行业的同一类型企业也可能有着不同的商业模式。

不同产品的商业模式是不同的

淘宝网、京东商城、当当网、凡客诚品都是当前热门的电子商务网站，但它们的商业模式却并不相同，表3-1是对这些电子商务网站商业模式的分析。

表3-1 对不同电子商务网站商业模式的分析

项目	淘宝网	京东商城	当当网	凡客诚品
商业模式	包括C2C（消费者对消费者）、B2C（商家对消费者）。两部分主要是通过为买卖双方搭建在线交易平台，以免费或是比较低廉的费用在网络平台上销售商品	B2C电子商务网站，主要以商品零售为主。客户可以通过在线订购的方式来购买商品，并选择在线支付、货到付款和自提等方式支付货款并收货	典型的B2C网站，是全球最大的中文网上图书音像商城。可通过在线订购的方式来购买商品，并选择在线支付、货到付款和自提等方式支付货款并收货	是通过互联网和目录直接销售服装的B2C电子商务企业
营利模式	广告收入、支付宝、旺铺收入、增值服务费、商家竞价排名、淘宝相关插件租金、在线软件租金分成等	直接销售收入、虚拟店铺租金、产品登录费、交易手续费、资金沉淀收入、广告费等	直接销售收入、虚拟店铺租金、产品登录费、交易手续费、资金沉淀收入、广告费等	自有产品的销售收入等
支付方式	网银在线支付、支付宝快捷支付、信用卡支付等	财付通支付、快钱支付、移动手机支付、货到付款、分期付款等	网银在线支付、快钱网上支付、YeePay（易宝）支付、银联支付、财付通支付等	货到付款、网银在线支付、邮局汇款等
配送模式	第三方物流公司——快递公司	上门自提、快递运输、e邮宝（经济EMS）	快递运输、邮局普包、公路运输、中铁快运、上门自提	一线城市以自有配送团队配送为主,其他地区主要以外包物流公司配送

在全球化浪潮冲击、技术变革加快以及商业环境变得更加不确定的时代，决定企业成败最重要的因素不是技术，而是商业模式。在某种程度上讲，商业模式是企业独特的鲜明特色，是企业核心竞争力的坚实基础，是企业长远发展最有效的保障。

一、商业模式的概念

商业模式是一个比较宽泛的概念，与其有关的说法有很多，如运营模式、盈利模式、B2B 模式等。一般认为，商业模式是企业整合资源和能力，进行战略规划，以充分开发创业机会，并且实现利润目标的内在逻辑。通俗地说，就是企业如何赚钱。

商业模式并非简单的企业盈利方法或过程，而是一个整体和系统。如亚马逊仅用短短几年时间就发展成为世界上较大的图书零售商，给传统书店带来严峻挑战，新型商业模式显示出强大的生命力与竞争力。

商业模式体现在创业机会核心特征层面，即市场特征和产品特征的特定组合，这一组合是新创企业竞争优势的根本源泉，也是商业模式的构成基础。商业模式也体现在创业机会的外围特征上，特别是创业团队和创业资源两个要素如何有效整合，以共同维系创业机会核心特征的有效开发。新创企业要想成长为成熟的、有市场影响力的企业，必须有适当的成长战略，依据企业现有的市场特征、产品特征、创业团队、创业资源状况制订成长规划及市场竞争战略，因此，战略也是商业模式的构成成分。

亚马逊中国的战略分析

2004 年 8 月 19 日，亚马逊宣布以 7 500 万美元收购陈年创办的卓越网，并将其收归为亚马逊中国全资子公司。2007 年亚马逊中国全资子公司改名为卓越亚马逊。2011 年 10 月 27 日，亚马逊正式宣布卓越亚马逊改名为亚马逊中国，并启动短域名"z.cn"。亚马逊之所以采取这一系列举措是因为亚马逊看到了中国庞大的市场潜力和网络销售前景。

亚马逊通过收购卓越网来打开中国市场的大门，并联合阿里巴巴、京东商城等企业迅速巩固并发展自己在中国市场的地位。针对中国庞大的消费市场，亚马逊中国主要从以下 6 个方面来制订营销战略。

（1）经营发展模式的改变。亚马逊中国的核心业务模式是"以客户为中心"，并承诺"天天低价，正品行货"。为此，亚马逊中国做了一份调查，调查内容主要包括以下问题。

① 上网能否选购到需要的商品？

② 所需商品的价格是否合适？

③ 能否快速准确或是适时地将货物送到？

根据调查的结果，亚马逊中国适时地对产品的类型、价格和物流等进行调整，将原本的"小而精"模式改为了"大而精"模式，采用市场全面化策略向"网上商城"转型，并选择差异化的市场营销策略。

（2）营销模式的创新。针对中国市场的情况和淘宝网、当当网的竞争，亚马逊中国在以下方面做出了创新。

① 全面收藏各种出版物，建立高质量、数量庞大的书目数据库。

②注重"品牌"的宣传，并提供独特的服务设计和友好的用户体验。

③采取多种营销手段、安全可靠的付款方式和物流配送服务。

（3）产品营销策略和售后服务的提升与改善。通过产品线扩张和区域扩展，亚马逊由最初的图书音像领域扩展到个人护理品、鞋靴、珠宝首饰、钟表等领域，为消费者提供了大量、丰富的产品。与卓越亚马逊相比，亚马逊中国拥有了更多的商品种类和服务体系。为了使消费者获得更便捷的售后服务，亚马逊中国成立并配置了自己的配送队伍和客服中心。

（4）价格策略。根据市场的变化和不同的市场需求来制订商品的价格，并通过折扣价格来扩大销量和增加利润。但最终的价格必须要符合消费者的购买心理，保证消费者的利益。

（5）品牌价值和市场影响力。由于网络市场的商品品牌和质量参差不齐，消费者难以分辨商品质量的好坏，亚马逊中国从消费者的角度出发，通过与多个行业的知名品牌合作来保证商品品质，并帮助各大知名品牌更好地展示自己的产品，方便品牌爱好者购买，也增加了亚马逊中国的知名度，树立了良好的企业形象。

（6）促销策略。通过网络、印刷、包装和邮寄等媒体来进行产品促销宣传。

①网络媒体：主要在网购平台投放画面广告，而且还在网络社区建立交流平台。

②印刷媒体：主要在一些营销或商业杂志上做广告。

③包装媒体：设计自己独特的配送包装和附带包装袋。

④邮寄媒体：在寄送商品的同时附带商品目录或手册。

二、商业模式的要素

商业模式有3个核心要素：顾客、价值和利润。一个好的商业模式必须根据这3个要素来回答以下问题。

（1）企业的顾客在哪里？

（2）企业能为顾客提供怎样的价值和服务？

（3）企业如何以合理的价格为顾客提供这些价值并从中获得企业的合理利润？

有一个好的商业模式，成功就有了一半的保证。商业模式是一种包含了一系列要素及其关系的概念性工具，用以阐明某个特定实体的商业逻辑，它描述了公司能为客户提供的价值以及公司的内部结构、合作伙伴网络和关系资本等用以实现这一价值并产生可持续盈利收入的要素。具体来说，商业模式包括以下要素。

（1）价值主张：价值主张指公司通过其产品和服务所能向消费者提供的价值。价值主张确认了公司对消费者的实用意义。

（2）消费者目标群体：消费者目标群体指公司所瞄准的消费者群体。这些群体具有某些共性，从而使公司能够（针对这些共性）创造价值。定义消费者群体的过程也被称为市场划分。

（3）分销渠道：分销渠道指公司用来接触消费者的各种途径。这里阐述了公司如何开拓市场。它涉及公司的市场和分销策略。

（4）客户关系：客户关系指公司同其消费者群体之间所建立的联系。我们所说的客户关系管理即与此相关。

（5）价值配置：价值配置是公司资源和活动的配置。

（6）核心能力：核心能力指公司执行其商业模式所需的能力和资格。

（7）合作伙伴网络：合作伙伴网络指公司同其他公司之间为有效地提供价值并实现商业化而形成的合作关系网络。

（8）成本结构：成本结构指公司所使用的工具和方法的货币描述。

（9）收入模型：收入模型指公司通过各种收入流来创造财富的途径。

商业模式的9个要素环环相扣，互相影响，而商业模式正好就是包含这9个要素及其关系的概念性工具，并用以阐述某种实体的商业逻辑，如图3-1所示。

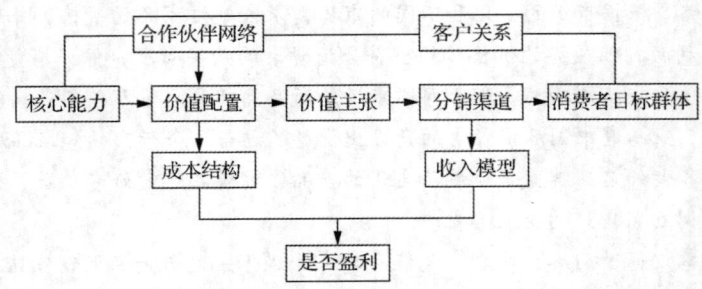

图3-1　商业模式各要素间的关系

三、成功商业模式的特征

成功的商业模式具有以下3个特征。

（一）成功的商业模式要能提供独特价值

创业者通过确立自己的独特性，来保证市场占有率。有时候这个独特的价值可能是新的思想，而更多的时候是产品和服务独特性的组合。这种组合要么可以向客户提供额外的价值，要么使得客户能用更低的价格获得同样的利益，或者用同样的价格获得更多的利益。例如，如家酒店连锁公司全力拓展独创的经济型连锁酒店，常年入住率在90%以上，与传统的酒店经营模式截然不同，从而取得了成功。

（二）成功的商业模式是难以模仿的

企业通过确立自己的与众不同，如对客户的悉心照顾、无与伦比的实施能力等，来提高行业的进入门槛。比如大家都知道戴尔公司是直销的标杆，但很难复制戴尔的模式，原因在于"直销"的背后，是一整套完整的、极难复制的资源和生产流程。难以模仿意味着企业的经营模式是可持续的，可维持企业较快的成长速度。

（三）成功的商业模式是脚踏实地的

企业要做到量入为出、收支平衡，这个看似简单的道理，想要持续长久地做到，却并不容易。现实当中的很多企业，不管是传统企业还是新型企业，对于自己的钱从何处赚来，为什么客户看中自己企业的产品和服务，乃至有多少客户实际上不能为企业带来利润反而在侵蚀企业的收入等关键问题，都不甚了解。原因在于，在生产经营过程中，没有做到脚踏实地，认真分析顾客。

阅读材料

一次失败的创业经验

王晓华毕业后并没有从事本专业的工作，而是决定自己创业。在开始创业的时候，他想了很多项目,如网上开店、餐饮、培训……最后,他将目标锁定在了连锁加盟上。王晓华听说"廖排骨"在其所在地附近生意还不错,他就打电话到加盟商询问了具体情况,然后马上筹集资金开始了自己的加盟创业之路。然而,店铺开业一段时间后,王晓华的生意却并不好,每天来店里的顾客相对较少,也没有什么业绩。他不仅没有分析顾客量少的原因,反而觉得这是刚开始创业的必经过程,仍旧照常营业不做改变。几个月后,店里的食品堆积得越来越多,每个月的销量任务也没有完成,眼看着所剩无几的创业资金,王晓华这才意识到自己的失败。

王晓华选择了一种比较便捷的方式来进行创业,即希望通过借用别人的经营模式来达到创业的目的。这种方法是可取的,但是在创业的过程中,他没有根据自己的实际情况进行分析,也没有制订相应的策略,这是他创业失败的主要原因。

四、商业模式与创新

盈利问题是每个企业都必须考虑的首要问题,也是大家都感兴趣的话题。盈利之道,很容易理解,也就是盈利的方法,盈利的思路。那么,我们的企业经营之路该怎么走?鲁迅先生曾说过:"其实地上本没有路,走的人多了,也就有了路。"因此,在企业的成长中,要积极努力,勇于探索,开辟道路。

在所有的创新当中,商业模式的创新属于最本源的创新,商业模式必须根据客户需求的变化,以及融资的方式和市场竞争形势的演变等多方面因素,及时做出调整和创新。通常来说,企业商业模式的创新和再造流程有6个方面。

(1)通过量变扩展现有的商业模式。也就是说,以原有商业模式为根本,将业务引向新的领域,进而增加客户量,调整价格,增加产品线和服务的种类。这些都是通过量变,在原有的商业模式基础上增加回报率。

(2)对已有的商业模式的独特性进行更新。这种方式,注重的是企业向客户提供的价值更新,借以抵抗价格竞争带来的压力。

(3)将成功模式复制到新的领域,用现有的手法向新市场推出新产品,在新的条件下,复制自己的商业模式。

(4)兼并以增加新模式。通过购买或出售业务,重新为自己的商业模式定位。

(5)突破现有能力来增加新的商业模式。利用企业在一个商业模式中发展起来的能力、知识和关系,创造出一系列成功的商业模式。

(6)从本质上改变商业模式。在这种情况下,IT行业尤其多见。

拓展训练

一、案例分析

Facebook 的成功之道

Facebook 的创办人马克·扎克伯格是哈佛大学的学生。最初,网站的注册仅限于哈佛大学的学生,之后扩展到波士顿地区的其他高校,最终,在全球范围内有大学后缀电子邮箱的人都可以注册。

Facebook 的可贵之处是在经济大环境不佳的情况下，敢于冒险，专注于锐意创新，实现了快速成长。Facebook 的特点主要有以下 3 个方面。

（1）创新的架构：Facebook 的架构是用户自己的空间+社交互动的平台+商业应用，这点在全球还没有人能超越。

（2）开放的平台：Facebook 是唯一将源代码和第三方服务接口完全开放的平台，商用开发者可以最大限度地使用 Facebook 的用户资源。

（3）真实的身份：Facebook 的用户都是用真实身份注册和登录，真实的身份成就了真实的社交网络。

Facebook 是世界排名领先的照片分享站点。截至 2012 年 5 月，Facebook 的用户人数约为 9 亿。2013 年 11 月，Facebook 的用户每天上传照片约 3.5 亿张。2015 年 8 月 28 日，Facebook 的首席执行官 Mark Zuckerberg 在其个人的 Facebook 账号上发布消息称，Facebook 的单日用户数突破 10 亿。

启发思考题：

（1）Facebook 商业模式成功的关键因素是什么？

（2）你如何理解 Facebook 是创造需求，而不是满足需求？

（3）在"互联网+"背景下，电子商务如何提供更优质的服务？

二、探索活动

（一）商业模式的工具——画布

商业模式新生代——一张画布重塑你的职业生涯

首先我来解释一下什么是商业模式。商业模式指的是一个组织在财务上维持自给自足的方式。事实上完全可以把大学生自己视为只有一个人参与经营的企业，个人的商业模式便是你应该通过哪种方式来调动全部才智天赋，以实现个人发展和职业发展的完美结合。

图 3-2 所示就是个人商业模式画布。

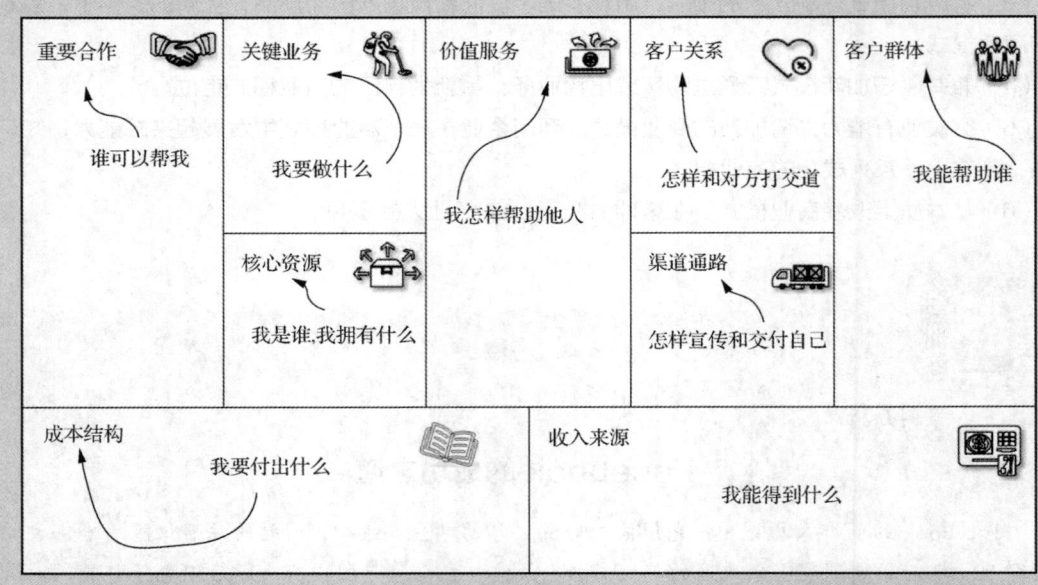

图 3-2　商业模式新生代画布

按照定义，商业模式就是一个组织在财务上维持自给自足的方式，简而言之就是企业维持生存的方式。

为了便于理解现有的商业模式，你可以问自己这样两个问题。

（1）我们的客户是谁？

（2）客户需要我们完成哪些工作？

商业模式思维的一个重要之处在于，它能帮助你认识和描述"客户"与"工作内容"这两个关键要素。更准确地说，它能让你认识到怎样才能帮助客户完成其需要的任务。在此基础上，你才会发现工作中多赚钱和获得满足感的方式。

个人商业模式的9大组成模块：客户群体、价值服务、渠道通路、客户关系、收入来源、核心资源、关键业务、重要合作、成本结构。

（1）核心资源：就是我们自己。

你的核心资源主要有两方面：第一，我是谁。具体来说包括兴趣（职业满足感的动力）、技能（后天习得的能力）、个性（自己是个什么样的人？）。第二，我拥有什么。具体来说包括你的知识、经验、人际关系，以及其他有形、无形的资源和资产。

你的兴趣指那些能让你感到兴奋的事物，这一点或许是你最宝贵的资源，因为兴趣是催生职业满足感的动力。

你可以试着描述一下自己是什么样的人，比如说情商高、勤奋刻苦、性格开朗等。

（2）客户群体：即"我能帮助谁"。作为个体，你的客户和客户群包括企业内部依靠你的帮助来完成任务的人。你是老板，上司或其他向你支付报酬的人都属于客户群体中的一员（比如：销售煤炭方面，帮助客户按时完成装船）。

（3）关键业务：即我要做什么，这取决于你的核心资源。也就是说，"我是谁"必然影响着"我要做什么"。关键业务指为客户实施的基本的体力或脑力活动。描述这个模块时，你可以想想日常工作中常做的事情。

（4）价值服务：即"我该怎样帮助他人完成任务"。这个模块是思考个人职业时最重要的概念。

你可以问自己两个问题：客户请我完成什么工作？完成这些工作会给客户带来什么？举个例子：A同学是一位英汉全职翻译员，法律事务所是他主要的服务对象。他所描述的价值服务是把英语翻译为汉语。然而翻译文件只是一项关键业务，而价值服务是制作令人信服的翻译文件以赢得商业诉讼。可以说，理解关键业务如何为客户带来价值服务非常重要，是描述个人商业模式的基础。

（5）渠道通路：即怎样宣传自己和交付服务。

这个模块包括5个阶段，即商业术语中所说的"营销过程"。这5个阶段可以通过以下5个问题进行描述。

① 潜在客户怎样才能知道你能帮助他们？

② 潜在客户怎样才能决定是否购买你的产品或服务？

③ 潜在客户怎样实现购买？

④ 你怎样交付客户购买的产品或服务？

⑤ 你怎样保证满意的售后？

谈到渠道通路对个人商业模式的重要性，以下3点值得我们注意：①只有确定价值服务才能选择价值服务；②只有宣传价值服务才能销售价值服务；③只有销售价值服务才能赢得回报。

（6）客户关系：即怎样和对方打交道。

你喜欢面对面沟通，还是通过邮件书信？你们之间的合作关系是一次性的，还是持续性的？你关注的目标是扩大客户数量（拓展），还是满足现有客户的需求（维持）？

（7）重要合作：即谁可以帮我。这是指那些支持你的工作，帮助你顺利完成任务的人。他们能为你提供行为动机，给你良好的建议，为你提供完成某些任务的资源。需重视内部合作伙伴。

（8）收入来源：即我能得到什么。

写下你的收入来源，如工作、合同费或专业服务费、健康保险、养老金等。除了这些，还包括满足感、成就感和社会贡献等收益。

（9）成本结构：指的是你在工作中的付出，包括时间、精力和金钱，还包括其他的"软成本"（归属感、压力感、失落感、认同感）。

按照上面的9大模块描绘出自己个人的商业模式画布，它能以系统化的方式优化最重要的商业模式，实现个人商业模式的定制化。

活动内容：请根据创业构想，填写画布的各个模块内容。

（二）中国企业的商业模式分析

活动目的：

能准确分析不同企业的商业模式，并从中获得启发。

背景资料：

竞争是商业活动中永恒的话题：20年前比产品，谁有好的产品，谁就能成功；10年前比品牌，谁的品牌影响力大，谁的渠道终端广，谁就能成功；那么，今天的企业比拼的是什么？

我们看到，这是一个营销的4P（产品、价格、渠道、沟通）已经激烈竞争、高度同质化的时代，产品同质化、广告同质化、品牌同质化、促销同质化、渠道同质化、执行同质化，企业已经很难在这4P中的某一项脱颖而出，企业的竞争已经超越了营销这一层级，蔓延至更高层面——商业活动的全系统。

活动内容：

（1）请对表3-2中所列企业的商业模式进行分析。

表3-2 中国企业及其商业模式

公司名称	商业模式
京东商城	网上购物
途牛网	在线旅游服务
前程无忧网	人才招聘网站
淘宝商城	网上购物
聚美优品	网上购买化妆品
唯品会	做特卖的网站
呷哺呷哺	火锅店

（2）这些企业的商业模式对你有什么启发？

活动检测：

活动结束后，教师可根据表 3-3 进行评分。

表 3-3　活动评价表

评分标准	满分/分	实际得分/分	备注
能准确理解商业模式的含义	20		
能准确分析各企业的商业模式	20		
能找出各企业商业模式的差异	20		
能从活动中获得启发	20		
其他	20		
总分	100		

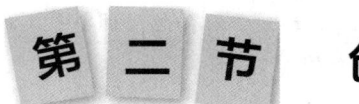

第二节　创业模式

创业模式指创业者为保障自身的创业理想与权益，而对各种创业要素的合理搭配，即创业的组织形式、方式确定，创业的行业选择等。对创业者来说，选择一个适合自己的创业模式，可以避免创业过程中不必要的麻烦。

一、常见的创业模式

选择适合自己的创业模式是创业成功的关键。创业模式方法很多，创业者需准确判断自身的优势和劣势，选择最适合自己的创业模式，以化解创业过程中所遇到的不利因素。常见的创业模式有以下 6 种。

（一）白手起家

典型的白手起家型创业是从无到有，先学习经验，进行资本的原始积累，待条件成熟后，就可以从小规模的企业开始做起。这种方式是最艰苦的，成功率也较低，创业者必须具备超强的耐受力。

该类模式要想取得成功需要满足如下条件：广泛的社会关系、好的项目或产品、良好的信誉和人品以及吃苦耐劳的精神。

从小做起的 DIY 服饰店

大学毕业后吴琳没有马上找工作，而是开了一家 DIY 服饰店。开业前吴琳先查阅了相关资料，了解了一些相关东西后，她认为在当地开个小店会很有市场。因为当地还没有 DIY 服饰店，并且有几所高中和大学，学生是一个很大的消费群体。说做就做，吴琳开始筹资，在学校附近租了一家店面并进行装修，装修完成后小店便开张了。

吴琳将她的小店定位为"创意服饰店",客户可以根据自己的想法亲自动手做衣服,也可以将想法告诉她,让她代劳进行设计、制作。由于小店开在学校附近,周围的学生很多,对新鲜事物的接受能力和好奇心比较强,所以,小店吸引了很多的客户。很快,吴琳就接到了第一笔订单——帮一对情侣制作一套衣服。

除了学生,吴琳的小店还可以为一些店铺或学校制作统一的制服或队服。有一次为餐馆制作工作服时却发生了意外,当吴琳把餐馆订制的 50 件衣服全部做好后,才发现衣服的领子上有个小洞,但是交货时间又到了,衣服也不可能退回给服装厂。抱着侥幸的心理,吴琳还是把这批衣服交到了餐馆,但第二天客户就上门质问她,说衣服有问题,要她给一个解决的办法。吴琳当时想,自己是要长久做生意的,不能因为这一次的问题给客户留下不真诚、质量不好的印象,否则以后还会有客户光临吗?可不能因为这一次的失误砸了自己的招牌。想通了这些,吴琳告诉客户,愿意赔偿他们的损失,并免费为他们重新制作。

经过这次的教训,吴琳在以后的工作中更加仔细,以确保交到客户手中的衣服是完好的。并且为了给客户更好的体验,吴琳还配置了两台模拟机,使客户能够看到自己设计的样品。现在,在吴琳的精心经营下,她的小店已经从最初 2 m² 的格子间扩展到了 50 m²。

(二)收购现有企业

这类模式是目前常见的创业方式之一,但是在收购他人的企业之前,收购人必须先评估收购企业的风险及优缺点,这是一种节省时间和成本的好方法,比如接手专卖店小生意、接收亏损企业等。

这类模式也可能带来一些负面影响,如负债高、资金缺乏、商誉不佳、设备陈旧等。当然,创业者也可以选择性地购买现有企业的其中一部分,如客户名单、商誉等。

南京酿造集团的成功收购

南京酿造集团是一家集生产与销售为一体的调味品制造企业,下辖南京机轮酿造集团有限公司酿化总厂及其小型附属企业,核心公司为南京机轮酿造集团有限公司酿化总厂。主要产品有酱油、涮料、干调粉、味精等,同时还负责各种调味品的生产和加工业务。

1992 年,在国外品牌和其他成长起来的国内品牌的冲击下,南京机轮酿造集团受到巨大冲击,导致经营不善。到 2000 年的时候,公司年销售额只有 1 500 万元。由于企业效率低下,产品质量得不到提高,设备也无法更新,南京市政府决定将该企业出售。

2001 年 1 月,新加坡汇亚集团开始与南京机轮酿造集团接触,经过长达 6 个月的谈判和调查,最终由新加坡汇亚集团收购了南京酿造集团旗下最大的一个企业——酿化总厂。并购后,南京酿造集团不再生产调味品系列产品,转变成为主要从事第三产业的服务型企业。经过接近一年的整合,企业从 2001 年亏损 600 多万元到 2002 年开始盈利,成功实现转型,这是一次较为成功的收购,更是一次成功的企业整合。

(三)依附创业

依附创业模式包括争取经销权(做代理)、做指定供应商(如配套与贴牌生产)、内部创业、特许经营（加盟创业）、网络创业、直销、寿险营销等。

❶ 代理创业

代理是一种很常见的创业方式。所谓代理创业，就是借由其他公司的商品和品牌，自己拥有一个单独的平台来销售商品的创业模式。这种经营模式适合初次创业者，可以帮助创业者学习更多的专业知识和创业经验。

现在很多厂商并不直接面向消费者进行终端销售，而是选择代理商，由各级代理商进行终端销售。因此，想要加入某厂商的市场体系，或是代理销售某厂商的产品，就必须要找到合适的厂商。

很多厂商的业务区域划分和渠道体系并不是简单按照行政区划划分，这导致很多创业者找不到上一级代理商。遇到这种情况时，创业者可以直接与厂商总部或是其市场部门联系，也可以与那些将来不会同自己存在业务冲突的同级代理商联系，以便找到上一级代理商。

❷ 内部创业

内部创业是由一些有创业意向的企业员工发起，在企业的支持下承担企业内部某些业务内容或工作项目，进行创业并与企业分享成果的创业模式。内部创业的创业者对于企业环境非常熟悉，一般不存在资金、管理和营销网络等方面的困扰，不仅可以满足员工的创业欲望，还可以激发企业内部活力，改善内部分配机制，也是一种员工和企业双赢的管理制度。

实施企业内部创业需要把握以下5个步骤。

（1）确定企业未来的远景与目标，使内部创业者从事创新活动时有一个可遵循的方向，并能与企业的经营策略相结合。

（2）发掘企业内部具有创业潜力的人才，并加以鼓励支持。

（3）建立企业内部创业团队，寻找组织内保护人。

（4）赋予创业团队行动自由，但同时要求成果及责任。

（5）采用红利分配与内部资本的双重奖励制度，激励内部创业行为，并能容忍犯错。

华为鼓励员工内部创业

深圳华为集团为了解决机构庞大、产品分销渠道方面的竞争力不强和分流部分竞争力低下等问题，鼓励员工内部创业，将华为非核心业务与服务业务，以内部创业方式先后成立了广州市鼎兴通讯技术有限公司、深圳市华创通公司等内创公司。这些内创公司依托华为强大的经济实力与市场占有率为其产品提供相关技术服务，同时华为也成就了企业内部优秀员工的创业梦。

❸ 加盟创业

加盟创业是采用加盟的方式进行创业，一般方式是加盟开店。加盟创业的关键是选择加盟商。

因为加盟创业并不是根据创业者自己的产品、品牌和经营模式来创业，而是借助和复制别人的产品与经营模式，所以加盟商的质量好坏直接决定了创业者的创业前景。一般来说，选择加盟商应该从行业、品牌等方面进行考虑。

（1）选择有活力的行业。只有有活力的行业才具有发展的空间，才能提供持续的市场需求。目前较为活跃的加盟代理行业有很多，主要为家居建材、餐饮美食、服装饰品、汽车销售、汽车美容、洗衣、美容美体等行业。

（2）选择有生命力的品牌。品牌是企业产品质量和内在品质的象征，一个好的品牌是受到消费者认可和推崇的，因此，创业者在选择加盟品牌时要有清晰的定位，以保障加盟店稳步发展、持续盈利。

"哎呀呀"加盟创业

黄莉还在上大学时就想开一家自己的小店，因此，毕业后她没有去找工作，而是决定自己创业。考虑到自身创业经验与技术等方面的不足，黄莉选择了加盟开店。在选择加盟项目的时候，她考虑了很多，如餐饮、服装、汽车、培训……最后，她选择了连锁加盟"哎呀呀"。

"哎呀呀"（广东哎呀呀饰品连锁股份有限公司）创办于 2004 年，是一家饰品连锁零售企业，其核心竞争力是产品、渠道和用户。它的服务对象是 13～26 岁的年轻女性消费者，抓住这一阶段消费者喜爱时尚装扮的特性，"哎呀呀"提出了"快时尚"的服务理念，即产品的更新速度要能够跟上或超越客户的需求，时刻为客户提供新的产品。同时"哎呀呀"还提出了"平民时尚"的价格定位，让消费者能够以较低的价格购买到称心如意的产品，并斥巨资请明星做广告代言，以树立自己的品牌形象。

了解到"哎呀呀"的这些信息后，黄莉不禁也想分一杯羹。为了加深了解，她特地去了几次广东，在"哎呀呀"总部参与了系统的培训和学习。当她充分了解了"哎呀呀"饰品连锁店的经营模式后，便回到家乡拿出自己的资金开了一家加盟店。由于这种产品在黄莉家乡的市场上比较少见，竞争少，有着广泛的消费群体，所以黄莉的店在成立初期便有了很好的效果。虽然利润不是很高，但黄莉还是凭着自己的能力开启了自己的创业之路。

经过几年的发展，"哎呀呀"目前在全国的连锁门店超过了 3 000 家，终端年销售额超过 18 亿元。而黄莉的小店也在家乡小有名气，不少人纷纷效仿她的做法开始了加盟创业，然而由于黄莉加盟早，经营的时间长，她已经完全掌握技术与经营模式的精髓，并将其转换为自己的优势，让她在这块领域处于有利地位。

选择好的行业、品牌和加盟商固然十分重要，但创业者若就此止步不前、坐等收钱是万万不可取的。要想获得创业的成功，还需要创业者全身心地投入精力，扎扎实实地做好每个细节，将别人的经营模式转换为自己的东西。

④ 网络创业

网络创业就是通过网络来进行创业，是目前最新潮的一种创业方式。网络创业主要包括网上开店与网上加盟，通常适合于技术人员、大学生和上班族。调查显示，78%的网上创业者年龄在 18～30 岁。

随着互联网技术的发展，网络创业门槛大大降低，越来越多的人选择了网上开店的方式来创业。据统计，截至 2014 年 6 月，我国共有 840 万人选择了通过淘宝平台创业。前期投入少、创业成本低，这是大部分人选择网络创业的原因。网络创业需要注意以下 4 个方面。

（1）选择合适的网络创业项目。与实体店不同的是，网络创业是一种看得着、摸不着的创业，消费者只能通过网络平台浏览商品的外观属性，不能实际看到或摸到商品。此时选择一个合适的经营项目和产品是创业者首先需要考虑的，可以调查分析哪些是最受欢迎的产品，分析其他卖家的经营模式，然后将其转化为自己独特的优势，才有可能在众多网络创业者中脱颖而出。

（2）选择货源。网上开店的目的是盈利，而寻找一个物美价廉的货源能帮助创业者节约成本。一般可以在创业者所在地的批发市场或者阿里巴巴网站来寻找货源，这两个地方的商品比较多，品种数量都很充足，给了创业者很大的选择余地。

（3）物流。货物运输是网上开店的一个重要问题，要在最快时间内保证客户拿到产品并且产品是完好的。这要求创业者要找一家信誉好、价格合适的物流公司。

（4）服务和售后。不管是实体店还是网店，服务态度都是十分重要的。与实体店不同的是，网店不能和客户面对面交流，因此，要特别注意网上服务的技巧，不能让客户感到不耐烦，也不能怠慢客户，以免造成客户流失。

提醒：网上交流时，可以多使用一些表情，多用"请""您"等助词，让客户感受到你的诚意。

（5）宣传和推广。网店比实体店的竞争更加激烈，因为客户可以在网络上搜索到相同产品的任何店铺，不受地域和空间的限制。创业者应做好店铺的宣传和推广，提高店铺的知名度和客流量。所以，学习一些网络营销、网络推广的技巧是十分必要的。

阅读材料

网上开店卖饰品

"缘宝石"是一家珠宝饰品网上商店，它的成功开办源于一位大学生的奇思妙想。罗丹是电子商务专业的大三学生，一次偶然的机会让他看到珠宝饰品行业的前景和利润，于是他想到了加盟开店。但是经过珠宝公司业务经理的详细解释，罗丹发现，房租、装修、加盟配货等费用加起来最少也要十几万元的资金，而他只是一名还在上学的大三学生，到哪里去筹这么多钱呢？

当时正好是互联网发展最迅速的时候，网上开店也逐渐兴起。罗丹想到，自己懂电脑，会上网，还有着专业的电子商务营销知识，别人能在网上开店，我为什么不可以呢？他对珠宝商说："我现在没有足够的资金去开一家分店，但现在正是网上开店兴起的时候，我们可以加入这个潮流,把自己的商品用网络推销出去。我先用相机把这些珠宝首饰拍下来,拿到网上去卖,当然您不必马上给我货,我只是在网上放置这些产品的图片,好让顾客能够看到并购买这些产品。这样我不需要太多的资金,您也不需要担心货款的问题,这样一举两得的方法您看怎么样?"

罗丹的建议得到珠宝商领导的同意,珠宝商的领导当即就让公司产品部的员工带他去挑选需要在网上出售的产品并拍照。这些产品图片的效果很好,和柜台中陈列的产品一样具有吸引力,放到网上不久便吸引了很多顾客来购买,就这样,罗丹的网上商店开始成功运营了。

经过罗丹的努力,店铺的业绩慢慢上升。为了让店铺的生意更加红火,他还精心策划了很多促销和宣传策略,主要有以下7点。

(1) 在论坛、博客或旺旺里发帖、跟帖,邀请别人去店铺参观。

(2) 专门设计店标、签名和公告,购买精美的店铺模板,将网店打造成既时尚典雅又精美可爱的风格。通过美化店铺突出特色,给顾客留下深刻的印象。

(3) 将产品和总部规定的全国零售统一价的图片摆放在一起,让顾客一目了然,感觉物有所值。同时配以专业或优美的文字解说,激起顾客的购买欲望。

(4) 留意淘宝活动,符合要求的活动都参与报名。

(5) 注意诚实守信,所有商品全部15天内免费退换货。

(6) 与其他网店合作宣传,互相推荐店铺。

(7) 定期赠送一些小礼品,并对购买产品的客户进行回访,将店铺名片和新的产品信息传达给他们。

不仅如此,罗丹还时刻关注整个电子商务行业的发展,根据行业和市场环境来改变自己的销售策略。在总部的支持下,罗丹不仅实现了自己的创业梦想,而且帮总部开启了网上连锁专卖店的经营策略。而罗丹又可以作为一个创业讲师,将自己的经验和技术教给新来的创业者。

需要注意的是,虽然网络创业对创业者的要求相对较低,但是需要创业者对电子商务感兴趣,并且还要求创业者具有经营相关项目所需的客户拓展能力、专业和行业知识。

❺ 直销

直销就是指产品不通过各种商场、超市等传统的公众销售渠道进行分销,而是直接由生产商或者经销商组织销售的一种营销手段。

戴尔的直销模式

戴尔公司一向以直接面对客户为经营模式。它们为客户提供电话订购一对一咨询服务,帮助客户明确用途,选择最适合的机型,并为客户设立详细档案。这种销售模式的精华在于"按需定制",在明确客户需求后迅速做出回应,并向客户直接发货。由于没有中间商环节,减少了不必要的成本和时间,这使得戴尔公司能够有更多的时间为客户服务。戴尔公司的直销模式以富有竞争力的价位,为每一位客户定制并提供具有丰富配置的强大系统。通过平均4天一次的库存更新,戴尔公司及时把最新的技术带给客户,并通过网络的快速传播和电子商务的便利性,为客户搭起沟通桥梁。

⑥ 寿险营销

寿险营销有广义和狭义之分。从广义上讲，寿险营销指以寿险保单为商品，以市场为中心，以满足被保险人需要为目的，实现寿险公司经营目标的一系列活动。

从狭义上讲，寿险营销指寿险公司的个人代理制度，即个人营销业务。寿险营销模式是由友邦保险公司由海外带入中国上海，并由平安保险公司引向全国。

（四）在家创业

在家创业，准确地说是创业者独立工作，不隶属于任何组织。该类模式的优势在于时间安排自由，既能赚钱，又能照顾家庭。如退休教师在家设立家教中心，大学生合伙从事玩具的邮购业务等。

（五）兼职创业

兼职创业是在已有的工作基础上进行二次工作。兼职创业要求创业者要根据自己的实际情况选择合适的兼职。

兼职创业的职位有高有低，需要根据创业者自身的能力或机遇而定。但不管做什么兼职，都能够锻炼创业者的创业能力并积累创业经验，同时还能获得一定的资金，这在无须放弃目前工作的情况下，能够很好地为创业者提供创业机会。

兼职创业的规模一般较小，但仍然需像全职创业那样去尽心尽力地筹划，不能因为它不是正职就把它当成业余爱好。除此之外，创业者还可以选择一些对时间要求不太严格的项目来进行创业，如在线销售、虚拟助理、国际代理、设计、写作等。

阅读材料

从摆地摊变为创业者

何强的爸爸妈妈自他孩童起就教育他要独立，想要什么东西要靠自己的努力去争取。受这种教育的影响，他从小就有创业的梦想。高中的时候，何强在学校附近的广场散步时，发现很多人放孔明灯，赚钱的想法从此萌生。他到批发市场打探行情，得知一个孔明灯的成本才2元，而市场售价是10元。他想："我便宜一点，8元钱卖出去，还愁没有人买吗？"于是，他利用平时的零花钱进了一批货，到了晚上就摆地摊，仅一晚上就卖了十多个，感觉轻松又有钱赚。

过了一段时间，孔明灯的热潮消退了，他又开始批发衣服来卖，晚上推着一个滑轮车在学校附近的小巷子里吆喝。刚开始的时候，生意不是很好，他就请同学帮忙宣传，每招来一个客人，就给同学2元钱的提成，卖出去一件就给5元钱的提成。渐渐的生意开始好起来，不到一个月他就赚了1万元。

尝到赚钱甜头的何强干得越发卖力，高中毕业后他利用暑假的时间专门到广州、义乌进行市场调查，看到服装的利润空间和发展前景后，他筹集了15万元，租了店面，开了一家服装店。当大学的录取通知书寄到他手里的时候，他又开始了和普通同学一样的学习生活。不过，他并没有将创业放下，而是进一步扩大业务，招揽了2名营业员帮他经营店铺，还说服厂商投资，成为他的合伙人。

（六）"互联网+"

"互联网+"就是"互联网+各个传统行业"，但这并不是简单的二者相加，而是利用信息通信技术及互联网平台，让互联网与传统行业进行深度融合，创造新的发展形态。

2012年11月14日，"易观国际"董事长兼首席执行官于扬首次提出"互联网+"理念，认为在未来，"互联网+"是所在行业的产品和服务，在与未来看到的多屏全网跨平台用户场景结合之后产生的一种化学公式。

"互联网+"代表一种新的社会形态，即充分发挥互联网在社会资源配置中的优化和集成作用，将互联网的创新成果深度融合于经济、社会各领域之中，提升全社会的创新力和生产力，形成更广泛的以互联网为基础设施和实现工具的经济发展新形态。

阅读材料

滴滴打车

2012年6月6日，北京小桔科技有限公司成立，经过3个月的准备与司机端的推广，2012年9月9日，"滴滴打车"正式在北京上线。"滴滴打车"是针对当前中国出租车行业的问题而开发的一款打车软件。

"滴滴打车"的方法很简单，只需在手机上安装并打开"滴滴打车"App程序，就可以在当前位置搜索到附近有多少辆出租车，乘客只需要输入目的地，再点击软件界面底部的"马上叫车"按钮，然后等待出租车司机接单即可。叫车成功后，乘客会收到司机姓名、所在出租车公司、车牌号、所在方位、预计等待时机等信息。这种打车模式既增加了乘客的打车成功率，又让司机非常直观地知道哪里需要用车，并根据实际路况进行选择性的运营，减少空车空载的时间，从而提高了工作效率，降低了油耗。

"滴滴打车"改变了传统的打车方式，建立并培养出移动互联网时代下引领的用户现代化出行方式。与传统出租车业务相比，"滴滴打车"改变了传统打车市场格局，颠覆了路边拦车的概念，利用移动互联网特点，将线上与线下相融合，从打车开始阶段到下车使用线上支付车费，最大限度地优化了乘客打车体验。另外，它改变了传统出租车司机等客的方式，让出租车司机根据乘客目的地按意愿"接单"，节约出租车司机与乘客的沟通成本，降低空驶率，最大化地节省了出租车司机和乘客双方的资源与时间。

三、适合大学生的创业领域

大学生是一个比较特殊的群体，充满激情但缺少社会实践经验，因此，并不是每一个创业模式都适合大学生。大学生在进行创业时，需要选择一些具有优势的领域来弥补自身能力的不足，充分发挥自己的能力，做到学以致用。比如：对于专业较为普通的大学生来说，可以参与中介、加盟代理等；具有个人特色的艺术设计、广告等专业的大学生，可以自由职业者的身份进行创业。适合大学生的创业领域主要有以下9个。

（一）高科技领域

大学生属于高级知识人群，经过多年教育并且处于高新科技环绕的环境，在科技领域创业方面有着独特的优势。但并非所有的大学生都适合在高科技领域创业，一般来说，只有专业技能过硬的大学生才有成功的把握。同时，由于科技发展迅速，大学生还要注意技术的创新，开发具有自己独立意识的产品。

（二）智力服务领域

智力服务行业是智力含量较高的服务业，这正好是大学生具有的资本。如常见的信息服务业、中介服务业、咨询服务业、策划服务业、认证服务业、设计服务业、翻译服务业、文学服务业、艺术服务业、婚庆服务业等。

（三）连锁加盟领域

统计数据显示，在相同的经营领域，个人创业的成功率低于 20%，加盟创业的成功率则高达 80%。对于创业资源十分有限的大学生来说，最好选择运营时间在 5 年以上、拥有 10 家以上加盟店的成熟品牌。

（四）日用小商品产销领域

日用小商品与人们的日常生活息息相关，具有广大的市场和永不没落的特性。这些商品经营方式灵活、投资小，适合大学生创业。

（五）服务领域

服务领域就是为顾客服务，使顾客在生活上得到方便的行业，如饮食业、旅游业、租赁业、理发业等。这些行业一般以店面经营为主，可以分为独立开店与加盟连锁两种。

（六）现代农业领域

近年来，我国对发展现代农业、促进广大农民群众发家致富给予了重点关注。大学生可以在农产品的初加工、深加工及综合利用等方面开展创业活动。

（七）进出口领域

随着中国经济的飞速发展，中国经济和世界经济已经逐渐形成了依存关系。中国拥有巨大的购买市场及出口能力，位于目前世界进出口国家的前列。这个领域适合商务类专业的大学生进行创业。

（八）培训领域

由于经济发展与人们生活工作的需求，近年来，各种技能培训项目越来越多，并且得到人们的大力支持。如外语培训、电脑培训、IT 培训、职业资格考试培训等是目前非常受欢迎的培训项目。因此，各种培训机构也在渐渐兴起，并以低投入和高产出的特点吸引着越来越多的创业者。大学生可以充分利用校园资源和师资力量进行创业。

（九）设计领域

设计项目对资金的要求不高，适合学艺术、广告、设计等专业的大学生选择创业。常见的设计项目有室内设计、平面设计、工业造型设计、动画设计等。

提醒 环境保护、休闲等领域也是具有发展前景的创业领域，可供大学生参考。石油加工、邮电通信、电视广播等行业则不适合大学生创业。

创业思考：

你现在临近大学毕业，在激烈的就业竞争中，你选择了自主创业。

为了让自己的创业之路走得更加顺畅，请依次回答以下问题，这对你选择一个合适的创业模式十分有用。

（1）你希望涉足哪个领域？为什么？

（2）根据你目前的自身情况，说说你在这个领域有哪些优势。

（3）在这个领域创业需要具备哪些技能？

（4）你能够提供的产品和服务有哪些？它们有市场吗？

（5）你能够在目前的产品和服务上扩充生意，提供企业额外的可以盈利的项目吗？

（6）你选择的产品和服务能够发生市场转换吗？

（7）你有能力根据市场的变化调整自己的经营策略吗？

第三节　评估与分析

本章主要介绍了商业模式的概念、特征，商业模式与创新的关系，以及适合大学生的创业模式。以下是与这些知识相关的练习，通过这些练习，可以帮助你分析与评估自己是否是一个能够准确认识商业模式并选择合适创业方式进行创业的人。

要求：根据自己的印象，列举几个不同商业模式的企业，并说明它们的特点和经营模式，填入表3-4中。

表3-4　不同商业模式企业的特点及经营模式

企业类型	企业（品牌）名称	特点	经营模式
电子商务领域	①		
	②		
	③		
	④		
服务业	①		
	②		
	③		
科学技术类	①		
	②		
创新型企业	①		
	②		
	③		

第四章　创业者与创业团队

学习目标

>>> 了解创业者的相关知识
>>> 了解创业团队的概念和特征
>>> 掌握创业团队的组建和管理方法
>>> 了解创业领导者的相关知识
>>> 熟悉创业团队的社会责任与分工合作

案例导入

刘夏是重庆市某大学传媒艺术系的大二学生，在一次暑期调研活动中他发现，重庆市有些品牌设计公司的生意不错，这个发现激发了他创业的想法。

听到刘夏的想法，早有创业想法的学装潢专业的王昊，立即表示赞同。于是，两人立马找到老师，在老师的帮助下，他们获得了一间免费的教室作为工作室。在接下来的一个月里，两人为了尽快让工作室走上正轨并且营业，都开始跑起了业务，但由于自身能力有限，所以效果不佳。

这时，两人想到了再找一些有能力且想创业的同学加入他们的团队，为工作室添砖加瓦。让刘夏和王昊没想到的是，他们的合伙创业招聘单刚发出去，就有不少人回应。经过他们的认真筛选，仅仅一周的时间，整个团队的主创人员就全部确定下来了。团队的成员各有所长：在大学生机器人比赛中认识的大三的学长胡斌，动手能力强；参加辩论赛认识的大三的学姐严莎莎，以口才见长；大一的学弟黄勇，计算机软件技术好；有在广告公司打工经历的丘斌，以创意见长；中文系大三学生刘文，写得一手好文章，擅长把握品牌的文化定位和人文精神；刘德海擅长编程并获得过微软编程比赛大奖……他们组织在一起，正好构成了一个设计公司完整的人员配备。

这些富有创业激情和能力的人一加入，工作室的氛围立马变得不一样了。为了明确工作室中各位成员的职务，他们给自己"封官"，根据自己的特长和能力来命名，如设计总监、策划总监、行政总监、创意总监、销售经理等。在团队人员的齐心协力下，工作室终于拿到第一单业务，一家连锁洗衣店要求他们为其进行企业形象设计。

接下这单业务后，每个人都格外珍惜这次机会。为了让设计与众不同，刘夏和同事们到洗衣店市场了解和观察消费者的购买行为，并且查阅了大量资料。最终他们拿出了两套设计方案，而两套方案都得到了洗衣店的认可。

第一单业务的成功增加了他们的创业激情，随后他们不断积累经验开拓业务。2010年6月，重庆市政府发布征求第八届中国（重庆）国际园林博览会吉祥物的公告，刘夏和王昊创立的工作室格外重视这次机会，经过对客户需求的仔细分析，他们设计出了体现重庆市精神形象和地域特色的吉祥物——珊珊和诚诚，被重庆市政府征用，由此，打响了工作室的名声。

2010年7月，第二届西部国际动漫节在重庆举办，在学校的支持下，他们的工作室承接下本学校展厅的装修方案设计，这是他们首次接下的大型展会项目。他们充分利用从学校的湖里捞上来的鹅卵石、艺术学院用剩的废纸箱、在学校附近捡的碎木块，营造出了别具一格的视觉效果。通过这次展会，很多公司都了解了他们的工作室，并向他们提出了订单意向，工作室的业务变得越来越多。

2010年8月，他们向有关部门提出将工作室注册成公司的申请；2010年9月中旬，公司获批成立；2010年9月底，他们的工作室变成了公司。10万元的注册资金中，其中有4万元是重庆市财政拨给的。按照相关政策，他们还得到了税收减免和金融支持，以及3年内工商执照审验费用全免的优待。

2011年，公司半年的业绩突破500万元，纯利润50多万元，令同行企业对这些"毛头孩子"刮目相看。到了2012年，他们公司的业务已经遍布深圳、东莞、北京、福建等地。

启示 他们能够成功是因为工作室的成员都有着创业的激情和创业的梦想。团队里的成员各有所长，组建了一个较为完整的团队。各成员在工作中各司其职，共同为工作室的发展贡献自己的力量。

创业者和创业团队都是创业的主导者。有的人适合独立创业，比如具有一定的资金，有极强的独立性的人。有的人适合团队创业，比如能与人相处融洽的人。在团队创业中，有的创业者适合担任主导人物，有的创业者只适合扮演参与者的角色。因此，创业者要根据自身的情况进行具体分析，再决定是选择自己独自创业，还是集聚一些拥有相同梦想的伙伴来共同创业。

第一节　创业者

创业者的定义有很多种。1880年，法国经济学家萨伊首次对创业者的定义进行了阐述，他将创业者描述为"将劳动、资本、土地这3项生产要素结合起来进行生产的第四项要素，是把经济资源从生产率较低、产量较少的领域转移到生产率较高、产量较大的领域的人。"

创业者与职业经理人的区别是，创业者是开办或经营自己企业的人，他们既是员工，又是雇主，对所经营企业的成功与失败负责；职业经理人则通常不是他们所管理公司的所有者，而是被雇来管理公司日常运作的人。

一、创业者的类型

根据创业者情况的不同，创业者一般可以分成两种类型，即生存型创业者和主动型创业者。

（一）生存型创业者

生存型创业者指对当前现状不满，或是受到一些因素的影响和推动而从事创业的创业者。生存型创业者是我国人数最多的创业人群。清华大学的一份调查报告显示，生存型创业者的人数占我国创业者总数的90%，其中，许多人是为了谋生。

贫穷使人主动创业

赵逸阳出生于陕西省一个贫困的农民家庭，为了供他上学，家里的哥哥、姐姐都先后辍学，全家人省吃俭用专供赵逸阳上学。赵逸阳也不负期望，学习成绩一直在全县名列前茅。1999年，赵逸阳如愿考取了一所重点大学，当拿到录取通知书时，全家人悲喜交加，喜的是家里终于有了希望，悲的是无法负担巨额的学费。

在等待开学的日子里，赵逸阳看着父亲一天天忙里忙外，哥哥、姐姐也拼命加班挣加班费，终于在最后的时间筹到了他上学的费用。此时，赵逸阳的心中也树起了一个信念："日子越是困苦，越要咬紧牙关，明天一定会掌握在自己手中"。大学期间，赵逸阳不仅在学习上非常刻苦，还和同学一起对校园市场进行开发，成立了一个校园信息服务中心，该信息服务中心主要以校园和学生的需求为市场，开展介绍家教、校园活动策划、产品展示、市场调查以及小网站建设等业务。

不久，赵逸阳就赚到了人生的第一桶金，他再也不需要靠家里辛苦攒钱来维持生活了。家里也因为他的创业而逐渐富裕起来。

（二）主动型创业者

主动型创业者又可以分为两种：盲动型创业者和冷静型创业者。

盲动型创业者大多极为自信，做事冲动。这样的创业者很容易失败，但一旦成功，往往能成就一番大事业。冷静型创业者是创业者中的精英，其特点是谋定而后动，从来不打无准备之仗。他们或掌握资源，或拥有技术，一旦行动，成功率通常很高。

为了改变家乡面貌而创业

刘向前是来自贫困山区的大学生。大学四年，他靠勤工俭学和助学贷款完成了学业。毕业的时候，他认识到如果想改变自己的生活环境和家乡的贫穷面貌，仅仅在城市里谋一个职位是不行的。他学的是生物专业，对一些物种的改良及资源的利用有独特的见解。

刘向前的老家是有名的贫困县，十年九旱，庄稼经常欠收。如今在家的只有老弱病残，有点能力的都选择外出打工赚钱，再回老家盖房娶媳妇。像刘向前这样跳出农村的孩子，近几年几乎没有回到家乡的。

　　刘向前从高中时就立志要改变家乡的面貌，因为家乡太穷，他上高中时不得不徒步走十几千米的山路，到另外一个乡去读书。为家乡致富寻找出路，在家乡建所好学校，这样的想法如山一般压在他的心头。大学毕业的他回到了家乡，把自己的想法告诉了县里和乡里的领导，他的想法得到了县里和乡里的大力支持。为了节省他的创业基金，乡里免费拨了一块山头给他当养殖中心，条件是有经济收入后每年将年收入的 5%用于改善乡里的教学环境。县里面还特批了 5 万元创业资金，让他无息使用。家乡的乡亲听说他要搞生态种植和养殖，纷纷写信联系在外面打工的亲属，让他们回来帮忙。感受到这番浓浓的情意，他感觉越来越有信心，虽然肩头的担子更重了。

　　他先是化验了家乡的泥土，研究了当地的天气情况和水利情况，然后从国外进口了一些抗旱的经济作物品种，并且自己研发了一些常规蔬菜的抗旱保湿品种。他首先从种植开始做起，仅一年的时间就回收了一部分投资款，第二年他开始大量养殖他培育的优质肉羊及肉牛品种，不到 5 年时间，原本杂木丛生的山头变成了蔬果飘香的金山。之后他还实行了一种新的养殖方法，即将自己养殖中心的动物免费送给附近的乡民喂养，并且对他们进行养殖培训，然后免费提供种牛、种羊，只要求在繁育后送给养殖中心一对幼仔。这些方法实施后，不仅他自己家中的条件开始变好，附近的乡亲们都跟着致富了。

　　经历了最原始的资金积累，刘向前又花重金修了路，在路修通的那一天，好些村民都哭了，这是他们几辈人都盼望的。交通问题解决后，刘向前又成立了生物制品有限公司，将山里无污染的山珍、药材制成成品，远销欧美。就这样，他一步一步带领乡亲们走上了致富路。

　　刘向前少年时期的苦难生活令他立下了雄心壮志，他明白自己需要的不仅仅是一碗温饱饭，更需要的是一份事业，一份能改善自己和家乡生活条件的事业。而且他非常懂得利用自己的专业所长，创造特殊的价值，正是这些特殊的价值使刘向前的创业项目有了市场。

　　刘向前没有盲目创业，而是懂得选择合适的创业途径，这是他成功的重要诀窍。他因地制宜，专门研究了家乡的环境，走生态种植和养殖路线，引进抗旱作物，培育优质肉羊和肉牛，而且他还借助了当地的创业政策和乡民们的帮助，这些使他最后取得了成功。

三、创业者的素质和能力

　　任何一家企业的成功很大程度上取决于创业者个人的性格、技能水平和经济状况。创业者在决定创办一家企业之前，必须真实地审视自己，以判断自己是否适合创办企业，以及目前是否具有创办企业的基本条件。

　　创业是一项复杂的活动，不仅要求创业者具备广泛的知识、丰富的经验，更要求创业者本身必须具备一些特点和品质，有创业潜质的大学生更要明确在创业过程中个人素质、能力对创业成败的重要影响。要想成为一个成功的创业者，在创业准备期，就必须对照这些品质不断地完善自己、锻炼自己。

　　创业者的基本素质包括创业意识、创业者心理品质、创业能力和创业知识结构 4 大要素，在这 4 个要素中，任何一个要素发生变化或残缺，都会影响其他要素的形成和发展，影响其他要素功能和作用的发挥，乃至影响创业的成功。图 4-1 即为创业者的基本素质及其所包括的内容。

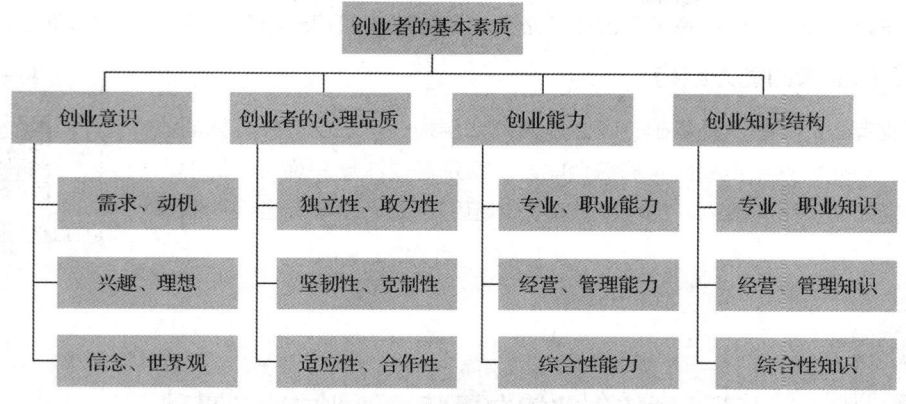

图 4-1　创业者的基本素质及其所包括的内容

有一些创业者，在创业初期事业辉煌，轰轰烈烈，后来却倒闭破产，究其原因，主要是由于创业者个人的创业素质不完备，或在某一个创业基本要素上出现问题导致的。

（一）创业意识的培养

创业意识指创业者在创业过程中起动力作用的个性倾向，包括需要、动机、兴趣、思想、信念和世界观等心理成分。创业意识支配创业者的态度和行为，规定创业者的态度和行为的方向、力度，它具有强大的选择性和能性，是创业素质的重要组成部分。

创业意识的培养

创业需要的是创业活动的最初诱因和动力，当需要上升为动机时，标志着创业活动即将开始。创业兴趣可以激发创业者的潜力和坚强意志。创业理想是创业者对未来的奋斗目标的追求，在对目标的追求中形成信念。创业信念是创业者的精神支柱，是创业意识的最高层次。

当前不少创业者不明白创业的真谛，因此，创业者创业首先必须树立正确的创业意识，其次要认识到创业是一种精神，是一种意识，更是一种素质，最后创业者需要明确创业目标，努力使自己具备创造梦想、发现机遇、凝聚梦想、不懈追求，学习新知、进取提升，突破陈规、创新创造，敢于担当、直面挑战、居安思危、自省自警的意识。

（二）创业者的心理品质

心理品质指创业者的心理条件，包括自我意识、性格、气质、情感等心理构成的要素。作为创业者，应该充满自信，性格刚强、果敢和开朗，感情富有理性色彩。

创业者的心理品质

成功的创业者大多是在面对成功和胜利时，不沾沾自喜、得意忘形；在碰到困难时，也不灰心丧气、消极悲观。

（三）创业者的知识结构

建立合理的知识结构是创业的必要条件。创业者要想成功创业，必须具备相应的专业知识，尤其是以新技术、新发明为基础的创业更要以专业知识为基础。没有专业知识，大学生创业就失去了一部分优势。

创业者的知识结构

纵观近几年在高科技领域创业取得成功的创业者，无一不具有丰富的专业知识。除专业知识以外，创办的企业还需要管理，创业者要想创业成功，还必须学习管理知识并能学有所用，以便成为优秀的管理者。同时，创业者进行创业还必须具备法律知识和市场营销等其他专业知识。

（四）创业者的能力结构

对创业者而言，知识是基础，能力是关键。作为一个想创业并打算创业的大学生，必须培养和提高自身的综合能力。特别是要注意锻炼自己的学习能力、应变能力、用人能力、沟通交流能力和组织策划、管理、自我控制等能力。

创业者的能力结构

高素质的创业能力是获得创业成功的基础

在武汉某大学商学院，有一个由8名大学生组成的创业团队，领头人是2010级的学生，名叫王源。王源带着这8个人的团队成立了一家公司，在公司创办之初，他们把公司定位为考证培训服务公司。公司对成员的要求非常严格，要求所有成员必须获得过二等奖学金及其以上的奖励。

在创业初期，由于缺乏经验，他们只做一些小语种培训。缺乏师资力量，他们就请老师和朋友帮忙，还聘用一些留学生和外贸企业的员工。解决了这些问题之后，语言培训班顺利开班，并且开始赢利。

到了后期就更容易了。因为团队成员专业知识扎实，所以他们又开办了一些专业培训班，如公共关系职业资格认证、文员（秘书）职业资格认证等考证培训班。由于在他们的培训班经过培训后，考证通过率较高，所以报名的人越来越多。

2013年，当他们即将毕业时，团队成员都在为是继续留守还是就业而踌躇，最终绝大多数都选择了留下来。这个团队将事业越做越大，3年后成了当地最大的培训公司。

（五）创业面临的挑战

对于创业者来说，创业意味着从事经营活动，与受雇于别人拿工资的情况完全不同。可以说，创业是人生的重要选择之一，它会改变创业者的生活。

创业者选择创业，就得为所创办的企业全力以赴，做大量艰辛的工作，只有这样才能使企业获得成功。而一旦获得成功，创业者为之付出的努力就会获得回报，并感到满足。

创业面临的挑战

创业的原因有很多，有些人是为了体现自身价值而创业，有些人则是为了改变生存方式而创业，还有人可能是因为下岗和失业等原因而决定创业。不管因何种原因而创业，创业都是既有好处，又有烦恼和困难的。创业所面临的挑战主要有以下7个方面。

（1）创业的风险较高。大学生创业是一项充满风险与挑战的工作，大学生必须加强管理能力、专业技能、社会经验和心理承受能力的锻炼，降低创业失败的风险。

（2）创业者缺乏经验和技巧。大多数创业者因为经验不足和缺乏技巧，所以无法根据市场变化调整促销手段、服务措施及商品陈列等，最终失去顾客。

（3）时间成本较高。创业者为了创业成功，需要投入全部精力和大量时间。

（4）团队合作配合度。团队每个成员都有自己的观点，若团队成员之间缺少包容和协作，则容易产生矛盾。

（5）创业有可能失败，创业者需要对企业失败承担所有责任。

（6）激烈的市场竞争是无法避免的，大学生创业既要学会尊重对手，又要学会与竞争对手竞争。

（7）可能会有一些意外情况发生，如企业资料外泄、设备损坏等，创业者需要采取相应的措施来防止这些情况给企业带来损失。

提醒 创业者要充分认识到挑战就是机遇。不要害怕在创业过程中遇到的各种问题，要通过学习和经验的积累来慢慢解决这些问题。当创业成功时，这些创业过程中遇到的各种问题都会转变为自己的能力，并帮助创业者获得收益和自我价值的肯定。

三 创业应具备的条件和能力

作为一个大学生创业者，对于创业应该具备的条件和能力、自己是否适合创业等问题，是创业前需要了解的。

（一）大学生创业必须具备7个条件

大学生创业必须具备以下7个条件。

（1）充足的资源。大学生创业除了要具备足够的经验，还应有充足的流动资金、时间、精力和毅力来支持创业。

（2）可行性的想法。创业项目要有可行性、市场性和成长性，而不是纸上谈兵。

（3）适当的基本技能。大学生创业应当具备创办企业和管理企业的各项能力。

（4）相关知识。大学生创业者不能仅有创业的理想，还需要具备创业所需要的各种知识。

（5）才智。创业者不仅要善于把握时机，做出决策，还要善于识人用人。古人云："用人之长，天下无不用之人。用人之短，天下无可用之人。"所以，作为一个创业者，必须有足够的才智识人、用人。

（6）人际关系网。创业者应当充分挖掘人脉资源，赢得尽可能多的支持。特别是作为一个大学生创业者，更要利用自己年轻的优势去开创属于自己的人脉关系。因为人脉就是钱脉，是企业未来发展的动力之一。

（7）明确的目标。目标明确就是力量，就是创业者为之努力的方向。

（二）大学生创业必须具备的能力

优秀的管理技能、专业技能、社交技能和规划技能是大学生创业必须具备的能力。

❶ 管理技能

管理技能是创业的核心，主要包括目标管理技能、财务管理技能、信息管理技能、团队管理技能和项目管理技能等。

（1）目标管理技能：指作为一个创业者，必须能够制订目标、分解目标。目标包括长期目标（5~10年）、中期目标（3~5年）、短期目标（1年和日程计划）。

（2）财务管理技能：指作为一个创业者，必须具备管理企业财务资金流的能力。财务资金流是企业能够正常运营的核心，资金流断裂对于企业来说，将是致命的打击。

（3）信息管理技能：指作为一个创业者，必须具备掌握信息并有效使用信息的能力。随着互联网的快速发展，信息时代的到来，掌握信息就意味着掌握市场和先机。

（4）团队管理技能：指作为一个创业者，必须具备进行团队分工合作管理的能力。随着企业的发展和运作，不同个性的人汇聚在一起，他们之间需要不断磨合，这就需要团队共同合作。通过团队的合作形成内部的合力，而不是分力。

（5）项目管理技能：指作为一个创业者，必须拥有独立的管理、策划、运作具体项目的能力。

扫一扫

大学生创业需要的技能

阅读材料

错误经营理念导致创业失败

马国峰作为悦视科技的总经理，他一直将公司的利益放在首位。在公司成立之初，他就对合伙人许下了以下承诺。

（1）3个月之内把公司的品牌推销出去。

（2）半年后公司开始盈利。

（3）1年后公司的盈利是50万元。

（4）3年后公司员工扩展到200人，每月盈利50万元。

（5）5年后在深圳、广州、上海等地开设分公司。

（6）10年后公司上市，并发展国外市场。

为了实现这些承诺，他将自己全部的精力都投入公司运营中，积极开展市场调查，努力宣传公司的产品和业务，公司刚开始时的经营效果很好。但随着公司的发展，马国峰在管理方面的能力缺陷渐渐显现出来。他总是以非常强硬的态度给共同创业的同伴下达命令，要求他们一定要达到自己的目标。并且马国峰不听其他人的劝告，只注重销售数量和业绩高低，对产品的质量和服务却不重视。

后来，一位客户去工商所投诉他们的产品质量不合格，经过产品检验和公司整顿，他的公司停工了半年，一起合作的同伴也因为与他的经营理念不同而纷纷离开了他。

② 专业技能

专业技能是大学生创业的一大特色。对于打算创业，但创业资金不够雄厚的大学生来说，采取加强技术创新和开发具有独立知识产权的产品的方式，可以吸引投资商投资，从而进行创业。

③ 社交技能

对大学生创业者来说，多积累人脉，扩大社交圈，通过朋友掌握更多信息、寻求更大发展，将成为成功创业的捷径。尤其是随着互联网时代的到来，创业者的社交能力变得越来越重要。

阅读材料

善于言谈得来的创业机会

李钰是北京工商学院的大三学生，为人和善，喜欢结交朋友。有一次，他受朋友的邀请去参观展会，由于在展会上发表了一番对电子商务未来发展的言论，从而得到了一位投资商的青睐。在与投资商交谈的过程中，李钰更是充分发挥了自己善于言谈的能力，将行业的发展前景、市场规模、产品特点等都进行了详细的分析，给投资商留下了很好的印象。

不久，李钰就接到通知，该投资商愿意将他们公司的产品投入电子商务市场，并注资 50 万元全权授予李钰代办。就这样，因为李钰强大的社交技能，一个创业的机会摆在了他的面前。

❹ 规划技能

对于没有任何创业经验的大学生来说，首先应该学会按照自己的创业规划撰写《创业计划书》，然后根据实际情况审视创业计划的可行性。

（三）不适合创业的大学生类型

社会心理学家认为并不是所有的人都具备创业素质，适合创业。以下 10 种人不适合创业。

扫一扫

大学生不适合创业的类型

❶ 缺少职业意识的人

职业意识是人们对所从事职业的认同感，它可以最大限度地激发人的活力和创造力，是敬业的前提。如职业运动员、职业演员等，他们具有较强的职业意识。有些工薪人员由于对所从事的工作缺少职业意识，满足于机械地完成自己分内的工作，缺少进取心、主动性，所以不适合创业。

❷ 优越感过强的人

一个人若没有养成谦卑、尊敬别人的品质，就会存在优越感过强、自恃才高、我行我素、难以与集体融合的问题。尤其是难以融入一个注重团队合作的创业团队。

❸ 唯上是从及只会说"是"的人

这类人缺乏独立性、主动性和创造性。若进行创业，也只能因循守旧，难以开拓性地开展工作，对公司的发展是十分不利的。

阅读材料

盲从丢失了升职机会

吴丽在公司待了 5 年，一直兢兢业业地做着自己的本分工作，既没有特别优秀的闪光点，也没有什么大的差错。对于公司规定的任务，她也尽量完成，从不反驳老板的任何意见。但每次公司有升职的机会，总是轮不到她。

一天，她找到老板说："为什么才进公司 3 年的小王都升职为项目负责人了，我还是一个普通的员工？我的业务做得也不差啊！"老板说："如果我要你下个月把业绩提高5倍，你能做到吗？"吴丽马上心急地说："我可以试试，一定会尽最大努力完成的。"老板笑了笑说："这个要求对公司的任何一个人来说都是不可能的。我并不是不相信你的能力，而是这个目标本身就是错误的。你没有从事情的本质出发来看待问题，而是一味迎合我。要想不断上升，只会点头是不行的，还要学会说'不'。我为什么升小王为项目负责人，因为每次会议小王都会仔细分析自己和公司的不足，提出解决的办法，而你从来都是默默不语。"

吴丽十分羞愧，只能打道回府。她下定决心在这方面进行改变，但这需要时间和努力。

❹ 偷懒的人

这种人被称作"工资小偷"。他们付出的劳动和工资不相符合，只会发牢骚、闲聊，不仅浪费自己的时间，还影响他人工作。

抄袭被判赔偿 10 万元

陆琦上大学时十分贪玩，总是想着要把高中时期辛苦的时光给补回来。因此，他上课时不好好听讲，作业也不做，总是照抄同学的答案，期末考试还因为作弊被记过。然而他并没有吸取教训，仍旧我行我素。快到毕业时，在同学们开始找工作的时候，他却给同学们发了一本书，并让他们照顾生意。原来，他决定通过写作来开始自由创业，不跟随大众潮流。然而，不久后他却被人告上了法庭，原因是他的书涉嫌抄袭，经过警方的调查和审理，他被判赔偿原作者10万元。

❺ 片面和傲慢的人

有的人只注意别人的缺点，看不到别人的优点；有的人总喜欢贬低别人、抬高自己，总以为自己是最强的，而其他人在人格方面存在很大缺陷。由于这样的人不能正确看待事物，只会片面分析，所以对企业的发展是非常不利的。

一次失败的创业

夏雪是一位优秀的大学毕业生，她不仅有着聪明的大脑，还有创业的激情。在外出经商成功的同乡企业家的影响下，夏雪决定自己创业。她拿出自己平时的积蓄，又向父母借了几万元，与朋友一起到外地开了一家服装店。夏雪认为自己的审美观很好，开一家服装店是很简单的事，只要进一批好看的衣服就行了。但是，由于她对服装店的消费市场定位不准确，又不肯听同伴的意见去改变服装店的经营模式，导致她即便再努力，服装店仍以失败告终。

❻ 僵化死板的人

僵化死板的人做事缺少灵活性，对于发生的问题只会凭经验教条来处理，不能灵活地解决。这类人一般习惯按照自己的惯性思维来思考，没有其他建设性意见。

创新开拓新方向

胡亮是一位技术高超的软件开发人员,为了完成创业的梦想,他毅然放弃了条件优越的工作,创办了一家属于自己的手机游戏公司。在公司成立之初,他仍然按照自己的工作经验来设计产品,但在竞争越来越激烈的市场中,他的产品很难脱颖而出。但他毫不气馁,以顽强的意志继续开拓新的方向。通过对市场的分析和对以往经验的归纳总结,他不断学习新的知识,最终设计出了在各个手机系统上都能使用的产品。为了使公司发展得更好,他又瞄准了当时最火热的 iPhone 手机,决定在 iPhone 手机上设计游戏软件。经过他和公司成员的共同努力,他们成功开发并上线了两款 iPhone 手机游戏,成功将自己的技术和创意融合在一起,开辟了一个新的市场。

❼ 感情用事的人

感情用事者往往以感情代替原则,想如何干就如何干,缺乏理智。这样的创业者往往会因为冲动而失去一些机会,或因错误判断而给企业带来损失。

❽ "多嘴多舌"与"固执己见"的人

"多嘴多舌"的人,不管做什么事情,他们都要插上几句话,发表自己的意见,完全不顾当前的情形是否适合。

"固执己见"的人,从不倾听别人的意见,往往是自己有了决断后,不管别人怎么劝说,都不会改变自己的看法或做法。

❾ 胆小怕事、毫无主见的人

这种人往往畏首畏尾、毫无主见,宁可因循守旧也不敢尝试革新,遇到一点问题就推卸责任,没有责任心。这种人一般都不适合创业。

❿ 患得患失却又容易自满自足的人

这种人只要有所收获就欣喜若狂,稍受挫折就一蹶不振,情绪大起大落,很不稳定。这种人也不适合创业。当然,世上万物绝非一成不变,性格也是可以改变的,一个人可以在实践中逐步克服性格缺陷、战胜性格弊端,转变性格类型,不断丰富和完善自我。

假若身上有上述 10 种性格缺陷之一,但已经踏上创业之路、当上创始人或负责人的人,一定要学会重用人才,借助他人智慧来弥补个人不足,这样才有可能避免创业失败。

四、影响创业成功的心理障碍

大学生要想创业成功,就要有一定的心理承受能力。而影响创业的心理障碍,如犹豫、茫然、多疑、虚荣、急躁等心理状态是绝不能出现在创业过程中的。下面对影响创业成功的心理障碍进行具体讲解。

（一）犹豫的心理

有些人因为家庭条件比较优越，觉得生活缺乏新鲜感，便产生一种创业的冲动，但又害怕失败后会比现在还糟糕。这个时候，就开始犹豫，究竟是安于现状还是尝试开创一个新局面。创业成功者认为："当你犹豫的时候，需要想清楚自己最愿意过什么样的生活。如果追求稳定，想办法让生活有滋有味就可，不必自讨苦吃地去创业；如果想创业，就要有一去不回头的打算，无论怎么样都要熬下去，直至成功的那一天。"

扫一扫
犹豫的心理

（二）茫然的心理

有的人一方面什么都想做，也觉得什么都可以做。但是，另一方面他们会发现，做什么都有困难。创业成功者认为："当你茫然的时候，需要想清楚自己最喜欢和最擅长什么，然后沿着这个方向努力下去就是了，不要盲目跟风。正所谓'三百六十行，行行出状元，行行出效益'，问题的关键是看自己怎么去做。"

扫一扫
茫然的心理

（三）多疑的心理

有的创业者因为害怕合作伙伴损害自己的利益，便处处防范，结果反而搞得自己和合作伙伴不欢而散，创业最终也不了了之。创业成功者认为："在创业初期，为求安心，创业者选择合作伙伴应在自己熟悉的朋友、同学、同事、亲戚中寻找。到了后期，只能靠制度和契约来保证各方的责、权、利。这是因为，人会变，感情也会变，变就有不一致的时候。有成熟的制度和规范的契约，创业过程中各方就可以平静地处理或退出。"因此，合伙协议或公司章程的条文一定要明确规定，不要草率了事。

扫一扫
多疑的心理

（四）老大的心理

在合伙创业的时候，合作各方都认为自己很强，都想当董事长或总经理，都想成为企业中的老大。一旦企业出现问题，就处处显示自己在企业中的影响力。创业成功者认为："在这种情况下，应当建立'最没本事的人做老大'的共识。老大只负责决策和协调，需要真本事的地方由有真本事的人完成。如果你自认为还有一点本事，就别争当老大了。"

扫一扫
老大的心理

（五）虚荣的心理

有的创业者在创业初期就想做大班台，不仅装修办公室，还专门聘请秘书接电话，十足的领导派头。这些人出手就是大手笔。创业成功者认为："对于创业者来说，首先应该多想想怎么样让企业站稳脚跟，怎么样才能让企业赚得更多，而不是只做表面工作。否则，面临的将不是预期的成功，而是急速的失败。"

扫一扫
虚荣的心理

（六）急躁的心理

很多创业者在创业初期恨不得日进斗金，希望任何时候都在不停地增加资产。创业成功者认为："这样的创业者应该学会制订半年甚至一年无盈利时如何坚持下去的计划，这样才能有足够的心理承受能力去面对可能出现的亏损和创业失败。罗马不是一日建成的，创业容易守业难，创业需要的是一颗戒骄戒躁的心和一份长远科学的规划。"

扫一扫
急躁的心理

（七）消化不良的心理

所谓消化不良，就是指创业者同时经营几项生意，而每一项生意的前景都很好，但目前没有一项特别突出的。创业成功者认为："创业者在必要的时候需要壮士断臂的精神，要集中精力力求突破。任何事都需要一个领导效应，只有树立起某一方面的优势，才会引起别人的注意，才有机会去发展其他方面。"

扫一扫

消化不良的心理

（八）忧愁心理

一些创业者在创业之后，成天忧心忡忡，茶饭不思，不知明天会如何。这就从侧面反映出这些创业者对自己的创业没有规划。创业成功者认为："如果你确实没有规划就踏上了创业的路，与其忧心明天，不如研究明天，一点一滴完善今天，不断地摸索规律，找到合适的途径，再补充好对未来的规划，还是可以船到桥头自然直的。"

拓展训练

一、小组讨论

"对创业者而言，今天是残酷的，明天是残酷的，后天是美好的，但大部分创业者都死在了明天晚上，失败的经验是没有坚持，我成功的检验就是坚持。"你如何理解马云的这段话？请同学们以3~5人为一组，就这段话展开讨论，积极发表自己的见解。

评分标准如下。

（1）积极参与讨论（20分）。

（2）能够提出鲜明的观点（20分）。

（3）提出的观点具有合理性（20分）。

（4）能够大胆表达自己的想法（20分）。

（5）语言表达流畅（20分）。

二、能力训练

1. 自信心训练

（1）仔细回想一下从小到大让你感到自豪和有成就感的事情，写得越多越好。写完后，按照你的自豪程度对这些事情进行排序，把你觉得最自豪的事情排在前面，然后逐个分析一下这些事情，问自己以下3个问题。

① 在这件事里，我做了什么？

② 在这件事里，我发现了什么？

③ 做完这个练习，我对自身的能力有何发现？

（2）举行演讲比赛。演讲内容不限主题，演讲时间为5 min。个人演讲完后，其他同学可根据演讲内容进行提问。最后由老师和同学共同选出最优秀的演讲者。通过这个比赛，能克服学生胆怯的心理，提高学生的表达能力、应变能力，增强学生的自信心。比赛结束后，老师可根据以下要点对学生进行评分。

① 积极参与活动（20分）。

② 表达能力强（20分）。

③ 应变能力强（20分）。

④ 表情自然、不拘谨（20分）。

⑤ 语言表达流畅（20分）。

2. 毅力训练

（1）坚持每天在固定时间跑步，或进行其他身体锻炼活动，因为身体是革命的本钱，毅力必须以健康的身体为基础。

（2）自行到10家企业或用人单位求职，并总结经验和感受。

（3）克制欲望的满足，身上时常少带钱或不带钱，过俭朴的生活。

（4）每周定期整理自己的衣物，养成勤劳的习惯。

（5）制订作息时间表，生活一定要有规律。

3. 专业能力训练

（1）意识到专业学习的重要性，努力学好自己的专业知识。

（2）多看一些与专业相关的书籍，以开拓自己的思维。

（3）多参与实践活动，在实践的基础上，不断地创新理论。

4. 社交能力训练

（1）记住他人。了解并记住他人是社交中的一项基本技能。在第一次见面后，就能记住他人的名字及爱好等，是对他人的尊重。在第二次见面后，若能直接叫出对方的名字，会让对方对你产生好感。

活动步骤如下。

① 分小组，10人一组。

② 小组成员围成一个圈。任意一个人说出自己的姓名、喜欢做的事情。第二个同学接着介绍，但是要说出第一个同学的名字及爱好，然后说出自己的名字及爱好。第三个同学要分别说出前两个同学的名字及爱好，然后介绍自己。最后一名同学要将前面所有同学的名字和爱好复述一遍。

活动结束后，老师可以根据以下要点对学生进行评分。

① 积极参与活动（25分）。

② 表达能力强（25分）。

③ 能准确说出其他同学的爱好（25分）。

④ 语言表达流畅（25分）。

（2）欣赏、赞美他人。人不是完美的，只有学会欣赏别人的优点，在人际交往中才会受欢迎。

活动步骤如下。

① 分小组。

② 先请小组中的一个人站在前面或中间，大家轮流赞美他（她）的优点。

③ 由小组中的一个人将大家的赞美写在他（她）事先准备好的本子上，并签上每个同学的名字。

④ 评出优秀小组。

活动结束后，老师可以根据以下要点对学生进行评分。

① 积极参与活动（30分）。

② 表达能力强（30分）。
③ 能恰当地说出他人的优点（40分）。

5. 管理能力训练

（1）组织同寝室的人进行一次座谈，制订本寝室的规章制度。

（2）向校、院或系学生会提出倡议，组织一次学习方法、就业或创业研讨会，并邀请有关人士进行指导。

（3）参加班、院、校学生干部的竞聘，如果受聘担任了学生干部，就要利用职权，热心为同学服务，争取各种锻炼机会，每个月至少为同学们组织一次集体活动。如果没有担任学生干部，也可以向班长或团支书提议，或向全班同学发出号召、倡议，组织大家进行一次春游、会餐或舞会等。

6. 创新能力训练

（1）将全班学生分成若干小组，每组4~6人。

（2）每个小组从以下题目中选择一个题目，进行讨论。

① 在美国的一个城市里，地铁里的灯泡经常被偷。窃贼常常拧下灯泡，从而导致安全问题。接手此事的工程师不能改变灯泡的位置，也没有足够的预算供他使用，但他提出了一个非常好的解决方案。请问，他提出的是什么方案呢？

② 在一个小镇里，有4家鞋店，它们销售同一系列、同一型号的鞋子。然而，其中一家鞋店丢失的鞋子数量是其他3家鞋店丢鞋数量的总和。为什么会出现这种情况？如何解决这个问题呢？

③ 一个人以一打5美元的价格购进椰子，然后以一打3美元的价格售出，凭借这种做法他成了百万富翁。这到底是怎么回事？

三、案例分析

在中关村创业大街，有一家叫"伏牛堂"的餐饮企业。该餐饮企业主要经营湖南常德牛肉米粉，在短短的半年时间内，便被外界视为与雕爷牛腩、黄太吉等齐名的互联网餐饮品牌。同时，该餐饮企业也获得了一批顶级投资机构的投资。目前，"伏牛堂"的估值已达数千万。创立"伏牛堂"这个品牌的是北大创业营的青年代表、常德小伙张天一。那么，"伏牛堂"企业是如何壮大的？张天一创业成功的原因又是什么呢？在张天一身上有哪些精神值得我们借鉴？

【思考】

（1）你如何看待"伏牛堂"的成功？

（2）你如何看待张天一的做法？

（3）如果你是张天一，你将如何发展企业？

第二节　创业团队

创业，需要组建一个相互协作、有稳定组织结构的群体，使其成为一个既有统一意志，又能分工协作，具有较强凝聚力和战斗力的团队。美国学者对104家高技术企业的一项研究表明，在这些年销售额达到或超过 500 万美元的企业中，有 83.3%的企业是由团队创立的。

一、创业团队的概念与类型

（一）创业团队的概念

扫一扫
创业团队的概念与要素

创业团队指在创业初期，由一群才能互补、责任共担、角色分工，愿为共同的创业目标奋斗的人所组成的特殊群体。创业团队需要具备以下 5 个重要的要素。

❶ 目标

创业团队应该有一个既定的共同目标，没有目标，这个团队就没有存在的价值。目标在企业管理中以企业愿景和战略的形式体现出来。

❷ 人

一个创业团队中，人力资源是所有创业资源中最活跃、最重要的资源，创业者应充分调动创业团队的各种资源和能力，将人力资源进一步转化为人力资本。创业者在人员选择方面，要充分考虑人员的知识、技能和经验。

❸ 定位

创业团队的定位包含两层意思。一是创业团队的定位，包括创业团队在企业中处于什么位置，由谁选择和决定团队的成员，创业团队最终应对谁负责，创业团队采取什么方式激励下属等。二是个体的定位，包括成员在创业团队中扮演什么角色，是制订计划还是具体实施或评估，是大家共同出资，委派某个人管理，还是大家共同参与管理，或共同出资，聘请第三方（职业经理人）管理等。

❹ 权限

创业团队中领导人的权力大小与团队的发展阶段和企业所在行业相关。在创业团队发展的初期，领导权相对比较集中，创业团队成员之间越熟悉，领导者拥有的权力相应越小。

❺ 计划

计划包含两层含义。一是目标最终的实现，需要一系列具体的行动方案，可以把计划理解成达到目标的具体工作程序。二是按计划进行可以保证创业团队工作进展顺利，只有按计划执行操作，创业团队才会一步一步地接近目标并最终实现目标。

（二）创业团队的类型

扫一扫
创业团队的类型

创业团队分为"核心式"创业团队、"圆桌式"创业团队和"虚拟核心式"创业团队。

❶ "核心式"创业团队

这种类型的创业团队中一般有一个核心人物，充当领队的角色。这种创业团队在形成之前，一般是核心人物有了创业的想法，然后根据自己的设想组建创业团队。

这种创业团队有以下 4 个明显的特点。

（1）组织结构紧密，向心力强，核心人物在组织中对其他个体影响巨大。

（2）决策程序相对简单，组织效率较高。

（3）容易形成权力过分集中的局面，从而使决策失误的风险加大。

（4）当组织内发生冲突时，由于核心主导人物的特殊权威，使其他团队成员在冲突发生时往往处于被动地位；在冲突较为严重时，其他成员一般会选择离开团队，因而对组织的影响较大。

❷ "圆桌式"创业团队

这种创业团队的成员一般在创业之前关系就比较好，如同学、亲友、同事、朋友等。一般是各个成员在交往过程中，就创业达成了共识以后，才开始进行创业的。

这种创业团队在组成时，没有明确的核心人物，各成员根据各自的特点进行自发的组织角色定位。因此，在创业初期，各位成员基本上扮演的都是协作者或伙伴的角色。

这种创业团队有以下 4 个明显的特点。

（1）团队没有明显核心，整体结构较为松散。

（2）一般采用集体决策的方式，通过大家的沟通和讨论达成一致意见，决策效率相对较低。

（3）由于团队成员在团队中的地位相似，所以容易在组织中形成多头领导的局面。

（4）当团队成员之间发生冲突时，一般采取平等协商、积极解决的态度化解冲突，团队成员不会轻易离开。但是一旦团队成员间的冲突升级，某些成员撤出团队，就容易导致整个团队的涣散。

❸ "虚拟核心式"创业团队

这种创业团队是由"圆桌式"创业团队转化而来的，可以说是前两种的中间形态。在团队中，团队成员协商确定一名核心成员，核心人物是整个团队的代言人，而不是主导型人物，其在团队中的行为必须充分考虑其他团队成员的意见，权威性低于"核心式"创业团队中的核心主导人物。

二、创业团队的优劣势分析

团队创业比个人创业具有更多的优势，能够集合团队人员的力量来推动创业，对创业成功起着举足轻重的作用。但是，如果团队存在问题，则很容易造成创业失败。

（一）优势互补

俗话说："人无完人"。每个人的能力、性格和品质都有不足的地方，如果找到可以互相取长补短、彼此协助和帮助的人，那无疑是最好的搭档。通过优势互补而建立起来的创业团队，能够充分发挥每个人的特点，将自身能力运用到极致，最终达到"1+1>2"的效果。

优势互补创业

张毅和李海波，大学毕业后合伙创办了一家电源设备生产公司。

张毅在大学所学的专业是电器设备生产，公司创立后，他负责技术工作，带领技术创新团队进行产品研发。李海波负责日常管理，虽然他没有相关的行政管理等专业知识背景，但在大学社团活动中他表现出的管理能力让张毅很钦佩。就这样，两个人分工合作，开始为这家公司的发展共同努力。

经过几年的努力，张毅研发的产品每年的销售额少则几百万元，多则上千万元。李海波也在实践中不断学习，逐渐提升自己的管理能力，虽然他不苟言笑，但他能够以独到的管理方式把公司管理得井井有条。

经过两人的不懈努力，现在他们的公司年销售额已经超过 3 000 万元。但他们并未就此停止前进，年销售额突破 1 亿元成了他们的新目标。

（二）减少风险

创业团队是一个整体，具有一荣俱荣、一损俱损的特点，团队成员共同对企业运营过程中可能出现的问题负责。当资金不足时，团队成员可以平均分担。当技术出现问题时，团队成员可以共同解决。每个人分工合作又互相关怀、帮助，使企业维持正常运转。这种共同努力、奋斗的精神，减轻了个人的压力，分散了创业的风险。

（三）帮助决策

由于不同的人对事物的看法不同，因此，创业者需要具有判断能力和识别能力的合作伙伴来给他提出忠告。这些忠告并不需要创业者完全听从，但必须指出问题，且具有一定的参考性，最后通过创业者综合考虑之后做出决定。

（四）人才决定未来

俗话说："三个臭皮匠赛过诸葛亮。"个人的能力往往比不上团队的力量，国内大多数企业发展到最后，都不是个人能力的竞争，而是人才、合作伙伴和资源的竞争。团队拥有越多的人才，越能够构建一个团结向上、乐观进取的氛围，使企业在激烈的竞争中始终处于有利的地位。

（五）更容易成功

创业团队因为聚集了一帮有能力、有梦想的人，所以比个体创业更容易获得成功。当然，作为创业团队的领导者，在进行成员选择时最好选择不同性格的成员，因为相同性格的人容易犯相同的错误，而不同性格的人能够发现错误并给予提醒，这样的团队才能在今后的创业之路上走得更远。但这样也会有负面作用，容易压抑成员的个性，如果创业团队中的领导者过于重视团队，强行将成员聚集在一起，可能会使成员感到个性受到压抑，产生排斥感，严重的还会导致团队的解散。针对这种情况，就需要团队领导者进行协调。

团队成员不和导致团队解散

林佳佳在大学时所学专业是企业管理，毕业后也找到了一份对口的工作，在一家外贸企业的市场部工作。工作两年后，林佳佳积累了一部分客户资源，并学会了一些和客户打交道的经验。刘厉和杨丹是林佳佳的大学同学，毕业后分别在两家民营企业从事销售工作，各自都积累了一些客户资源和资金。

在一次同学聚会中，3人谈得投机，萌生了共同创业的想法。很快他们就凑齐了一笔创业资金，成立了一家公司，并在上海的一座写字楼里租了一间80多平方米的办公室，还购买了一些办公设备，包括计算机、打印机、复印机等。

创业之初，他们轮流开展市场工作，奔波于各个展览会场，向往来商户发放资料。经过不懈努力，他们终于迎来了第一个客户。为了给客户留下好的印象，他们商量尽量降低利润，先把产品质量和服务质量提升，打开市场后再盈利。后来，他们陆续签了几笔业务，口碑也越来越好。

但好景不长，由于客户订单较小，公司所赚的利润不多，除去日常开支和水电费等，公司所剩无几。一次，刘厉和杨丹为了抢同一笔业务而吵了起来，尽管经过林佳佳的调节，两人各让了一步，化干戈为玉帛，但是在以后的工作中，两人开始明争暗斗，互相拆台。有一次刘厉私下以公司的名义与厂家签了合同，导致产品出现问题，严重损坏了公司的名誉和利益。更糟糕的是，这件事渐渐在行业内扩散，刘厉和杨丹仍旧不知悔改。几个月后，公司陷入了绝境，林佳佳在心灰意冷下提出了散伙的要求，并带走了自己的几个客户资源，这个创业团队就这样解散了。

三、创业团队的组建

创业者组建创业团队前需要了解基本原则，然后按照一定的步骤来进行，这样才能使团队更加合理，最大限度发挥团队的作用。

（一）组建创业团队的基本原则

创业者组建创业团队时，需注意以下原则。

❶ 目标明确合理原则

创业目标必须明确、合理、切实可行，这样才能使团队成员清楚地认识到共同的奋斗方向，才能真正达到激励的目的。

❷ 互补原则

创业者之所以寻求团队合作，其目的就在于弥补创业目标与自身能力之间的差距。只有当团队成员相互在知识、技能、经验等方面实现互补时，才有可能通过相互协作发挥出"1+1>2"的协同效应。因此，团队成员之间要做到诚实守信、志同道合、取长补短、分工协作、权责明确。

❸ 精简高效原则

为了减少创业期的运作成本，使各成员最大比例地分享成果，创业团队人员构成应在保证企业能高效运作的前提下尽量精简。

❹ 动态开放原则

创业是一个充满不确定性的过程，团队中可能因为能力、观念等多种原因不断有人离开，同时也不断有人加入。因此，创业者在组建创业团队时，应注意保持团队的动态性和开放性，使真正完美匹配的人员能被吸纳到创业团队中来。

（二）创业团队组建的步骤

创业者组建成功的创业团队，主要有以下6个步骤。

❶ 识别创业机会、明确创业目标

识别创业机会是组建创业团队的起点，如果创业机会在市场层面拥有优势，就需要较多的市场开拓方面的人才；如果创业机会在产品层面拥有较多的优势，就需要较多的技术人才。

创业团队的总目标就是要通过完成创业阶段的技术、市场、规划、组织、管理等各项工作使企业从无到有、从起步到成熟。总目标确定之后，为了推动团队最终实现创业目标，再将总目标加以分解，设定成若干可行的、阶段性的子目标。

❷ 制订创业计划

在确定了总目标以及一个个阶段性子目标之后，就要开始研究如何实现这些目标，这就需要制订周密的创业计划。创业计划是在对创业目标进行具体分解的基础上，以团队为整体来考虑的计划。

创业计划确定了在不同的创业阶段需要完成的阶段性任务，通过逐步实现这些阶段性目标来最终实现创业目标。

③ 寻找创业伙伴

招募合适的团队成员也是创业团队组建较关键的一步。关于创业团队成员的招募，主要应考虑以下两个方面。

（1）考虑互补性。考虑互补性即考虑所招募人员能否与其他成员在能力或技术上形成互补。这种互补性既有助于强化团队成员间彼此的合作，又能保证整个团队的核心战斗力，更好地发挥团队的作用。一般而言，一个创业团队至少需要管理、技术和营销3个方面的人才，只有这3个方面的人才形成良好的沟通协作关系后，创业团队才可能实现稳定、高效运转。

（2）考虑适度规模。适度的团队规模是保证团队高效运转的重要条件。团队成员太少则无法实现团队的功能和优势，而过多又可能会产生交流障碍，团队很可能会因此而分裂成许多较小的团体，进而大大削弱团队的凝聚力。一般来说，创业团队的规模控制在2~12人为佳。

④ 职权划分

为了保证团队成员执行创业计划、顺利开展各项工作，必须预先在团队内部进行职权划分。创业团队的职权划分就是根据执行创业计划的需要，具体确定每个团队成员所要担负的职责以及相应的权限。团队成员间职权的划分必须明确，既要避免职权的重叠和交叉，又要避免无人承担造成工作上的疏漏。此外，由于处于创业过程中，面临的创业环境较为复杂，会不断出现新的问题，团队成员可能会不断更换，因此，创业团队成员的职权也应根据需要不断地进行调整。

⑤ 构建创业团队制度体系

创业团队制度体系体现了创业团队对成员的控制和激励能力，主要包括团队的各种约束制度和各种激励制度。

一方面，创业团队通过各种约束制度（主要包括纪律条例、组织条例、财务条例、保密条例等）指导成员，避免成员做出不利于团队发展的行为，实现对成员行为的有效约束，保证团队的稳定秩序。

另一方面，创业团队要实现高效运作需要有效的激励机制（主要包括利益分配方案、奖惩制度、考核标准、激励措施等），使团队成员能够看到随着创业目标的实现，自己的自身利益将会得到怎样的改变，从而达到充分调动成员的积极性、最大限度发挥团队成员作用的目的。创业团队要实现有效的激励，首先就必须把成员的收益模式界定清楚，尤其是关于股权、奖惩等与团队成员利益密切相关的事宜。

提醒　　需要注意的是，创业团队的制度体系应以规范化的书面形式确定下来，以免造成混乱。

⑥ 团队的调整融合

完美组合的创业团队并非创业一开始就能建立起来的，很多时候团队是在企业创立一定时间之后随着企业的发展逐步形成的。随着团队的运作，团队组建时在人员匹配、制度设计、职权划分等方面的不合理之处会逐渐暴露出来,这时就需要对团队进行调整融合。由于问题的暴露需要一个过程,因此团队调整融合也应是一个动态持续的过程,如图4-2所示。

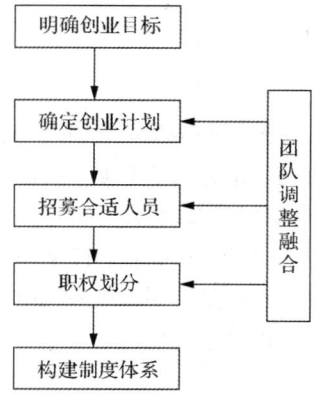

图4-2 团队调整融合的过程

在完成了前面的工作步骤之后,团队的调整融合工作会专门针对运行中出现的问题不断地对前面的步骤进行调整,直至满足实践需要为止。

在进行团队调整融合的过程中,最重要的是要保证团队成员间经常进行有效的沟通与协调,培养并强化团队精神,提升团队士气。

"唐僧团队"带给我们的启示

一个理想的团队就应该有"唐僧团队"的4种角色:德者、能者、智者、劳者。德者领导团队,能者攻克难关,智者出谋划策,劳者执行有力。总的来看,"唐僧团队"最大的好处就是互补,历经九九八十一磨难,最终修成了正果。

德者居上。唐僧具备3大领导素质:一是目标明确,善定愿景。二是手握紧箍,以权制人。没有权威,也就无法成为领导。三是以情感人,以德化人。领导一定要学会进行情感投资,要多与下属交流、沟通,关心团队成员的衣食住行,塑造一种家庭的氛围。

能者居前。孙悟空可称得上是老板最喜欢的职业经理人,他有个性、有想法、执行力很强,也很敬业、重感情,懂得知恩图报,是个非常优秀的人才。

智者在侧。之所以说猪八戒是个智者,完全是站在当今社会的角度。现代社会,员工的压力都很大,如何做一个快乐的人,就要用到猪八戒的人生哲学了。当然,猪八戒的人生哲学只是我们在遇到挫折时的一种自我解脱,不能成为主流价值观。

劳者居下。沙和尚是个很好的管家,他经常站在孙悟空的角度说服唐僧。但当孙悟空有了不敬的言语,他又马上跳出来斥责孙悟空,护卫师傅,可谓是忠心耿耿。企业对于这样的人,一定要给予恰当的位置。沙和尚忠心耿耿,他是唐僧最信任的人,是老板的心腹,属于那种忠诚度高但能力欠缺的人才,老板喜欢用,但如果重用、大用,就会出问题。

总的来说,"唐僧团队"之所以能取得辉煌成绩,关键在于这个团队的成员能够优势互补、目标统一,每个人都能发挥自己的作用,为实现最终目标而努力。

四、创业团队的管理

要想成为成功的创业者,就需要知道如何管理团队,并具备领导团队运作的能力。一般而言,创业团队需要从以下 4 个方面来管理。

(一)合理搭配团队成员

创业者在组建创业团队时,应该基于当前资源与能力的不足来加以考虑,寻找需要的合作伙伴。一般来说,好的创业团队成员间的性格、能力通常都能形成良好的互补关系,而这种互补关系能最大限度地调动个人的能动性,帮助团队成员完成合作。

创业团队并不是一蹴而就的,它是随着企业的发展而逐渐完善和形成的。在这个过程中,创业成员可能会因为理念不合、做事手法不同或其他原因离开,但又会有新的成员不断加入,逐渐更新团队中的成员,最终形成适合企业发展的创业团队。

(二)培养互相信任的氛围

建立并维护互相信任的团队氛围是团队成员互相协作的基础。如果团队成员之间互相猜疑,则会导致企业内部分裂和企业瓦解。简单地说,就是要增加团队成员之间的信任,增强团队成员的凝聚力。

创业者在选择合作伙伴时要着重考虑对方的人品和能力,还要考虑对方是否诚信、行为和动机是否带有很强的私心。创业者还需要求团队成员要有集体荣誉感,成员之间要彼此以诚相待、和平相处。

(三)利益分配公平有弹性

创业之初的股权分配与创业过程中的贡献往往并不一致,因此,会发生贡献与报酬不一致的现象。此时创业者就要好好协调二者之间的比例,制订一套公平的利益分配机制,以弥补这种不公平的现象,避免团队成员之间因为利益分配的问题而产生隔阂。例如,新企业可以保留一部分(5%~15%)的盈余或股权,用来奖赏以后有显著贡献的创业成员。

(四)良好的约束机制

创业团队创建的过程是一个随时变化的过程,因此,创业者应该对团队成员的工作进行明确分工,并根据分工制订相应的奖惩条例。

分工不明确导致团队散伙

小李和小王是从小一起长大的好朋友,两人合伙开了一家建材店。由于从小一起长大,双方都认为彼此感情好,便没有制订任何的制度。开业之后,小李忙于店铺经营,四处奔波寻找合作商,目标是提高店铺的业绩;小王则插科打诨、游手好闲。3 个月过去后,建材店凭着小李拉来的订单维持正常运转,小王则毫无建树。小李看不下去便批评小王,没想到小王反而抱怨自己每天辛辛苦苦为了建材店奔波,工资不仅不高,还要被指责。一气之下,小王提出了撤资。

（五）有效的沟通机制

及时有效的交流和沟通可以消除创业过程中出现的一些矛盾和问题。特别是当出现员工对公司信心不足、员工发生口角、员工之间彼此猜疑等情况时，创业者不仅要加强自己和员工之间的交流与沟通，还要加强员工和员工之间的交流与沟通。创业者可以通过一些会议或互动游戏来增加自己与员工、员工与员工彼此间的交流。

一、课外练习：检验创业者心理素质的测试题

1. 你在哪一种条件下，会决定创业？（　　）
   - A. 等有了一定工作经验以后
   - B. 等有了一定经济实力以后
   - C. 等找到天使投资或风险投资以后
   - D. 现在就创业，尽管自己口袋里钱不多
   - E. 一边工作一边琢磨，等想法成熟了就创业

2. 你认为创业成功的关键是（　　）。
   - A. 资金实力
   - B. 好的创意
   - C. 优秀的团队
   - D. 政府资源和社会关系
   - E. 专利技术

3. 以下哪项是新创公司生存的必要因素？（　　）
   - A. 高度的灵活性
   - B. 严格的成本控制
   - C. 可复制性
   - D. 可扩展性
   - E. 健康的现金流

4. 开始创业后你立刻做的第一件事情是（　　）。
   - A. 找钱，找投资
   - B. 撰写《创业计划书》
   - C. 物色创业伙伴
   - D. 着手研发产品
   - E. 选择办公地点

5. 新创公司应该（　　）。
   - A. 低调埋头苦干
   - B. 努力到处自我宣传
   - C. 看情况顺其自然
   - D. 借别人的势进行联合推广

6. 招聘员工时最重要的是（　　）。
   - A. 学历高低
   - B. 朋友推荐
   - C. 成本高低
   - D. 工作经验

7. 产品进入市场的最佳策略是（　　）。
   - A. 价格低廉
   - B. 广告投入
   - C. 口碑营销
   - D. 品质过硬

8. 和投资人交流最有效的方式是（　　）。
   - A. 出色的现场PPT演示
   - B. 详细的《创业计划书》和财务预测
   - C. 样品当场测试
   - D. 有朋友的介绍和引荐
   - E. 通过财务顾问的代理

9. 选择投资人的关键因素是（　　）。
   - A. 对方是一个知名投资机构
   - B. 投资方和团队不设对赌条款
   - C. 谁估值高就拿谁的钱
   - D. 谁出钱快就拿谁的钱
   - E. 只要能融到钱，谁都一样

10. 你认为以下哪一项是风险投资决策中最重要的因素？（　　）

A. 商业模式　　　　B. 定位　　　　C. 团队　　　　D. 现金流

E. 销售合约

11. 从哪句话里可以知道风险投资商其实对你的公司并没有实际兴趣？（　　）

A. "我们有兴趣，但是最近太忙，做不了此项目"

B. "你们的项目还偏早一些，我们还要观察一段时间"

C. "你们如果找到领投的风险投资商，我们可以考虑跟投一些"

D. "我们对这个行业不熟悉，不敢投"

E. 上面任何一句话

12. 创业团队拥有51%的股份就绝对控制了公司吗？（　　）

A. 正确　　　　B. 错误

13. 新创公司的首席执行官，首要的工作责任是（　　）。

A. 制订公司的远景规划　　　　B. 销售　　　　C. 人性化的管理

D. 领导研发团队　　　　E. 找到投资人投资

14. 凝聚创业团队的最好办法是（　　）。

A. 期权　　　　B. 公司文化　　　　C. 首席执行官的魅力

D. 工资和福利　　　　E. 团队的激情

15. 新创公司的财务预测中最重要的是（　　）。

A. 销售增长　　　　B. 毛利率　　　　C. 成本分析　　　　D. 资产负债表

16. 新创公司的日常运营中，以下哪项工作是最重要的？（　　）

A. 会议记录的及时存档　　　　B. 业绩指标的合理安排和及时跟踪

C. 团队的经常性培训　　　　D. 奖惩制度

E. 管理流程的ISO9000认证

17. 新创公司的日常运营中，最棘手的问题是（　　）。

A. 人的管理　　　　B. 销售额增长　　　　C. 研发的速度　　　　D. 资金到位情况

E. 扩张力度

18. 新创公司产品市场推广效果的衡量标准是（　　）。

A. 广告投入量和覆盖面　　　　B. 营销推广的精准程度

C. 产品出色的品质保证　　　　D. 广告投入和产出比例

E. 产品价格的打折力度　　　　F. 品牌的市场渗透率

19. 防止竞争的最有效手段是（　　）。

A. 专利　　　　B. 产品包装　　　　C. 质量检查　　　　D. 不断研发新产品

E. 比竞争对手更快地占领市场

20. 新创公司的第一个大客户竟然是个土财主，你会（　　）。

A. 一视同仁地对他提供你公司的标准服务

B. 指导他怎样积极配合你的工作

C. 修理他，给他些颜色看看是为了他的提高

D. 提供全面服务 + 免费成长辅导

21. 你认为新创公司中的最大风险是（　　）。
   A. 市场的变化　　　　B. 融资的成败　　　C. 产品研发的速度
   D. 首席执行官的个人能力和素质　　　　E. 决策机制的合理性
22. 当新创公司账上的现金低于3个月的开支预算时，应该采取哪项措施？（　　）
   A. 立刻启动股权融资　　　　　　　　B. 通知现有公司股东追加投资
   C. 立刻大幅削减运营成本，包括裁员　　D. 打电话给银行请求贷款
   E. 把自己的存折和密码交给公司会计
23. 创始人之间发生矛盾时，你会（　　）。
   A. 坚持原则，据理力争　　　　　　　B. 决定离开，另起炉灶
   C. 委曲求全，弃异求同　　　　　　　D. 引入新人，控制局势
24. 投资新创公司的理想退出方式是（　　）。
   A. 上市　　　B. 被收购　　　C. 团队回购　　　D. 高额分红
   E. 以上都是

【答案】1. D、2. C、3. E、4. D、5. B、6. D、7. D、8. C、9. E、10. C、11. E、12. B、13. B、14. B、15. A、16. B、17. A、18. D、19. E、20. D、21. D、22. C、23. C、24. E

每题1分，你的得分是_____分。

测试结果分析如下。

（1）1~8分：还不具备创业的基本知识，不要冒然创业。

（2）9~16分：游走在创业的梦想和现实之间，继续打磨打磨吧。

（3）17~24分：已经做好了创业的基本准备，大胆创业吧。

二、小组讨论

1. 以名著《西游记》中的唐僧师徒为例，阐述创业中领导者的重要性及领导者的魅力所在。（目的是使准创业者明白自己身上肩负的责任）

2. 三国时期的蜀国相比魏国和吴国，可以说是依靠创业团队建立国家的特例，刘备、关羽、张飞在《三国演义》中被打上了强烈的个人标签。作为创业团队来讲，蜀国这个团队，到底是成功的还是失败的呢？请同学们就该问题展开讨论。

评分标准：观点新颖（25分）；分析透彻（25分）；逻辑清晰（25分）；语言流畅（25分）。

第三节　创业领导者

一个成功的创业团队，应该相互协作，同甘共苦。但一个创业团队中绝对不能出现多个领导者，否则在决策执行的过程中，就会出现决策冲突、各自为政的情况，严重的还会导致团队的分裂。所以这就要求创业团队要有一个领导者，并且领导者要有能够带领团队创业和管理团队经营方面的能力。

一、创业领导者的角色与行为策略

创业领导者是创业团队的核心人物，扮演了指导者、促进者、交易者、生产者及风险承担者等角色，是整个创业团队的领导者。创业领导者的行为与创业能否成功有直接的关系。

创业者首先要在对创业动机、目标和前景进行认真的评估分析后，才能决定是否需要组建团队。如果创业者确定要组建一个团队，就要进一步考虑需要组建怎样的团队，以期获得创业成功所必备的条件和资源。

（一）明确团队的发展目标

明确团队的发展目标是领导者首先需要考虑的事情，目标能够激励团队成员努力奋斗、克服困难，是获得成功的动力。只有目标一致，创业领导者和团队成员才能齐心协力为目标奋斗。

（二）合理挑选、使用人才

创业领导者的认知水平、创业技能、创业能力和思想意识从根本上决定了选择哪些成员组成团队。创业领导者挑选团队成员时要考虑的是团队成员是否可以弥补自身知识、技能、能力与创业目标之间存在的差距。创业领导者应当根据团队的需要，选择团队成员，团队成员各司其职，各展所长，促进团队不断发展。

（三）建立责、权、利统一的团队管理机制

一个成功的企业必须制订井然有序的组织策略和管理机制。一方面，创业领导者要妥善处理创业团队内部的权力关系，在企业运行过程中，创业领导者要确定谁适合从事何种关键任务和谁对关键任务承担什么责任，以使权力和责任分工明确。另一方面，创业领导者还要妥善处理好创业团队内部的利益关系，企业的报酬体系不仅包括股权、工资及奖金等金钱报酬，还包括个人成长机会和相关技能培训等方面。

二、创业领导者的个人魅力

成功的创业领导者都有着自身独特的个人魅力，能吸引各方人才汇聚，让团队成员信服，并时刻充满激情和创造力。创业领导者的个人魅力主要包括以下4个方面。

（一）诚实正直

诚实正直的人格对一个创业领导者而言，就如同质量对产品的重要性一样。创业领导者无论是在生活上还是在业务的执行上都必须做到"言出必行"，保持诚信无欺且言行一致，这样才能与他人建立互相信赖的关系。

（二）自信睿智

自信是一个创业者必须具备的基本特征，对创业领导者来说更是不可缺少的个人品质。创业领导者必须通过自信和足够的智慧来分析整合信息，并做出正确的决策，以创造愿景、解决问题。

（三）强烈的企图心

创业领导者必须有长远的目光和明确的愿景，有影响他人和领导他人的企图心。创业领导者只

有保持一颗永不止步、不断向前的心，企业才能继续运营，并不断发展壮大。

（四）优秀的协调能力

创业领导者往往业务繁重，如果无法做到合理利用和管理资源，不仅会浪费时间和精力，还会使企业运转出现问题。虽然创业领导者不需要专业技能特别优秀，但他必须善于把优秀的人才聚集到自己手下，并合理分配资源，让他们为自己工作，做到资源利用的最大化。

一、能力训练

1. 如果你是一个团队领导者，你将如何组建一个优秀的创业团队？请对以下问题进行说明。

（1）对所创建企业的类型、经营范围和消费群进行描述。

（2）对团队中每个人的工作和职责进行描述。

（3）每个成员在创业过程中将如何做到相互配合？

评分标准：岗位设置合理（30分）；职责明确（30分）；员工之间能相互配合（40分）。

2. 假设你自己创办了一家小公司，雇了4名员工（2名全职、2名兼职）。你的这些员工都很可靠，只是有一名全职员工虽然工作做得不错，但经常迟到，还总是请假。这种情况影响了其他员工，并且影响到整个公司的士气和规范管理。根据上述问题，找出解决方法。

评分标准：找出的解决办法越多，越具有可行性，得分越高。

二、案例分析

2015年5月，由陈可辛执导的电影《中国合伙人》在全国上映，电影里3位主人公的创业经历引起了很多人的兴趣和热议。电影中主人公创立的英语培训班从最初的十几人小班，逐步发展为有近千家英语培训中心的教育集团。电影中所展现的创业之路无论是发展速度还是发展质量，都离不开一路披荆斩棘、坎坷突围的精神和切实步履。无论作为产业规模巨头，还是率先上市的产业集团，其扩张之路和可持续发展问题都必然成为公众关注的焦点。那么，业绩飙升后创始股东间的分崩离析和互相伤害必然引发专业人士的思考和叩问：这个创业团队出了什么问题？他们的创业纠纷可以给后来者哪些启示？电影中的创业案例，对于许许多多正走在创业路上的公司，或可借鉴。

启发思考题：

1. 你如何看待电影《中国合伙人》中从师生、同学到同事，再到合伙创业？

2. 你如何看待电影《中国合伙人》的团队建设。

3. 如果你是创业公司的管理者，你将如何营造友好信任的团队气氛？谈谈你对团队管理者的角色及如何做好管理者的管理工作的认识。

第四节 创业团队的社会责任与分工合作

创业团队中的每个人都是社会中的一员,都肩负着一定的社会责任。团队成员之间是否能进行良好的分工合作影响整个团队的发展和未来。因此,明确创业团队的社会责任与分工合作对创业者来说是相当重要的。

一、创业团队的社会责任

有这样一句话:"能力越大,责任也越大"。作为一支成功的创业团队,在获取商业利益的同时,也不可忘了回馈社会。一个团队的成功是建立在政府支持和社会接纳的基础之上的,假如没有这些客观基础,团队也就失去了发展的平台。因此,团队领导者要以身作则,培养成员的社会责任感,使企业的每一个员工都可以在实际的日常行为中履行社会责任。

(一)经济责任

企业要生存就必须盈利,因此,在遵纪守法的前提下以最小的成本获取最大的利润是企业发展壮大的根本。随着企业利润的增加,企业需要向国家缴纳的赋税也相应增加,国家可用于社会建设、巩固国防、开展慈善、扶贫等方面的资金就越多,这为丰富和满足民众生活提供了保障。

(二)法律责任

创业团队进行一切经营活动都必须遵守法律法规。在创业初期,创业者应该了解相关的法律法规,以确保合法经营,避免违法,保障自己应有的合法权益。创业者需要了解的法律法规包括《中华人民共和国公司法》《中华人民共和国个人独资企业法》《中华人民共和国合伙企业法》《城乡个体工商户管理暂行条例》《中华人民共和国合同法》《中华人民共和国劳动法》《中华人民共和国企业劳动争议处理条例》《中华人民共和国反不正当竞争法》《中华人民共和国消费者权益保护法》等。

(三)公益责任

创业团队在关注自身利益的同时,还应努力使自己的企业运营活动、产品及服务对社会产生积极影响。创业团队应关心当前的社会环境,本着回报社会的思想,尽量为弱势群体和社会公益奉献自己的一分力量。

阅读材料

黑暗中的对话

德国社会企业家 Andreas Heinecke 博士设计了一个独特的创意项目——"黑暗中的对话",该项目主要是为世界各地的盲人、残疾人和处于不利地位的人士提供业务培训,创造就业机会。这个项目主要是由这些需要帮助的人引领付费的游客,带着游客体会完全黑暗环境中的一些日常活动,如逛公园、走马路、吃饭等。

目前,"黑暗中的对话"非常成功,它不仅解决了残疾人士的生计问题,而且让其他的社会人士了解并认识了他们出色的工作能力,提高了他们的人生价值,也让别人出于对他们工作能力的肯定,而聘用他们。

二、创业团队的分工合作

携程网的创始人之一梁建章曾说:"一个一流的技术与二流的团队的组合在效能上还不如一个二流的技术与一流的团队的组合。"这句话说明了创业团队中各成员分工合作的重要性。著名的贝尔宾团队角色理论提出:"一支结构合理的团队应该由 9 种角色组成,每位团队成员必须清楚自己和其他人所扮演的角色,了解如何相互弥补不足,发挥彼此的优势。"这 9 种角色如图 4-3 所示。

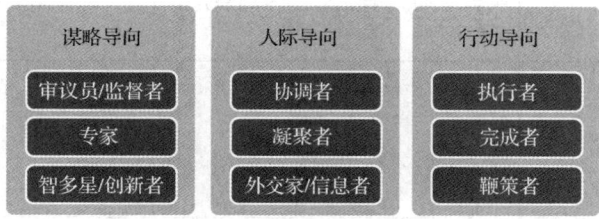

图 4-3 创业团队中的角色

各角色的优缺点及其在团队中的作用如表 4-1 所示。

表 4-1 团队中各角色的优缺点及作用

类型	角色	优缺点	在团队中的作用
谋略导向	审议员/监督者	优点:理智谨慎,判断力和分辨力强,讲求实际。 缺点:缺乏鼓动和激发他人与自己的能力	分析问题和情景;对繁杂的材料予以简化,并澄清模糊不清的问题;对他人的判读和作用做出评价
	专家	优点:主动自觉,全情投入,能够提供不易掌握的专业知识和技能。 缺点:能够贡献的范围有限,沉迷于个人兴趣	提供专业建议
	智多星/创新者	优点:思维活跃,想象丰富,知识面广,具有创新精神。 缺点:高高在上,不重细节,不拘礼仪	提供建议;提出批评并有助于引出相反意见;对已经形成的行动方案提出新的看法
人际导向	协调者	优点:沉着、自信、客观,拥有控制局面的能力。 缺点:在智能及创造力方面稍差	协助明确团队目标和方向;帮助确定团队中的角色分工、责任和工作界限
	凝聚者	优点:擅长人际交往,温和,敏感,有较强的环境适应能力和团队凝聚能力。 缺点:危机时刻优柔寡断	给予他人支持与帮助,扭转或克服团队中出现的分歧

续表

类型	角色	优缺点	在团队中的作用
人际导向	外交家/信息者	优点：性格外向，热情，好奇心强，人际关系广泛，消息灵通。 缺点：兴趣转移快	提出建议，并引入外部信息
行动导向	执行者	优点：保守，务实可靠，勤奋。 缺点：缺乏灵活性，对没有把握的主意不感兴趣	将计划转换为实际步骤
行动导向	完成者	优点：勤奋有序，有紧迫感，理想主义，完美主义。 缺点：拘泥于细节，容易焦虑，不够洒脱	强调任务的目标要求；查漏补缺，督促他人完成
行动导向	鞭策者	优点：思维敏捷，开朗，主动探索，有干劲，爱挑战。 缺点：好激起争端，易冲动，易急躁	寻找和发现方案，推动团队达成一致意见，并朝向决策行动

团队成员之间要做到职责清晰、分工明确、资源共享，从而使团队更为高效。一般来说，团队成员分工合作需要满足以下 7 个原则。

（1）角色清晰。团队成员的角色安排要清晰，不能出现角色模糊、角色超载、角色冲突、角色错位、角色缺位等现象。

（2）职责明确。明确团队成员的职责，避免因职责不明和混乱使团队效率降低。

（3）坚持以人为本。团队成员角色职责制订要坚持以人为本的原则。创业领导者应根据每个成员的能力、特点和水平，把他们放到最适合的角色岗位上，给他们提供施展才华的平台。

（4）平等。团队中的每一位成员都非常重要，不能只强调某一位成员，而忽视其他成员的作用。

（5）立足现实。角色职责制订要立足现实，确保每个团队成员都能够明白团队对他们的期望值。

（6）目标思想明确。要将团队的荣誉作为最高的目标思想，而不是强调个人英雄主义。

（7）协调沟通。保证团队各角色成员之间的良好沟通，并进行上下级职务双向互动。

本章主要讲述了创业者、创业团队、创业领导者、创业团队的社会责任与分工合作的相关知识。以下是一些与这些知识相关的练习，通过这些练习，分析与评估自己是否是一个合格的创业者，以及自己是否有能力组建创业团队等。

1．创业者素质与能力你具备了多少？请在表 4-2 中尝试着给自己打分。

表 4-2 创业者素质与能力评分

序号	创业者必备素质与能力	自评分					
		5	4	3	2	1	0
1	胸有抱负，目标明确						
2	善于创新，独辟蹊径						
3	自信乐观，百折不挠						
4	团队精神，善于合作						
5	诚信正直，精力充沛						
6	想要成功的强烈愿望						
7	超强的忍耐力						
8	开阔的眼界						

总分：_____分。

2. 请在表 4-3 中为自己打分，分析自己的交流和沟通能力如何，最后将总分核算出来，如果总分高于 60 分，则说明你这方面的能力较好。

表 4-3 创业者交流和沟通能力评分

序号	创业者交流和沟通能力	自评分				
		4	3	2	1	0
1	能适时地把适当的信息传递给合适的人					
2	决定如何沟通前，认真思考沟通的内容					
3	拥有强烈的自信心，讲话时信心十足					
4	希望对方对沟通的内容提供反馈					
5	注意聆听并在回答前检查自己的理解是否正确					
6	评价他人时，努力排除各种个人成见					
7	会见他人时，态度积极、礼貌周到					

续表

序号	创业者交流和沟通能力	自评分				
		4	3	2	1	0
8	及时向他人提供他们需要与想要的信息					
9	通过提问了解他人的想法以及他们的工作进展					
10	会见、调查或做会议记录时,使用有效的记录方法					
11	重要信件或文件在定稿前,常征求可信赖的批评者的意见					
12	运用快速阅读技巧来提高工作效率					
13	在演讲前,认真准备并多次试讲					
14	谈判前先对问题进行深入研究,并熟知对方的需要					
15	提出建议前先进行彻底的调查					
16	努力了解有关听众对组织的看法					
17	与记者及其他媒体工作人员进行有益的接触					
18	定期与员工沟通					
19	积极接收并回应来自于员工和他人的反馈					

总分:_____分。

第五章　创业计划

学习目标

>>>了解市场调查在创业前期的意义
>>>掌握市场调查的方法
>>>认识顾客及竞争对手
>>>掌握编写《创业计划书》的方法与步骤

案例导入

5个年轻人组建了一个创业团队,想要在大城市的公园里放置大型数字看板,梦想成为户外的分众传媒。他们直接找到投资者,对数字看板的发展前景、自己团队的优势进行了一番介绍,然而投资者毫无兴趣。

此时,另外一个团队也对数字看板感兴趣,他们首先进行了一番详细的市场调查,调查内容包括以下4个方面。

(1)上海各大公园里目前有多少户外广告?
(2)每个公园的日均人流量有多少?
(3)要放置多大的数字看板?
(4)放多少个数字看板才能达到最佳的宣传效果?

然后对数字看板与传统看板的优劣势进行了分析,并以数字公式计算出数字看板可能给客户带来的收入。

但当他们把构想告诉投资人时,却得到了否定的回答。在投资人看来,数字看板本身是一项技术创新,这个出发点的确是有商机的,但是这个创新对任何人来说都是一样的,所有的创业者都处于同一个起点,没有明确地表示出这个事业能成功的关键,即能否取得独占性的资源(成为独家经营的企业),以及最重要的广告销售能力。

与此同时,第三个团队也看中了这个卖点,他们与第二个团队的不同之处在于,他们在《创业计划书》中明确地表述了关于传媒销售、广告营销以及如何吸引广告客户的方法和执行手段,并附上了团队在这方面的优势。这就给第三个团队的创业计划加分很多,并使3个创业团队有了不同的结果。

启示　从上面的案例来看,有创业计划的创业者更能获得投资人的青睐。这是因为投资人总是希望能找出一个创业计划成功的关键，并且在那个关键点上能看到有擅长这件事情的人，或者对这件事情的处理有着优势资源的人。

现在的市场环境变化万千，任何一个人或团队在创业之前，都必须对创业的目标有科学的设计和规划，制订切实可行的创业计划，这对创业者来说无疑是十分有效的。首先，要对创业的环境进行分析，对要进行投放的产品市场进行调查，分析客户群体和消费水平，并有效地进行产品定位。其次，还需要制作一份详细的《创业计划书》，对创业的过程进行模拟体验，帮助创业者调整创业的方向。

第一节　创业调查

商场如战场，商品市场的竞争由于现代社会的发展和技术水平的进步而变得日益激烈。面对拥有不同消费观念的消费者，面对不同的产品和竞争者，如果不对市场进行深入的了解和研究，即使有再多的经验、技术，都将只能是纸上谈兵。

一、市场调查的含义

对大学生创业者而言，市场调查也可以简单理解为市场需求调查，就是对需要进行创业的产品或服务，通过科学的方法，有目的地搜集、记录、整理有关市场的信息和资料，分析市场情况，对产品市场的现状和发展趋势进行分析，以便为创业者提供客观、正确的创业决策。

市场调查助大学生圆了创业梦

赵杰年仅28岁就已经是丽阳装饰有限公司的老板了，这家公司是他在大学毕业后创建的。凭着自身扎实的专业功底和对艺术的满腔热爱，赵杰在大学时期就专注于装饰品的学习和研究，并取得了很好的成绩。

大学毕业前，赵杰仔细分析了自己学习的专业，发现当时的就业环境并不乐观，他也不想在自己感兴趣的领域止步不前，因此他想到了创业。为了看看自己的创业梦想是否可行，赵杰进行了简单的市场调查。他发现，在自己所在的城市，装饰品大多是一些比较大型的装饰公司的附属产品，或者是没有什么特色的小玩意儿，装饰品工艺的发展空间还很大。有了这样的市场前提，他决心毕业后就开始创业。

他的公司主要从事装饰品和工艺品的创作和生产，拥有专业的设计师，专门设计符合客户需求的产品，并将时尚潮流等元素融入产品中，打造了一批具有个性化和特色的产品。

当然，在创业之初，由于初期的产品定位和技术不成熟，他也遇到了很多困难，但他积极地进行市场调查与分析，重新找准了发展的方向，从而使公司走得更远。

对于很多初创企业来说，市场调查并不是一件简单的事。创业者必须深入了解市场，并反复调整和修正才能实现对市场的准确定位。大学生创业者在进行产品市场分析时，必须寻找自己的产品与其他产品的不同特点（包括产品外观、功能、用途等），以此为切入点深入开发，确定自己的产品的特色，以此打入市场。

二、市场调查的内容

市场调查的结果直接影响创业者的决定，因此，调查的内容一定要尽量涉及市场的各个方面。市场调查通常应包括以下内容。

（一）市场环境调查

市场环境调查主要包括政治法律环境、经济环境、社会文化环境、科学环境和自然地理环境等。具体的调查内容可以是国家的方针、政策和法律法规，市场的购买力水平，经济结构，风俗习惯，科学发展动态，气候等各种影响市场营销的因素。

（二）市场需求调查

如果要生产或销售某种产品，应该对该产品进行市场需求调查。查看产品是否具有可发展的空间，即对产品进行市场定位。在对市场需求进行调查时，应重点关注以下问题。

（1）产品的需求量有多大？
（2）消费者的月收入与年收入分别是多少？
（3）让消费者产生购买行为的动机是什么？
（4）消费者喜欢以哪种方式进行购买？
（5）消费者购买产品的频率是多少？
（6）消费者购买产品时是通过何种方式进行决策的？
（7）产品最令人满意的地方在哪里？
（8）产品最令人不满意的地方在哪里？
（9）消费者是通过哪种途径知道产品的？
（10）同类型的产品，消费者更喜欢哪个品牌？为什么？
（11）消费者能够接受的产品价格大概在什么范围？
（12）什么样式的产品消费者是绝对不会购买的？
（13）消费者对产品有什么其他的要求？

提醒 当以消费者为对象进行调查时，应注意某些产品的购买者和使用者并不一致，如对婴儿用品进行调查时，其调查对象应为孩子的父亲与母亲。

（三）市场供给调查

市场供给调查主要包括产品生产能力调查、产品实体调查等。在对市场供给情况进行调查时，应重点关注以下问题。

（1）产品的生产周期有多长？

（2）产品的保质期有多久？

（3）产品的产量有多大？

（4）产品的质量是否过关？

（5）产品的型号有哪些？

（6）产品的规格是否符合消费者的使用习惯？

（7）产品的功能有什么特点？

（8）产品具有品牌效应吗？

（9）产品进货的渠道有哪些？

除上述问题外，同时还应对生产商的一些基本情况进行调查，如办公地址、负责人等，确保生产商的信誉没有问题，以便以后的长期合作。

（四）市场营销调查

市场营销调查主要是对目前市场上经营的某种产品或服务的促销手段、营销策略和销售方式进行调查。在对市场营销情况进行调查时，应注意以下问题。

（1）销售的渠道主要有哪些？

（2）销售的区域主要分布在哪些地方？

（3）销售的环节是怎么样的？

（4）产品的宣传方式如何？

（5）产品的价格策略有哪些？

（6）产品的促销手段有哪些？

（7）产品的销售方式有哪些？

针对以上问题进行调查并分析，看看这些营销策略是否有效，有什么缺点和优点，从而决定采取什么样的营销手段。

（五）市场竞争调查

古语云："知己知彼，百战不殆"。在市场竞争日趋白热化的今天，不了解市场竞争情况，不认识竞争对手，就意味着没有胜算机会。特别是在目前的市场经济条件下，当创业者通过全新的商机进行创业时，随着生意的兴旺，必定会有其他人学习你的经营模式，增加市场竞争的激烈程度。因此，了解竞争对手的情况是十分重要的。

市场竞争调查是通过一切可获得的信息来查清竞争对手的策略，包括竞争对手的数量、规模、分布与构成、营销策略等。进行市场竞争调查有助于企业制订合理的进攻战略，扩大自己的市场份额，从而在激烈的市场竞争中占据有利位置。

三、市场调查的方法

对创业来说，最重要的要素就是创业机会、创业团队和创业资源，它们贯穿于创业的始末，并且作用于企业成长、发展、成熟各阶段。大学生作为国家扶持创业的主要对象，在利用现有资源和自身能力的情况下，还要根据创业的类型采取科学的市场调查方法。

（一）资料分析法

资料分析法是通过收集一些现有的市场、行业和产品的相关资料，通过分析得出所需结论的方法。该方法要求收集的资料必须及时、完整、正确和公正，否则分析的结果将不具有参考意义。

收集资料的方法很多，如网上收集和报刊收集等。

❶ 网上收集

互联网本身就是一个巨大的数据信息的集合，其中包括各种各样的信息和资源，但由于网络用户众多，这些资料的信息量很大，质量也参差不齐，难以判断信息的真实性、可靠性、是否具有代表性等，因此，若通过这种方式收集资料，则一定要到一些比较权威的机构网站获取。

❷ 报刊收集

一些专业的图书、报刊中会对近期的市场数据进行分析，这些数据一般较为准确，创业者可以直接作为参考。

（二）实地考察法

实地考察法是通过客观的态度和科学的方法，在确定的某个范围内进行实地考察，并搜集大量资料以统计分析，从而探讨问题的方法。采用实地考察法分析的结果一般较为详细、可靠，可以弥补资料分析法的不足。实地考察法有现场观察法和询问法两种形式。

❶ 现场观察法

现场观察法是调查人员凭借自己的眼睛、耳朵等感官或借助摄像器材，在调查现场直接记录正在发生的市场行为或状况的一种有效的收集资料的办法。其特点是被调查者是在不知晓的情况下接受调查的。例如，市场调查人员到被访问者的销售场所去观察商品的品牌及包装情况。

为了尽可能地避免调查偏差，市场调查人员在采用观察法收集资料时应注意以下4点。

（1）调查人员要努力做到采取不偏不倚的态度，即不带有任何看法或偏见进行调查。

（2）调查人员应注意选择具有代表性的调查对象和最合适的调查时间与地点，应尽量避免只观察表面的现象。

（3）在观察过程中，调查人员应随时进行记录，记录越详细越好。

（4）除了在实验室等特定的环境下和在借助各种仪器进行观察时，调查人员应尽量使观察环境保持平常自然的状态，同时要注意被调查者的隐私权问题。

❷ 询问法

询问法指将所调查的问题，以电话或书面的形式向被调查者提出询问，以获得所需的调查资料的调查方法。调查者可以与被调查者任意进行广泛的交流，如直接询问被调查者对商品的看法。还可以采用问卷调查的形式，让被调查者填写调查表以获得所调查对象的信息。问卷调查需要在调查前将调查的资料设计成问卷，然后让接受调查的对象将自己的意见或答案填入问卷中。一般进行的实地考察中，问卷调查是最常采用的一种方式。

蜂蜜店的调查问卷与分析

针对蜂蜜店销量提升较慢、每单总价不高、客流量徘徊不前等情况,蜂蜜店自发组织了一次较为全面的门店顾客调查,相关内容如下。

时间:2015.11.08—2015.11.30。

地点:"甜蜜蜜"蜂蜜分销店。

调查方式:现场发放问卷。

问卷数量:发出问卷1 020份,收回有效问卷1 020份。

以下为问卷的内容和分析的结果。

(1)您的性别是什么?

①男性(182,17.84%) ②女性(838,82.16%)

分析:男性占前来消费的人员的17.84%,女性占前来消费的人员的82.16%。说明在该商品上,男性比女性消费得更少,女性是蜂蜜的主要消费群体。

(2)您是通过何种途径知道"甜蜜蜜"蜂蜜分销店的?

①电视(118,11.57%) ②电台(54,5.3%)

③报纸(216,21.18%) ④户外广告(153,15%)

⑤宣传资料(119,11.67%) ⑥别人告知(360,35.30%)

分析:通过户外广告得知的消费者比例为15%,通过报纸媒体得知的消费者比例为21.18%,通过别人告知得知的比例为35.30%。说明开业前和开业期间的报纸广告及新闻报道、户外广告是公众认识"甜蜜蜜"蜂蜜分销店的重要途径。通过别人告知得知的比例占35.30%,说明店铺在消费者眼里的认同度比较高,口碑不错,消费者还是很认同"甜蜜蜜"蜂蜜分销店的。

(3)您通过何种交通工具来"甜蜜蜜"蜂蜜分销店?

①公共汽车(57,5.59%) ②出租车(18,1.76%)

③自行车(388,38.04%) ④摩托车(19,1.86%)

⑤私家车(389,38.14%) ⑥步行(149,14.61%)

分析:通过公共汽车来"甜蜜蜜"蜂蜜分销店的比例仅占5.59%,说明地理位置不佳,交通不便利。

(4)您来"甜蜜蜜"蜂蜜分销店消费几次了?

①1次(152,14.90%) ②2次(506,49.61%)

③3~5次(159,15.59%) ④6次以上(203,19.90%)

分析:2次所占比例为49.61%,3~5次所占比例为15.59%,6次以上所占比例为19.90%。说明消费者忠诚度不高。

(5)您认为"甜蜜蜜"蜂蜜分销店的产品价格与其他商店的产品价格相比怎样?

①普遍低(620,60.78%) ②部分低(234,22.94%)

③相差不多(89,8.73%) ④普遍高(12,1.18%)

⑤部分高(65,6.37%)

分析："普遍低"所占比例为60.78%，说明大部分产品价格优势十分明显；"部分低"所占比例为22.94%，说明有一部分商品价格优势不明显，必须加强市场调查。

（6）在"甜蜜蜜"蜂蜜分销店能否买到所需的蜂蜜？
①能（468，45.88%）　②基本上能（423，41.47%）　③不能（129，12.65%）

分析："基本上能"所占比例为41.47%，"不能"所占比例为12.65%，说明还有部分产品购买不到，产品品种不是太齐全，应根据市场特点及消费者的购买习惯进行调查分析，进一步完善产品结构。

（7）您在"甜蜜蜜"蜂蜜分销店是否遇到过质量问题？
①有（102，10%）　　②没有（918，90%）

分析：遇到质量问题的消费者所占比例为10%，说明质量问题是不容忽视的一个重要问题，必须认真对待。

（8）您除了自己来消费，还经常给别人代购商品吗？
①是（416，40.78%）　②没有（265，26%）　　③偶尔（339，33.24%）

分析：来消费的顾客给别人代购商品的比例有40.74%，说明价格与产品品种均存在一定的优势。

（9）您对促销活动是否感兴趣？
①感兴趣（706，69.22%）　②好，应该多做（178，17.45%）
③无所谓，可有可无（136，13.33%）

分析：消费者对促销活动感兴趣，应具体调查其感兴趣的内容。

（10）您觉得我们应该多做什么样的活动？
①买赠促销（531，52.06%）　　②抽奖活动（135，13.24%）
③知识抢答（26，2.55%）　　　④产品推广（264，25.88%）
⑤其他（64，6.27%）

分析：消费者比较喜欢买赠促销活动，但产品推广活动也较为客观。以后可在买赠促销和产品推广活动上加大力度，从而促进销售。

（11）您觉得"甜蜜蜜"蜂蜜分销店的服务怎样？
①好（867，85%）　　②一般（127，12.45%）　③差（26，2.55%）
服务"一般"和"差"主要表现在哪些方面？
①接待不热情（35，22.88%）　　　②介绍不详细（52，33.99%）
③对产品位置不熟悉（60，39.22%）　④不礼貌（6，3.92%）

分析：消费者对服务评价较高，但认为服务一般的比例达到12.45%，说明服务意识有待加强是不容忽视的问题。服务问题主要表现在对产品位置不熟悉和介绍不详细、接待不热情，说明营业员对货物摆放位置不熟悉，主动服务意识不强。

（三）试销或试营法

当创业者对某个产品或业务决策产生疑惑时，还可以通过试营业或产品试销，来了解顾客的反应和市场需求情况。对某个产品进行市场调查时，若有超过80%的调查者认为没有市场，那创业者应尽早放弃；如果有50%以上的调查者表示不看好，那创业者应该再综合其他因素慎重考虑；若超过 98% 以上的调查者表示看好，则表明该产品是很有市场发展前景的。

因调查取样考虑不周全"错失"产品推荐

为了测试新的蛋糕口味是否符合消费者的口味，"味美乐"蛋糕坊进行了一次详细的市场调查。

调查的方法：在桌子上摆满贴了标签的碟子，测试者逐一品尝这些糕点，并将口感写在卡片上。经过 5 轮的反复测试，测试结果表明，几乎所有的测试者都拒绝了这款新的蛋糕口味，于是该产品在市场调查中被否定了。

一年后，这款蛋糕突然在其他糕点铺火爆起来，调查后得知原因是"味美乐"蛋糕坊进行测试时是冬天，测试者从寒冷的室外到了糕点铺，还没等暖和起来就吃起了清爽的冰淇淋蛋糕，所以影响了调查结果。

调查所需的环境和对象对调查的结果有着直观的影响，因此，要谨慎选择调查环境和对象，以免因为错误的外在环境影响调查结果的准确性，造成不可挽回的损失。如进行化妆品调查时，调查对象应主要选择女性；若是有关男士护肤品的调查，就应该以男士为调查对象。

随着网络的发展，现在逐渐发展并兴起了网络调研，它主要是通过网络进行信息的收集、记录和整理，客观地预测并评价现有市场及潜在市场。这种方法可以大大节省调研的人力、时间和精力，是未来的主要发展方向。

利用问卷进行大学生创新创业动机的市场调查（3～5 人为一组，分组完成）。要求：按照市场调研程序进行，设计市场调研方案→设计市场调查问卷→收集市场信息资料→整理和分析市场信息资料→撰写市场调研报告。最终形成调查 PPT，由小组成员进行调查总结汇报。

第二节　完善创业构思

在创业的过程中，有两种人是企业无法离开的，一是顾客，二是竞争对手。所以，在创业前，顾客和竞争对手也是需要重点关注的两个方面。顾客是创业者的衣食父母，没有顾客的青睐，产品将没有市场，创业者将得不到需要的市场盈利；竞争者则是激励和促进创业者进步的动力。

一、了解你的顾客

扫一扫
了解顾客

顾客就是购买商品的个人或组织，也叫作消费者。创业者在创业或投放某个产品前，必须了解顾客及市场的供求需要，否则事后的"硬销"广告只是一种资源的浪费。因此，应从以下 4 个角度了解顾客。

（一）为什么要了解顾客

没有顾客，企业就会倒闭。了解顾客也就是了解顾客的需要和需求。如果解决了顾客的问题，满足了他们的需要，企业就有可能成功；让顾客满意，就意味着带来更高的销售额和更高的利润。

（二）顾客是谁

西方营销理论中的一个经营理念是"顾客至上"，说的是对待顾客要恭敬，以顾客的感受为前提，尽最大努力提供最好的服务。

在当今市场竞争激烈的环境下，没有好的服务就不会有顾客上门，没有顾客，企业就没有办法生存，因此，顾客是我们的"衣食父母"和"市场"。

阅读材料

顾客至上

只要在美国的连锁商店购买了商品，不管商品的价格是多少，都可以在 60 天内进行退换，并且大多数的商场不会问你退换的原因。

李先生是一位旅游爱好者，在美国旅游时顺便买了一部相机，价值 900 多美元。8 个月后，他带着新相机去旅行时，发现不知道是相机自身的问题，还是他的技术不佳，拍出的照片总是有点模糊，他一气之下找到商店，要求退货。商店二话没说，原款退还。

在美国一家超市还发生过这样一件事情：一位美国老太太拿着一把很破旧、已经使用过 20 年的剪刀找到商场，要求换一把新的剪刀，并要求商场退还当时买剪刀的 2 美元。商场经理看了老太太的产品说明和发票后，二话没说，直接退钱并赠送了新的剪刀。这是因为该商场对该品牌的剪刀承诺过："20 年后凭发票和产品保证书可以退回购买的金额，并会获得一把新的剪刀"。

（三）关注顾客的哪些方面

既然顾客对我们这么重要，那么我们要从哪些方面来关注顾客的需求呢？可以从以下问题中获得启示。

（1）你的顾客是哪些人？

首先，当我们选择创业时，我们一定要把产品所面对的客户进行细分，也就是顾客是哪些人，包括顾客的年龄、性别、职业、收入水平和兴趣爱好等。

以下为对顾客信息进行了解的调查。

① 您的性别是（　　）。

A．女性　　　　　　　B．男性

② 您的年纪是（　　）。
A. 25 岁以下　　　　　B. 25～30 岁　　　　C. 30～35 岁
D. 35～40 岁　　　　　E. 40 岁以上

③ 您的职业是（　　）。
A. 公务员/事业单位员工/国企员工　　　　B. 公司白领
C. 在校学生　　　　　D. 个体经营者　　　　E. 自由职业
F. 家庭主妇

④ 您的家庭年收入是（　　）。
A. 5 万元以下　　　　B. 5 万～10 万元　　　C. 10 万～15 万元
D. 15 万～20 万元　　E. 20 万元以上

⑤ 您最喜欢的休闲活动是（　　）。
A. 看电视　　　　　　B. 上网　　　　　　　C. 与朋友逛街
D. 读书　　　　　　　E. 听音乐　　　　　　F. 运动健身

⑥ 您最喜欢看的电视节目类型是（　　）。
A. 国产电视剧　　　　B. 韩国电视剧
C. 欧美电视剧　　　　D. 选秀类综艺节目

（2）顾客需要什么样的产品或服务？顾客最看重产品或服务的什么方面？
主要是对产品的颜色、款式、价格、质量和售后服务等进行调查。以下为某面包店对顾客进行的调查。

① 您一般在什么时间段会到面包店购买面包？（　　）
A. 6:00—8:00　　　　B. 8:00—10:00　　　　C. 10:00—14:00
D. 14:00—16:00　　　E. 16:00—19:00　　　　F. 19:00—22:00
G. 22:00—24:00

② 您为谁购买面包？（　　）
A. 个人　　　　　　　B. 小孩　　　　　　　C. 父母
D. 同事或朋友　　　　E. 其他人

③ 您喜欢购买的面包类别是（　　）。
A. 蒸包类　　　　　　B. 烘烤类　　　　　　C. 蛋糕类
D. 吐司类　　　　　　E. 切件类

④ 您购买面包时喜欢的口味是（　　）。
A. 咸味　　　　　　　　　　　　　　　　　B. 甜味
C. 粗粮（芝麻/核桃/其他口味）　　　　　　D. 其他

⑤ 您希望面包是（　　）。
A. 单独包装　　　　　　　　　　　　　　　B. 盒装或袋装多个（类似白面包）
C. 盒装或袋装的，多个独立包装　　　　　　D. 其他

⑥ 您能够接受的产品价格范围是（　　）。
A. 10 元以下　　　　　B. 10～50 元　　　　C. 50～200 元
D. 200～500 元　　　　E. 500～1 000 元　　F. 1 000 元以上

（3）顾客愿意出多少钱购买你的产品或服务？

顾客愿意为购买产品或服务支付的金钱数额，代表他们的消费层次与能力。仔细研究不同消费层次的顾客，可以更加准确地对产品进行定位。调查内容可参考以下4点。

① 什么样的价格太便宜，以至于顾客会怀疑产品的质量而不去购买？
② 什么样的价格非常便宜，并最能吸引顾客购买呢？
③ 什么样的价格是贵的，但仍是顾客可接受的价格？
④ 什么样的价格太高，以至于顾客不能接受？

（4）顾客喜欢在什么地方、什么时候购物？

不同的顾客，其消费习惯也不同，如有些人喜欢在8:00—9:00去抢早市；有些人喜欢在10:00—11:30 和 14:00—17:30 这段相对清闲的时间闲逛；有些上班族只能在下班后（一般为 19:00—20:00）才能有时间购物。每个顾客喜欢的购物地点也不相同，如有些人喜欢在家附近购物，有些人喜欢去专卖店购物，有些人喜欢在网上购物。

（5）顾客的购买量有多大？

购买量主要指购买数量和频率。顾客每次购买商品的数量越多，购买商品的次数越频繁，企业所获得的收益将越大。顾客的购买量主要取决于顾客的购物欲望，当顾客的需求被充分满足，感觉自己受到重视，肯定了商品和服务的质量后，就能促使顾客的购买欲望进一步提升；企业也可以通过一些促销的手段来刺激消费者购物，如抽奖、赠送礼品等。

"印花兑奖"促销

欧尚超市每隔一段时间就会推出一种活动，即"印花兑奖"。其要求如下。

1. 在欧尚门店每消费50元可获得印花一枚。
2. 集满40枚印花，即可换购Fontignac锅具一款。

该活动一开始，超市的工作人员便在超市入口放置了巨大的奖品宣传画册，并且在超市出口陈列柜放上了相应的奖品。这些奖品看上去都十分精致，有平底锅、煎锅、炒锅、蒸锅、餐具等，十分吸引消费者的眼球。

另外，由于超市设置的获得印花的条件很容易达到，只需消费50元便可，消费者从心底觉得这个价格很容易接受，轻轻松松就达到了领取印花的资格。但若要换取奖品，则需要消费者不断地累积印花的数量，一方面消费者可以自己每次到超市购物累积，另一方面也可以多人一起购物累积，方式多种多样，大大提高了消费者的购买欲。

经过超市工作人员的统计，在活动期间，超市每日的客流量和销售量都比以往提高了不少，到活动结束后，奖品也全部被顾客兑换完了。

（6）顾客数量能增加吗？能保持稳定吗？

创业者都希望自己的顾客越来越多，以保证生意的红红火火。顾客数量增加，会促进销量的增长，从而使企业获利更多。那么怎样才能增加顾客的数量呢？首先，可以从企业或产品的曝光率上考虑，只有顾客知道了某家企业或某个产品的存在，这家企业或这个产品才能被更多的顾客发现，因此，企业或产品的宣传是必不可少的。其次，产品的质量一定要有保障，要对顾客有吸引力，这样才能在保证已有顾客的前提下，吸引到更多的顾客。最后，服务态度一定要好，顾客咨询的时候，一定要耐心、细心，为顾客提供良好的售前、售后服务，解决顾客的问题。

阅读材料

贴心服务才能赢得顾客"芳心"

一次，程昱带着妹妹去成衣店订制衣服，当她们路过一家又一家店铺时，妹妹不禁疑惑地问道："为什么还没到呀？这里不是有一家吗？"程昱笑笑不语，拽着妹妹继续前行，终于在一家看起来平淡无奇的店面——"香草"前停下了脚步。

订制完衣服后，店员告诉他们两天后过来领取。当他们再次踏入小店时，店员热情地递过一个精致的购物袋，妹妹惊喜地打开，发现里面是她订制的衣服。妹妹欣喜地穿上衣服，在试衣镜前照来照去，十分高兴，连连夸奖衣服做得又快又好。

离开时，妹妹还在购物袋里发现了一个香囊。当她询问店家时，店主亲切地说："这是送给您的一点小礼物，可以搭配衣服或挂在衣橱，希望您能喜欢。"妹妹连连道谢，拆开香囊一看，里面有几粒扣子、布角、棉线和一张信誉卡。这时，程昱才得意地对妹妹说："这就是我为什么带你来这儿的原因！"

原来，程昱经常在这家小店订制衣服，衣服质量上乘，而且每次都能收到店家赠送的礼物，这些礼物不大，也不值钱，但店家在赠送过程中表现出来的为顾客服务的心意，已经超过了礼物本身的价值，所以，程昱才乐此不疲地将这家店介绍给亲朋好友。

（四）如何了解你的顾客

顾客对企业的发展如此重要，创业者可通过多种渠道了解顾客的需求，常见的方式如下。

（1）情况推测：利用自己的团队以及亲朋好友的经验来进行大胆的推测和预测。

（2）利用行业渠道获得信息：通过阅读行业指南、调查相关的行业以及商业报纸、杂志、电视和互联网等媒体进行了解。

（3）与业内人士交换信息：可以和竞争对手、顾客、销售人员、同行业的顾客进行交流与咨询。

（4）抽样访问选定的那部分顾客，通过访问结果进行了解。

（5）可通过实地观察或问卷和网络调查的方法，观察顾客的喜好和消费习惯等，该方法与市场需求调查中的实地观察方法相同。

综上所述，了解顾客可归纳为：在创办企业之前，必须先了解市场需要什么，即顾客需要什么；然后根据顾客需求去组织生产或进货销售。这就需要创业者通过各种方法去收集顾客的相关信息，通过这些活动，若发现目前的项目不可行，则应另辟蹊径，换一个角度，重新思考创业项目。

三、了解你的竞争对手

竞争对手是前进的驱动力，有竞争对手的存在可以使自身得到不断完善。作为创业者，应从以下5个方面了解竞争对手。

扫一扫

了解竞争对手

（一）怎么看待我们的竞争对手

作为一个成熟、优秀的创业者，一定会有这样的感慨：你的竞争对手不仅仅是你的敌人，更重要的是你学习的对象。竞争对手不仅给我们压力，也给我们动力。如果要让一个人成功，就必须给他一帮志同道合的伙伴，如果要让一个人取得伟大的成功，就必须给他一帮伟大的敌人，所以是竞争对手成就了现在的很多优秀企业。

（二）了解竞争对手的意义

人们常说："知己知彼，百战不殆"。取其精华，去其糟粕。切实做到：人无我有，人有我优，人优我新，人新我特。也就是说，只有了解了对手，才可以在既定的市场环境下，迅速找出新的解决问题的办法，使企业立于不败之地。

（三）从哪些方面了解对手

竞争对手的情况通常是行业机密，了解竞争对手的相关情况，对创业者来说是一个非常重要的问题。通常应从以下方面对竞争对手进行了解。

（1）竞争对手的经营状况。经营得好还是坏？为什么好？为什么坏？
（2）他们的价格是多少？他们的设备好吗？
（3）他们产品的质量怎么样？员工的水平和服务怎么样？
（4）他们是怎样推销的？是怎么进行广告宣传的？
（5）他们有什么额外服务？是怎样分销产品或服务的？
（6）他们的地点在哪里？长处和不足有哪些？

（四）通过什么途径了解竞争对手

可采取与收集顾客信息同样的方法来了解竞争对手。也可以"卧底"的身份，假扮顾客，向其员工打听，向其顾客了解，从而知悉竞争对手的相关资料。

（五）竞争对手分析

了解并收集竞争对手的信息后，就可以对竞争对手进行分析，帮助创业者更好地开展创业工作。

❶ "5个做什么"（5W）研究分析方法

5W 即 5 Why，又称"为什么-为什么"分析，它是一种探索问题原因的方法。它是对一个问题连续发问 5 次，每一个"原因"都会紧跟着另外一个"为什么"，直至问题的根源被确定下来。如在对竞争对手进行分析时，就可以依次问下面5个问题。

（1）正在做什么？
（2）为什么那样做？
（3）没有做的是什么？
（4）做得好的是什么？
（5）做得不好的是什么？

❷ 有针对性地制订市场竞争策略

通过认真分析、总结和归纳，可以更深入地了解竞争对手。通过对竞争对手进行分析，可以有针对性地制订系统、有效的市场竞争策略。创业者可针对以下问题制订出相应策略。

（1）分析竞争对手"没有做的"原因。
（2）针对竞争对手"没有做的"原因提出最佳的解决方案。
（3）针对竞争对手"做得好的"提出最佳的对策。
（4）针对竞争对手"做得不好的"提出更好的计策。
（5）选择有利的"进攻武器"，并制订相应的市场应对方案。

总之，创业者要善于从竞争对手那里获得信息，从而努力打造既满足顾客需要，又优于竞争对手的产品或服务。

拓展训练

产生创业构想

活动目的：
能想出具有创意的创业构想。

活动背景：
王梅是电子商务专业的学生，她的好朋友李萌即将过生日，她想送给她一份特别的礼物。她到学校附近的礼品店看了一下，店里品种很多，让人眼花缭乱。但是都大同小异，不能体现送礼者的特殊心意，原因很简单，批量式礼物生产，已经让礼物失去了其特殊的纪念意义。王梅希望礼品店里出售具有个性与独特意义的礼品，渴望在送礼物的同时把自己的新意和心意体现出来。

活动内容：
如果你要开办一个礼品店，你会产生什么创业构想。请利用类比、分解法想出尽可能多的创业想法。然后，运用试验和市场调查方法，筛选出最具创意、最符合消费需求的创业构想。

活动检测：
训练结束后，教师根据表5-1所示的评分标准对学生进行评分。

表5-1　活动评价表

评价项目	评分标准	满分/分	实际得分/分	备注
准备工作	积极参与活动	10		
	所选的调研项目具有创意	20		
市场调查	分工明确、合理	10		
	设计的调查问卷涵盖需求分析的各项内容	20		
	按要求完成了调研工作	20		
创业构想	具有创意、符合消费需求	20		
总分		100		

第三节 编写《创业计划书》

《创业计划书》是创业者计划创立的业务的书面摘要,它以描述与拟创办企业相关的内、外环境条件和要素特点作为业务的发展指南,是衡量业务进展情况的标准。《创业计划书》是市场营销、财务、生产、人力资源等职能计划的综合。

一、《创业计划书》的作用

《创业计划书》是商业模式的书面体现。一份好的《创业计划书》,是未来创业行动中的指南,同时也为获得贷款和投资、融资等带来方便。

(一)指导创业者的创业行动

编写《创业计划书》的过程是一个调研与思考的过程,创业者可以在这个过程中清楚地看到哪些才是符合企业创建的要素,使创业者进一步明确自己的创业思路和经营理念。

(二)提供创业信息

一份完整、规范的《创业计划书》包含创业过程中的各种信息,如行业分析、产品(服务)介绍、市场策略、生产计划、风险预测等,它可以告诉投资者,创业者的创业计划并不是纸上谈兵,而是有信誉、有实力的未来展望,这是获得投资者和团队成员信任的基础。

二、《创业计划书》的内容

一份完整的《创业计划书》应包括封面、计划摘要、产品(服务)介绍、市场预测及分析、营销策略、生产制作计划、行业分析、人员及组织结构、财务规划、风险与风险管理等内容。

(一)封面

封面的设计要给人以美感,要有艺术性。一个好的封面会使阅读者产生最初的好感,形成良好的第一印象。

扫一扫

《创业计划书》封面

(二)计划摘要

计划摘要是《创业计划书》内容的精华,往往在计划书的最后阶段才完成,却是阅读者最先看到的。计划摘要涵盖计划的要点,要求一目了然,以便阅读者能在最短的时间内评审计划并做出判断。因此,计划摘要必须认真书写,保证内容全面,以吸引投资者关注。计划摘要一般应包括以下内容。

(1)公司介绍。

(2)管理者及其组织。

(3)主要产品和业务范围。

(4)市场概貌。

(5)营销策略。

(6)销售计划。

（7）生产管理计划。
（8）财务计划。
（9）资金需求状况。

提醒　摘要要尽量简明、生动，特别要说明企业与同行业其他企业的不同之处，以及企业能够在市场中获取成功的因素。

（三）产品（服务）介绍

在进行投资项目评估时，投资人非常关心的问题之一就是分析企业的产品、技术或服务是否具有独特性、是否能尽快占领市场。因此，产品（服务）介绍是《创业计划书》不可或缺的一项重要内容。产品（服务）介绍应提供所有与企业产品和服务有关的细节，以及企业所实施的所有的调查内容，包括以下方面。

（1）产品（服务）的概念、性能及特性。
（2）主要产品（服务）介绍，产品（服务）的市场竞争力。
（3）产品（服务）的研究和开发过程。
（4）发展新产品（服务）的计划和成本分析。
（5）产品（服务）的市场前景预测。
（6）产品（服务）的品牌和专利等。

在产品（服务）介绍部分，创业者要对产品（服务）进行详细的说明，说明要准确，也要通俗易懂，尽可能少用专业术语，使不是专业人员的投资者也能明白。一般说来，产品（服务）介绍都要附上产品原型、照片或其他介绍内容。

（四）市场预测及分析

市场预测应包括市场现状概述、竞争厂商概述、目标顾客和目标市场、本企业产品的市场地位、市场细分和特征等。进行市场预测时，首先要对需求进行预测，了解市场是否存在需求、需求程度如何、市场规模有多大、需求发展的未来趋向及其状况如何、影响需求的关键因素有哪些等。另外，市场预测部分还要对市场竞争的情况进行认真的分析，分析竞争对手是谁、竞争对手的产品是如何使用的、竞争对手的产品和本企业的产品有哪些相同点和不同点、竞争对手所采用的营销策略是什么等。然后讨论本企业相对于竞争对手所具有的竞争优势。

（五）营销策略

营销策略应当包括市场机构和营销渠道的选择、营销队伍的组建和管理、促销计划和广告策略以及价格决策等内容。

（六）生产制作计划

生产制作计划应包括产品的制作和技术设备的现状、新产品投产的计划、技术提升和设备更新的要求、质量控制和质量改进的计划等内容。在寻求资金的过程中，为了增加企业投资前的评估价值，应尽量使生产制作的细节更加详细、可靠。一般来说，生产制作计划应该回答以下 9 个问题。

（1）企业生产制作所需的厂房设备情况如何？
（2）怎样保证新产品进入规模生产后的稳定性和可靠性？
（3）设备的引进和安装情况如何？
（4）谁是供应商？
（5）生产线的设计与产品的组装是怎样的？
（6）供货者的潜质和资源的需求量如何？
（7）生产周期标配的制订以及生产作业计划的编制如何？
（8）物料需求计划及其保证措施如何？
（9）质量控制的方法是什么？

（七）行业分析

在行业分析中，应该正确评估所选行业的基本特点、竞争状况以及未来的发展趋势等内容。以下内容是应该仔细思考并写进计划书的。

（1）该行业发展程度如何？现在的发展动态如何？
（2）创新和技术进步在该行业扮演怎样的角色？
（3）该行业的总销售额有多少？总收入为多少？发展趋势怎样？
（4）价格趋向如何？
（5）经济发展对该行业的影响程度如何？政府是如何影响该行业的？
（6）是什么因素决定着该行业的发展？
（7）竞争的本质是什么？你将采取什么样的战略？
（8）进入该行业的障碍是什么？你将如何克服？该行业典型的回报率有多少？

（八）人员及组织结构

社会发展到今天，人力资源已经成为最宝贵的资源，这是由人的主动性和创造性决定的。企业要管理好这种资源，更要遵循科学的原则和方法，组成一支有战斗力的管理队伍。企业管理的好坏直接影响企业经营风险的大小，而高素质的管理人员和良好的组织结构，则是管理好企业的重要保证。在《创业计划书》中，必须对主要管理人员加以阐明，介绍他们具有的能力、他们在本企业中的职务和责任、他们过去的详细经历及背景。

此外，还应对公司结构进行简要介绍，具体包括公司的组织结构图、各部门的功能和责任、各部门的负责人及主要成员、公司的报酬体系、公司的股东名单（包括认股权、比例和特权）、公司的董事会成员、各位董事的背景资料等。图 5-1 即为一个模拟的公司组织结构图，它主要由董事会、总经理和一些部门组成。

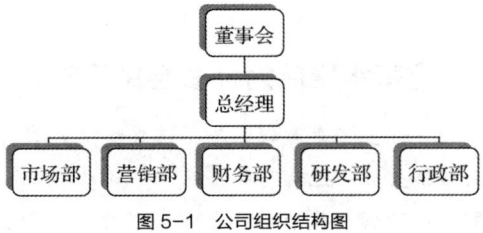

图 5-1　公司组织结构图

（九）财务规划

财务规划的重点是现金流量表、利润表以及资产负债表的编制。

❶ 现金流量表

流动资金是企业的生命线。企业在初创或扩张时，对流动资金需要预先有周详的计划和进行过程中的严格控制。

❷ 利润表

反映的是企业的盈利状况，即反映企业在经过一段时间的运作后的经营结果。

❸ 资产负债表

反映在某一时刻的企业状况，投资者可利用由资产负债表中的数据得到的所需指标的准确值来衡量企业的经营状况以及可能的投资回报率。

（十）风险与风险管理

企业风险可从以下4个方面进行考虑。

（1）公司在市场、竞争和技术方面有哪些基本的风险？你准备怎样应对这些风险？

（2）公司还有一些什么样的附加机会？

（3）在现有资本基础上如何进行扩展？

（4）在最好和最坏的情形下，你的5年计划表现如何？

如果你的估计不那么准确，应该估计出误差范围到底有多大。如果可能的话，对关键性参数做最好和最坏的设定。

三、《创业计划书》的编写步骤

《创业计划书》是在对行业、市场进行充分研究的基础上编写完成的。在编写《创业计划书》时，要注意措辞准确、行文条理清晰、简明扼要。《创业计划书》的编写可以分为以下6步。

（一）经验学习

初创企业的创业者并没有编写《创业计划书》的经验，此时，可以先搜集国内外较为成功的《创业计划书》范文、模板及相关资料。研究这些资料所包含的内容、结构和写作手法后，吸收其中的精华，理清自己写作的思路。

（二）创业构思

一家成功的企业源于一个优秀的企业构思。如果构思不正确，企业后期将经营困难，甚至破产倒闭。因此，成熟的创业者应具有较为完整的创业构思。

这家水果店为什么会关门？

陈丽每天朝九晚五地上班，加上还要照顾孩子，一直觉得力不从心。于是，她产生了自己当老板的念头，开一家店面维持生计。她看到邻居开了一家水果店，收益一直非常好，便觉得很有发展前途，于是辞了职，办理营业执照后，在邻居家对面也开了一家水果店。

开业后,陈丽很快就遇到了问题。她发现,来她店里的顾客远远不及邻居店里的多,而且很多水果不宜储存,容易变质,成本开销太大。陈丽苦撑了一段时间,发现情况越来越糟,自己也没有其他办法,只好关了门,把店面转租给别人。

陈丽没有做任何准备,只是看到别人的生意好就跟着学,这直接导致了她的失败。这也说明,创业构思对创业成功非常重要。因此,创业者要冷静分析、谨慎决策。

创业者在进行创业构思时,要考虑很多方面的问题,比如:企业的名称是什么?怎么寻找合适的创业模式?企业的产品(服务)如何?怎样找到投资者?怎样预见可能遇到的各种问题?

开店前的准备有哪些?

彭雨是一个计算机百事通,不仅通晓各种计算机知识,还有着8年的计算机行业从业经验,最近打算自己创业。在开店前,他问了自己如下问题。

问:想要经营哪种类型的企业或进入哪个行业?

彭雨:我大学学的专业是计算机,对软件和硬件都非常熟悉。还是计算机行业比较适合我。

问:具体到哪个产品呢?

彭雨:我有3年的软件开发经验,5年的计算机维修经验,我想开一家计算机修理行。

问:自己有创业资金吗?需要投资者吗?

彭雨:计算机修理行的资金投入较少,自己也有一些存款,再找以前的朋友合伙,完全没有问题。

问:这个店有客户需求吗?

彭雨:我们镇上的企业维修计算机困难,而我知道怎样修理,并且技术还不错。

问:怎么维护与顾客的关系?

彭雨:以真诚的态度进行服务,并定期派技术人员上门维护。

彭雨的企业构思主要是从自身专长和顾客需要出发的,这就使他的创业有成功的可能。一个好的构思,还必须有市场机会和利用这个市场机会的技能与资源,从上述资料可知,彭雨具备这些条件。

(三)市场调研

市场调研就是市场需求调查,就是运用科学的方法,有目的、有计划地收集、整理、分析有关供求、资源的各种情报、信息和资料。市场调研的主要内容和操作方法在本章第一节已经介绍过了。总之,市场调研是展现现有市场和预测未来发展趋势的调研活动,它为创业者制订营销策略和企业决策提供了正确、有效的依据。

(四)方案起草

收集到足够的信息后,创业者就可以开始起草《创业计划书》了。由于《创业计划书》中包含的内容众多,创业者在计划时要明确各个部分的作用,做到有的放矢。创业者可以制订一个任务表,在表格中将需要完成的各项任务细化出来，标明其先后顺序、负责人等。

同时，在撰写《创业计划书》的过程中，创业者还需要咨询律师或顾问的意见，确保《创业计划书》中的文字和内容没有歧义，不会发生误解。

（五）修饰

在撰写《创业计划书》的过程中，要注意控制篇幅。简要的《创业计划书》一般为 4～10 页，全面翔实的《创业计划书》一般在 40 页以内。《创业计划书》的封面要简洁、有新意，包含项目或企业名称、地址、联系方式等。封面的纸质要坚硬耐磨，尽量使用彩色纸张，以增加《创业计划书》的外观吸引力，但颜色不要过于耀眼。版本装订要精致，要按照资料的顺序进行排列，并提供目录和页码，最后还要附上《创业计划书》中支持材料的复印件。

（六）检查

对《创业计划书》文本和内容进行检查，以保证《创业计划书》文本的正确。对文本进行检查时，主要是查看文字描述、语言措辞、数据运算等是否准确，表格图形、资料引用、模型格式、数据处理等是否存在不合理，以及格式排版是否美观。内容检查则是从阅读者的角度进行审视，对《创业计划书》所反映的内容的完整性、科学性和合理性等进行核查。

拓展训练

确定你的创业项目，编写《创业计划书》。具体实施步骤如下。

（1）将全班学生分为若干小组，每组 4～6 人，设组长一名。

（2）以小组为单位，寻找与自己所学专业相关的创业项目，或者从自己生活的环境中寻找创业项目。组长负责创业项目的最终确定。

（3）从网上搜索几份优秀的《创业计划书》作为参考。

（4）各小组成员讨论《创业计划书》的基本结构与目录，组长负责最后确定。

（5）组长对小组成员进行分工，每个成员编写《创业计划书》的一部分或几部分。最后由组长进行统稿并修改。

（6）《创业计划书》完成后，可在同学之间交换阅读，指出对方的优点和不足之处，相互促进。

活动结束后，教师可根据表 5-2 进行评分，并评选出表现最优秀的一组。

表 5-2　活动评价表

评分标准	满分/分	实际得分/分	备注
所选创业项目具有可行性与典型性	20		
所写的《创业计划书》具有可参考性	20		
小组成员分工合理、明确	20		
编写过程中能团结协作	20		

续表

评分标准	满分/分	实际得分/分	备注
所写的《创业计划书》结构完成、内容丰富、条理清晰	20		
总分	100		

第四节 评估与分析

本章主要讲解了市场调查的意义与操作方法，学生可以在力所能及的范围内开展一些调查活动来熟悉并了解相应方法。同时，有意者也可以根据自己的意愿制订一份《创业计划书》，对想要进行创业的项目活动进行分析与评估，看看自己是否有这个能力。

1. 认真填写表5-3。制订一份详细的市场调查计划表，并对调查结果进行分析。

表5-3 市场调查计划表

	调查内容	调查结果
调查目标		
考虑因素	① ② ③	
方法设计	① ② ③	
预计进度		
使用人力		
预算		

2. 你对想创立的企业进行过认真的规划吗？你想创建一家怎样的企业？认真填写表5-4。

表5-4 企业规划

企业的名称（列举5个）	① ② ③ ④ ⑤

续表

企业的规模	
经营的项目	① ② ③
主要的产品	① ② ③
创业资金	

3. 认真填写表5-5，对企业的营业目标、财务计划和企业发展进行评估。

表5-5　企业发展评估

	本月达到	今年达到	明年达到	3年后达到	5年后达到
营业目标					
财务收入					
财务支出					
利润分配					
企业发展					

4. 确定一个市场产品，对该产品的同类产品进行调查和分析。认真填写表5-6。

表5-6　同类产品市场调查表

品名	规格	厂商	单价	产品特性	产品劣势

5. 认真填写表5-7，对竞争对手进行对比分析，从中发现自己的优势。

表5-7　与竞争对手的对比分析

比较项目＼对象	本企业	竞争对手1	竞争对手2	竞争对手3
自身条件				
经营范围				
店铺形象				
营业方针				

续表

对象 比较项目	本企业	竞争对手1	竞争对手2	竞争对手3
商场面积				
商品构成				
主要进货渠道				
每月营业额				
营业人数				
平均每位店员营业额				
店员人数				
来店消费人数				
举办促销活动				

6. 认真填写表 5-8，评估一下自己的创业计划是否可行。同时也可让身边的朋友或亲人给出意见。

表 5-8　创业计划的可行性评估

评估项目	自我评估	亲友意见
能否写下你的创业构想和创业计划？		
你真正了解所从事的行业吗？		
你看到过类似的创业吗？		
你的想法经得起时间考验吗？		
你的想法是为自己还是为别人？		
你有没有一个好的网络资源？		

第六章 创业融资

学习目标

>>> 了解创业融资产生的原因及条件
>>> 掌握债券融资和股权融资的方法
>>> 了解创业融资的10大问题

案例导入

　　沈悦是四川师范大学大三的学生，为了提前为就业做好准备，他参观了毕业生的招聘大会。在会上，他看到即将毕业的师兄、师姐来回奔走在一个又一个企业的招聘点前，投递应聘资料，然而，忙活了一整天，大多数人都没有找到满意的工作。他立马意识到，等到明年，毕业生人数更多，自己的就业压力会更大。

　　这件事对沈悦的触动很大，同时他也从中看到了商机。他想："大学生就业的需求这么大，如果自己开办一家公司，给大学生提供一些招聘信息，推荐他们去某个公司应聘，然后从中收取一定的中介费，岂不是两全其美！"

　　说干就干，沈悦立马着手进行筹划。经过一个月的市场考察，他写了一份详细的筹办公司的计划书，并说服了大四的学长成为他的合作伙伴。两人经过商量，决定在市中心附近开办公司，那里人流量大，而且有很多同类型的公司。一切商定好之后，就只剩启动资金的问题了。沈悦和学长都是还在上学的学生，每个月省吃俭用也筹不了多少钱，于是，他们决定向银行贷款。

　　两人先去工商部门申请了营业执照，办理了国家税务登记等相关手续，拥有了行业经营许可证后，向商业银行提出了贷款申请。审核合格后，他们如愿拿到了银行的5万元贷款。可是，这点资金对他们来说还是不够，经过商量，两人决定各自向家里借钱。沈悦通过自己的努力说服了家人，父母决定出资8万元支持他创业，学长也从家里获得了5万元的资金支持。加上银行贷款和他们平日积攒下来的钱，一共有20万元。

　　资金有了，公司地址有了，前期的准备工作也基本完成了，两人正式成立了"嘉业人迈"顾问有限公司，由沈悦任总经理，公司主要提供评估、咨询、培训、交流、猎头、人事代理等服务。公司还为高校毕业生就业开通"绿色通道"，提供求职培训、素质测评、推荐安置工作等服务。

刚开始营业的时候，公司业绩不是很好，沈悦就和学长先免费为毕业生提供一个星期的服务，结果取得了良好的效果。虽然刚开始不赚钱，但在充足的创业资金的支持下，他们的公司并没有出现其他问题。渐渐地公司也在毕业生中树立起了口碑，越来越多的毕业生开始通过他们的公司来培训和找工作，公司开始走上正轨。

启示　资金是企业经济活动的第一推动力和持续的能量来源，因此，融资问题对新创企业来说显得尤为重要。大学生创业者要想凭借自己的技术或创意获得应有的回报，就必须解决好融资问题。本章所指创业融资是创业筹备阶段和企业草创阶段的融资，融资的具体方式可以分为债券融资、股权融资等。大学生创业者只要认真掌握其技巧，就可解除资金上的后顾之忧，在商海中纵横驰骋。

第一节　创业融资的产生原因及条件

融资，就是一个企业根据自身的生产经营状况、资金拥有状况以及未来经营发展的需要，通过一定的渠道筹集资金，以保证企业正常生产与经营管理活动有效进行的经济行为。简单地说，融资是企业筹措生产经营活动中所需资金的行为。

大学生创业者必须清醒地认识到融资对新创企业的重要性。要清楚创业不同阶段融资需求产生的原因，以及进行融资所必须具备的基本条件。

一、创业融资的产生原因

创业融资的产生原因

在不同的创业阶段，将产生不同的资金需求。一般来说，创业融资分为两个阶段，即企业成立前和企业成立后，如表 6-1 所示。

表 6-1　创业融资的产生原因及主要内容

产生时间	产生原因	主要内容
企业成立前	注册资本	设立企业的注册资本
	发起设立	办理相关权利证书、审批、登记、营业执照、公关等
	办公条件	租赁、装修办公场所；购置办公设备，如计算机等
企业成立后	现金	在销售活动产生收益之前，购买存货、招聘员工、员工培训、员工薪资、市场推广、建立品牌等
	生产设备设施	购置、维护生产设备设施，其购买成本往往超出企业者的能力范围，如机床等大型设备
	产品开发周期	前期的开发、生产成本也往往超出企业者的能力范围，如研发期漫长的专有技术的开发

(一)企业成立前

企业成立前的融资需求原因是注册资本,这是成立企业的必备条件。融资的主要内容是设立企业的注册资本。随着国家政策的放宽,大学生创业者在注册资本方面也有了更多的优惠。

除了注册资本,成立企业前最重要的融资需求原因还在于办公条件,包括办公室的选址和租赁、办公室的装修、购置办公设备等一系列用于公司正常运作的工具与设备。

(二)企业成立后

当企业成立后,对现金的需求会越来越多。在正式的产品生产、销售之前,首先需要购买原材料或者存货;其次,需要招聘员工,涉及员工工资、社保,以及对新进员工进行培训;最后,还需要对产品进行市场推广、广告宣传、网站建设,以及品牌的建立和形象的设计等一系列的准备活动。如果是从事生产的创业,还要购置和维护生产设备,这些购买成本往往会超出创业者的能力范围。同时,在企业创立之后,还有较长时间的产品开发周期,需要资金的支持。也就是说,一家企业在创业之初和创业之后,由于生产经营的需要,需要大量资金予以支持。

三、创业融资的基本条件

扫一扫

创业融资的基本条件

对很多创业者而言,创业者所想到的和创业之后所遇到的困难,一定是不同的,一旦真的参与了创业,就会有大量的、不可控制的资金需求,所以,很多企业都需要融资。创业融资一般需要具备以下基本条件。

(1)项目本身已经经过政府有关部门批准。

(2)项目可行性研究报告和项目预算已经得到政府有关部门的审查批准。

(3)引进的国外技术、设备、专利等已经经过政府经贸部门批准,并已办妥相关手续。

(4)项目产品的技术、设备先进适用,配套完整,有明确的技术保证,生产规模合理。

(5)项目产品经预测有良好的市场前景和发展潜力,盈利能力较强,有较好的经济效益和社会效益。

(6)项目投资的成本以及各项费用预测较为合理,生产所需的原材料有稳定的来源,并且已经签订供货合同或意向书。

(7)项目建设地点及建设用地已经落实,生产所需的水、电、通信等配套设施已经落实,与项目有关的其他建设条件也落实到位。

当企业具备以上相关条件后,才能更好、更容易地进行融资。

拓展训练

一、案例分析

一位化妆品老板的漫漫互联网路

余涛,此前经营化妆品生意,拥有3家直营店,43家加盟店,半年内垮掉了45家,只因扩张太快。经历事业重创后,他悟出"商家之道在商家之德",决定建一个化妆品行业门户网站,帮助更多的同行,以免他们重蹈覆辙。

1. 盲目扩张——45家店倒闭亏损300万元

1992年，余涛在老家钟祥帮亲戚站柜台，从此踏入化妆品零售行业。3年后，他拿出7 500元积蓄和父母给他结婚用的4 000元，又贷款1万元，开了一家30平方米的小化妆品店。生意顺风顺水地做到2002年，余涛不仅扩大了店面，他代理的多个品牌还一年划下两三百万元的销售额，在湖北省内名列前茅。

创业路上一帆风顺，余涛被成功冲昏了头脑，开始盲目扩张。余涛称，经历了一阵快速扩张后，到2006年，他的经营陷入困境，代理公司、宽带公司、电脑店相继关闭，半年内两家直营店和43家乡镇店也接连关门，亏损将近300万元，仅剩下钟祥的化妆品店。

那是余涛生命中最黑暗的一段时间，他停下匆忙的脚步，整整两个月闭门不出，反省自己错在哪里。两个月后，余涛终于悟出："商家之道在于商家之德"。他欣喜地给朋友去信："做生意做了十三四年，我才懂得'以诚待人'这个简单的道理。""片面追求利润最终会被利润所伤。""以诚待人暂时忘记利，反而会获利更多。"

2. 创办网站——搭建行业交流平台

在余涛闭门不出的两个月间，余涛发现，没有一家杂志或网站能提供一个平台，让化妆品店老板们相互交流学习；同时淘宝等电商崛起，线上与线下必将走向融合。他认为这就是一个商机，遂决定办一个真正能帮助化妆品店老板的网站，他相信，帮助的人越多、承担的责任越多，最终自己获利就会越大。

2007年1月，余涛开始筹建中国美容化妆品网，2007年9月正式上线运营，2012年成立公司，网站改名有功网。目前，该网站论坛已有十几万名会员，其中化妆品店老板占到7成。很多店老板一边看店，一边在论坛聊生意上的事，相互分享店铺经营之道，小到宣传单的设计，大到店铺制度、人员管理、财物、行业未来发展等。

正是7年多来对良心的坚守，使余涛在化妆品行业积累了良好的口碑。

3. 执着追梦——800万元换零利润不言悔

"7年投了800万元，把自己开店挣的血汗钱全砸进去了，也没见他赚到一角钱！"余涛的有些朋友认为余涛"犯二"，余涛也承认，他是个很固执的人，认定的事可以不计成本、近乎疯狂。

2013年3月，一件小事让余涛再次自我反思，他想采购一批物美价廉的化妆镜送给会员，但被老婆嘲笑："现在都用手机，谁还用化妆镜？"他脑中灵光一闪，决定基于互联网开创一种新的商业模式。

2013年4月，他和几名助手筹备了两个月，举办了2013年中国化妆品专营店大会（湖北站），聚集了湖北A类店130多家，全程由厂商合作，因合作及赞助品牌经精心挑选，行业上游品牌和专营店的对接相对精准，现场签约异常火爆。这场活动，通过收赞助费及抽成，余涛共赚了30万元。此外，他在网站发起的针对化妆品店老板的团购，一个星期赚了6万元。

"我的梦想很大，很多人劝我先做湖北市场，但我想一开始就着眼于全国市场。"余涛称，为了梦想，他会坚持下去。

启发思考题：分析创业者成功的原因，重点分析创业资源方面。

二、能力训练

假设你是一个即将毕业的学生，准备毕业后自主创业。请根据你选择的创业机会，完成以下各题。

1. 写出创业所需要的资源和需要继续获取的资源。
2. 写出你准备获取资源的途径和方法。

评分标准：能列出企业所需要的资源（30分）；能列出获取资源的途径和方法（30分）；列出的途径和方法具有可行性（40分）。

第二节 债券融资

债券融资是创业者以一定条件，向资金供给者借钱，到期偿还本金和利息的融资方式。债券就是不卖出自己的股权，投资人不作创业者的合伙人或者股东，而只借款给创业者，并收取一定的利息。

一、向家人、朋友借款

新创立的企业早期所需的资金具有高度的不确定性，且需求量较少，因此，在这一阶段，除了创业者本人外，家人和朋友的借款就是最为常见的资金来源。创业者和他们之间有一定的亲情、友情关系，与他们更容易建立信赖感。

当然，创业者也应该全面考虑投资的正面、负面影响及其风险性，以公事公办的态度将家人或朋友的借款与其他投资者的资金同等对待。任何借款都要明确规定利率以及本息的偿还计划，对所有融资的细节都需达成协议，如资金的用途、资金的数额和期限、企业破产的处理措施等，并最后形成一份相关的正规协议。

创业者还要注意，每一个家庭成员或朋友的借款都应建立在自愿的基础上。在接受他们的资金之前，创业者应仔细考虑公司破产可能带来的艰难局面。

扫一扫
向家人、朋友借款

二、银行贷款

银行贷款被誉为创业融资的"蓄水池"。从目前的情况来看，银行贷款有担保贷款、质押贷款、抵押贷款、贴现贷款和信用贷款5种形式。

扫一扫
银行贷款

（一）担保贷款

担保贷款指以担保人的信用为担保而发放的贷款。随着国内中小企业信用担保体系的建立和完善，目前各地均有专业化的信用担保机构。如果创业者缺乏合格的抵押物品，就可以向担保公司申请担保贷款。

阅读材料

浦发银行的特许免担保业务

刚刚大学毕业的金厉一直没有找到合适的工作，天天奔波在各个招聘场所。一天，她看到社区附近的水果店生意红火，就想自己也开一家店铺，不一定是水果店，开个小超市、小饰品店或花店都可以。经过一番打听，金厉才知道光是启动资金差不多就要7万~8万元，这可难住了她。幸好在国家对大学生创业的优惠政策下，上海浦东发展银行与联华便利签约，推出了面向创业者的"投资7万元，做个小老板"的特许免担保贷款业务，这是一项集体担保，并不需要创业者自己提供担保。金厉得知此事后立马提交了贷款申请，通过浦发银行的审核，金厉顺利拿到了7万元的贷款。就这样，金厉的小店顺利开张了。

（二）质押贷款

质押贷款指以借款人或第三人的动产或权利作为质物发放的贷款。创业者可用自己甚至亲朋好友（需要本人书面同意）未到期的存单、国债、国库券及人寿保险单等作为抵押物，从银行获取有价证券面值80%~90%的贷款。

与抵押贷款相比，质押转移了借款人或第三方提供的财产的占有现状，移交银行占有。

（三）抵押贷款

抵押贷款指按照担保法规定的抵押方式，以借款人或第三人的财产作为抵押物发放的贷款。办理抵押贷款时，应有银行保管抵押物的有关产权证明，贷款金额一般不超过抵押物评估价的70%，最高限额为30万元。

阅读材料

用废弃的厂房抵押贷款

在一家外贸服装企业工作了5年后，何孝忠积累了足够的经验和客户，于是他便打算自己开一家服装厂，自己当老板赚钱。经过一番计算，他发现如果要开办一家中等规模的服装厂至少需要200万元的设备和周转资金，以及一间不小于100m²的厂房。何孝忠的朋友建议他找一家破产的厂房重新整修，这样可以节约成本。于是，他在离城区较远的镇上找了一家砖厂，砖厂已经一年没有投入生产，濒临破产。砖厂老板正愁没有找到合适的买家，因此开价非常低。就这样，何孝忠获得了砖厂的所有财产和厂房。解决了厂房的问题，何孝忠就开始筹资。但200万元可是一笔不小的数额，到哪里去筹呢？找亲朋好友借钱肯定不够，怎么办呢？他想到了去银行贷款。银行的贷款人员告诉何孝忠，贷款需要提供担保，他想到，自己的砖厂不就是现成的抵押物吗？就这样，何孝忠用自己低价接手的砖厂做抵押完成了资金的筹集，解决了厂房和资金的问题。但获得这些的同时，他也背负了很重的债务，需要通过自己的努力来偿还。

俗话说"创业容易守业难"。创业者获得创业资金并开设公司，只是创业最初始的阶段。要想把企业经营下去，还需要面对更多的考验。因此，创业者还要认真学习企业经营与企业管理知识，在提升自己能力的同时，加强对企业的管理，脚踏实地一步一步开始自己的创业之路。

（四）贴现贷款

贴现贷款指借款人在急需资金时，以未到期的票据向银行申请贴现而融通资金的贷款方式。贴现贷款具有流动性高、安全性大、自偿性强、用途确定、信用关系简单等特点。贴现贷款与质押贷款的区别是：贴现是由银行购买借款人的未到期票据，而质押则是转移了财产的占有权。

（五）信用贷款

信用贷款指银行仅凭对借款人资信的信任而发放的贷款。借款人无需向银行提供抵押物或担保。相对抵押贷款而言，信用贷款更加便捷和人性化，没有抵押，手续便捷，对借款人设定的门槛也比较低，只要借款人工作稳定、缴费记录良好就能获得贷款。

良好的信誉获得贷款

为了满足预计的产品增长需求，阳光实业有限公司计划在西南地区建一个新厂。为了给经营扩展融通资金，阳光实业有限公司的总裁马丁向某银行提交了一份贷款申请。这并不是马丁第一次向银行提交贷款申请，早在10年前，阳光实业有限公司就与银行发展了业务关系，银行为其提供了两笔贷款，一笔是50万元的定期贷款，另外一笔是10万元的信用额度。由于公司经营良好，能够达到或超过财务计划目标，因此一直和银行保持着良好的信誉关系，并且能按时还款。

马丁也有着良好的经营和消费记录，公司自创建之初便以较快的速度成长并盈利。因此，银行批准了阳光实业有限公司的贷款申请，重新为其提供了80万元的贷款。

（六）银行贷款的技巧

相对而言，国有商业银行的贷款利率要低一些，但手续要求比较严格。如果创业者的贷款手续完备，为了节省筹资成本，可以采用个人"询价招标"的方式，对各银行的贷款利率以及其他额外收费情况进行比较，从中选择一家成本低的银行办理抵押贷款、质押贷款或担保贷款。

银行贷款一般分为短期贷款和中长期贷款，贷款期限越长，利率越高，如果创业者资金使用需求的时间不是太长，应尽量选择短期贷款。比如原打算办理两年期贷款的，可以一年一贷，这样可以节省利息支出。

另外，创业融资也要关注利率的走势。如果利率趋势走高，应抢在加息之前办理贷款；如果利率走势下降，在不是急需资金的情况下则应暂缓办理贷款，等降息后再适时办理。还有，随时关注有关政策有可能享受低息优惠。

创业过程中，如果因效益提高、货款回笼以及淡季经营、压缩投入等原因致使经营资金出现闲置，可以向贷款银行提出变更贷款方式和年限的申请，直至部分或全部提前偿还贷款。

三、大学生创业贷款

大学生创业贷款是近年来银行推出的一项新业务，它可以帮助大学生更好地实现创业的梦想。

（一）大学生创业贷款的概念

国家各级政府出台了许多优惠政策来支持大学生创业，大学生创业贷款就是其中的一项政策。大学生创业贷款是银行等资金发放机构对各高校学生（大专生、本科生、研究生、博士生等）发放的无抵押、无担保的大学生信用贷款。

（二）大学生创业贷款优惠政策

大学生创业贷款优惠政策主要包括以下两点。

（1）大学毕业生在毕业后两年内自主创业，到创业实体所在地的工商部门办理营业执照，注册资金（本）在50万元以下的，允许分期到位，首期到位资金不低于注册资本的10%（出资额不低于3万元），1年内实缴注册资本追加到50%以上，余款可在3年内分期到位。

（2）商业银行、股份制银行、城市商业银行和有条件的城市信用社为自主创业的毕业生提供小额贷款，并简化程序，提供开户和结算便利，贷款额度在5万元左右。贷款期限最长为2年，到期确定需延长的，可申请延期一次。贷款利息按照中国人民银行公布的贷款利率确定，担保最高限额为担保基金的5倍，期限与贷款期限相同。

以上优惠政策是国家针对所有自主创业的大学生制定的，各地政府为了扶持当地大学生创业，也出台了相关的政策法规，而且更加细化，更贴近实际。但各地方的创业贷款优惠政策可能因地域、政府政策等有所不同，有创业意愿的大学生可到当地政府部门了解具体的优惠信息。

（三）大学生创业贷款要求

大学生创业贷款有如下5个要求。

（1）申请者年满18周岁，具有合法、有效身份证明和贷款行所在地合法居住证明，有固定的住所或营业场所。

（2）申请者持有工商行政管理机关核发的营业执照及相关行业的经营许可证，从事正当的生产经营活动，有稳定的收入和还本付息的能力。

（3）申请者投资项目已有一定的自有资金。

（4）贷款用途符合国家有关法律和银行信贷政策规定，不允许用于股本权益性投资。

（5）在银行开立结算账户，营业收入经过银行结算。

（四）大学生创业贷款申请资料

大学生创业贷款需要的申请资料如下。

（1）申请者及其配偶的身份证件（包括居民身份证、户口簿或其他有效居住证原件）和婚姻状况证明。

（2）申请者个人或家庭收入及财产状况等还款能力证明材料。

（3）申请者营业执照及相关行业的经营许可证，贷款用途中的相关协议、合同或其他资料。

（4）申请者担保材料，包括抵押品或质押品的权属凭证和清单，有权处分人同意抵（质）押的证明，银行认可的评估部门出具的抵（质）押物估价报告。

（五）大学生创业贷款申请流程

大学生创业贷款的申请流程如图 6-1 所示。

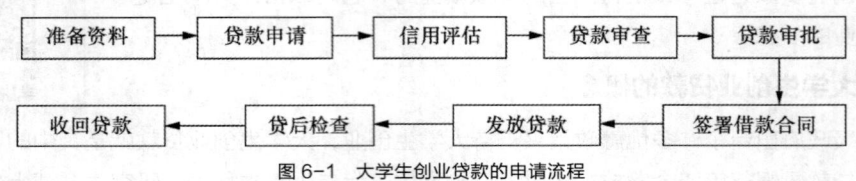

图 6-1　大学生创业贷款的申请流程

（1）先到当地劳动保障部门领取《就业失业登记证》等相关必要证件并准备好创业项目的相关资料。

（2）然后到当地劳动保障部门申请贷款支持，劳动部门审核通过后就可以将该项目推荐到相关银行。

（3）银行在审查完担保条件并实地进行项目考察后，如果全部合格就可以发放贷款了。如果手续齐全，整个贷款流程大约需要 1 个月时间。如果创业项目可行性大、前景好，创业者也可以申请商业性创业贷款。

一、小组讨论

你通常可以用哪几种方式获得创业资金？尝试用头脑风暴法想出几种更巧妙的获取资金的方法。以小组为单位进行讨论，讨论结束后，各小组选出代表讲述讨论的结果。师生一起评出想法最多、最具可行性的小组。

二、探索活动

制订融资计划

活动目的：

能进行创业资金估算，能编写《融资计划书》。

活动内容：

王梅想成立一个培训学校，请你根据公司实际业务情况，确定公司的启动资金。具体实施步骤如下。

第一步：教师对学生进行分组，每组 3~5 人，选出一个小组负责人。

第二步：上网查找创业项目所属行业的资金运作特点。

第三步：小组讨论以下问题。

（1）创业需要多少资金？具体包括哪些支出？（填写表 6-2）

（2）通过什么渠道获得这笔资金？

（3）该融资方案是否符合企业发展战略和发展阶段？

（4）在融资前，应做好哪些准备工作？

表6-2 资金估算表

序号	项目	数量	金额	序号	项目	数量	金额
1	购买交通工具			9	电话费		
2	购买办公设备、家具			10	保险费		
3	员工工资			11	设备维护费		
4	创业者工资			12	营业税费		
5	业务开拓费			13	开办费		
6	房屋租金			……	…		
7	广告费			n	合计		
8	水电费						

第四步：将融资计划制作成PPT，由小组负责人上台演讲。

第五步：教师对活动进行点评。

活动检测：

活动结束后，教师根据表6-3进行评分。

表6-3 探索活动评价表

评分标准	满分/分	实际得分/分	备注
掌握行业资金运作特点	20		
创业资金估算合理	20		
明确各融资渠道的优缺点	20		
能提出有效的融资方案	20		
融资计划内容完整、具有可操作性	20		
总分	100		

第三节 股权融资

股权融资包括创业者自己出资、争取国家财政投资、与其他企业合资、吸引投资基金投资及公开向社会募集发行股票等。自己出资是股权融资的最初阶段，发行股票是最高阶段。下面主要对创业资本融资、天使融资和私募股权投资等融资方式进行介绍。

一、创业资本融资

创业资本融资是当今世界上广泛流行的一种新型投资方式，了解其含义、特点和融资的技巧对大学生创业很有帮助。

（一）创业资本的含义

创业资本在我国又被称为"风险资本"或"风险投资"，是由创业资本家（或其他出资人和机构）出资，投入拟创立的新企业或刚刚诞生的新创企业，既赋予极大希望得到高回报，又承担高风险的一种权益资本。

"风险投资"的本质内涵是向创业项目或新创企业提供资本支持，并通过资本经营服务等一系列的服务之后，帮助创业者完成创业过程后即退出投资，在退出之后一般希望获得高额的回报，但同时也在这一过程中承担巨大的风险。

风险投资在新创企业发展初期就开始投入风险资本，此时风险投资方要求新创企业要具备较为成熟的商业计划、经营模式，并且能够预见可获得的盈利。这样的有发展前景、有巨大竞争力的企业才是风险投资方青睐的对象。

获得风险投资的企业，能够更容易获得资本市场的认可，起到提升企业价值、为企业开拓市场的作用。待企业发展相对成熟后，投资方将通过市场退出机制将所投入的资本由股权形态转化为资金形态，以收回投资。

阅读材料

阿里巴巴的融资过程

1999年年初，马云和他的妻子、老师、同事及一些被他吸引的精英成立了一个创业团队，决定开始一次轰轰烈烈的创业，阿里巴巴就这样在马云的家里诞生了。

阿里巴巴从一个小网站逐渐开始发展，还被美国的《商业周刊》和英文版的《南华早报》进行了报道，因此，它在海外开始有了一定的名气。但阿里巴巴最初的50万元创业资金是由所有的创业人员集体筹集的，这笔资金很快就不够用了。因此，马云开始寻找一些可以支撑公司运转的投资者。

马云希望阿里巴巴的第一笔风险投资除了带来钱，还能带来更多的市场空间，例如进一步的风险投资和其他的海外资源。因此，他拒绝了一些投资商。但此时阿里巴巴已经快山穷水尽了。就在这时，一批以高盛为主的投资银行向阿里巴巴投资了500万美元，为阿里巴巴解了燃眉之急。

2000年4月，在大多数互联网公司倒闭的时候，阿里巴巴仍然坚挺着，这是因为它有着充足的资金支持。2003年，中国互联网行业得到了飞速发展，阿里巴巴投资创办了淘宝网，电子商务开始逐渐进入人们的生活。到了2004年，阿里巴巴获得了6 200万美元的战略投资。2005年8月，雅虎、软银又向阿里巴巴投资了数亿美元。

之后阿里巴巴创办支付宝，收购雅虎中国，创办阿里软件。到了2007年11月，全球最大的B2B公司阿里巴巴在中国香港联交所正式挂牌上市，正式登上全球资本市场的舞台。

（二）创业资本的特点

风险投资的投资额一般较大，在投入资金的同时也会占据一定的管理权限，并且会随着所投资的企业的发展而逐步增加投入。风险投资一般具有以下特点。

❶ 高度风险性

由于风险投资主要的投资对象是刚刚起步或尚未起步的高科技企业，这些企业往往各方面的资源都比较匮乏，市场上的客户认可程度很低，管理团队的企业经营经验也较少，因此，投资的风险性和失败率都非常高。

铱星的陨落

20世纪90年代，美国摩托罗拉公司一位叫巴里·伯蒂格的工程师提出了一个构想，制造一台能在全世界任何地方、任何时间都能通话的手机。这个想法得到了摩托罗拉公司管理层的赞赏，公司董事长加尔文下定决心要将其付诸实践。

1991年，摩托罗拉公司正式决定建立由77颗低轨道卫星组成的移动通信网络，并命名为"铱星"。"铱星"计划是通过建立由77颗低轨道卫星（后减至66颗）组成的移动通信网，达到覆盖整个地球网络信息的目的，使其成为地球上最大的无线通信系统。

经过长达6年的研发后，1997年"铱星"系统投入商业运营，铱卫星移动电话成为唯一能在地球表面任何地方都能拨打电话的公众移动通信工具。1998年5月，铱星公司的股票从发行时的每股20美元飙升到每股70美元。

虽然"铱星"的确实现了高科技的通信，开创了全球个人通信的新时代，但多达50多亿美元的研发费用和系统建设费用，使铱星公司背上了沉重的债务负担。

另外，在全球科技飞速发展的环境下，普通移动电话技术也已经满足了大众的需求，铱星公司的市场状态并不理想。

在资金和市场的双重压力下，1999年8月13日，铱星公司因为无力偿运债权而被迫申请破产。这个被大家评为美国最佳科技成果的技术，仅仅运营一年就宣告失败，足见其风险是相当高的。

❷ 超额回报率

与高度风险性相伴随的是超额的回报。例如，梅菲尔德基金为科学数据系统公司所投资的350万美元最终获得了近10亿美元的收益。风险投资者在注入资金之后，往往与创业者签订一系列的投资条款，以方便其在企业成长之后回收投资。从国外的经验来看，上市是实现投资成功的一个标志，此时，风险投资者可以在金融市场上出售自己的股份，实现风险投资的高额回报。

❸ 权益性投资

权益性投资是风险投资的首要特征。风险投资更看重投资对象的发展前景和投资增值状况，以便在未来通过上市或出售取得高额回报。权益性投资的特点决定了风险投资其他方面的特征。

❹ 投资中长期性

风险投资的流动性较小，具有长期性的特点。在实际投资的时候，一种常见的投资方式是分期投资。

蒙牛分期投资

1998年年底，牛根生召集了10位创业伙伴，并凑齐了900万元创业资金，然后于1999年8月18日注册成立了"内蒙古蒙牛乳业股份有限公司"。

由于以往在伊利工作的经验，再加上创业团队中半数以上都是以前的工作伙伴，牛根生的团队不仅熟知乳制品行业的运营规律，还拥有广泛的人脉关系和可利用的市场渠道。在不到10个月的经营后，蒙牛就实现了3 730万元的销售收入。3年内销售额增长了50倍，并且口碑良好，在全国乳制品行业中排名第四。

蒙牛的业绩得到了投资机构的认可，并且蒙牛自身也需要对生产能力、市场等进行扩展，因而需要大量的资金支持。摩根士丹利、英联、鼎晖投资3家投资机构以认股方式向开曼群岛公司（蒙牛在境外注册的公司）注入约2 600万美元资金，获得了蒙牛49%的股权。

2003年9月30日，公司重新整理了股票类别，将已发行的A类、B类股票赎回，并重新发行900亿股普通股和100亿股可换股债券，每股面值均为0.001美元。同年10月，摩根士丹利、英联、鼎晖投资3家投资机构再次注资3 532万美元，以0.74港元/份的价格购买了蒙牛3.67亿份可转换债券。

在3家投资机构的支持下，蒙牛飞速发展。

❺ 投资者积极参与

风险投资者往往拥有企业的部分控制权，部分风险投资者在投资的时候还会要求在董事会中的席位以及一些特定的否决权。为降低投资风险，风险投资者在向企业注入资金的同时，必然介入该企业的经营管理，参与企业的战略决策，在必要时甚至解雇企业的管理者，以使企业更好地发展。

❻ 投资专业化

由于风险投资的高度风险性和长期性，为了降低投资失败率，风险投资者往往更愿意向自身熟悉的产业投资，即风险投资者一般对所投资的产业具备很高的专业水准。在投资之后介入企业运作时，风险投资者也可以提供专业化的增值服务，对于企业的战略支持也具备针对性。

（三）获得创业资本的融资技巧

创业资本的获得除取决于新创企业的自身条件外，还需要一定的融资技巧。获取创业资本支持的过程就是展示新创企业投资价值和提高创业者融资技巧的过程。

❶ 了解风险投资者的所思所想

任何一家投资公司都不会选择那些不具备成功条件的企业去投资，风险投资者将努力寻求基本素质高的创业者。创业者如果具备"诚信正直、有成就、活力充沛、天资过人、学识渊博、领导素质、创新能力"这7种要素，将会更容易吸引风险投资者的关注。

❷ 考虑风险投资者的偏好

风险投资者容易偏好具有领先优势的公司。如果新创企业有一项受保护的先进技术或产品，那么该企业就会引起风险投资公司更大的兴趣。这是因为高技术行业本身就有很高的利润，而领先的或受保护的高技术产品更可以使新创企业较容易进入市场，并在激烈的市场竞争中立于不败之地。因此，这些企业常常可以筹集到足够的资金以渡过难关。

❸ 地域与技术领域因素

一般的风险投资公司都有一定的投资领域，包括地理区域和技术领域。就地理区域而言，风险投资公司所投资的企业大多分布在风险投资公司所在地附近区域或集中在某一选定区域，这主要是为了便于沟通、控制和节约成本。就技术领域而言，风险投资者通常只对自己所熟悉行业的企业或自己了解的技术领域的企业进行投资。

独特的技术和知识产权助力投资的获得

托尼和马丁曾分别是思科和 IBM 公司的工程师，他们一起合作发明了一种无线通信技术，并向美国专利局提交了专利申请。然后在实验室里通过模拟软件证明了这种无线通信技术的可行性。

曼妮在做投资者之前是一家通信技术公司的技术主管，他对这种新兴的通信技术十分感兴趣。在看了托尼和马丁的实验结果、专利申请资料和《商业计划书》后，他觉得该技术很独特并且很有发展前景。通过对他们的公司进行估价后，曼妮决定向他们投资 200 万美元，占据公司 30% 的股份。

从托尼和马丁的经历可以看出知识产权对企业是很重要的，他们的技术十分先进且具有一定的复杂性，不容易被人模仿，而且有着广泛的市场前景，因此得到了投资者的青睐。

❹ 公司规模

大多数风险投资者更偏爱成长性高的小公司，这是因为小公司技术创新效率高，有更多的活力，更能适应市场的变化。同时，小公司的规模小，需要的资金量少，风险投资公司所冒的风险有限。从另一方面讲，小公司的规模小，发展的余地更大，因而同样的投资额可以获得更多的收益。另外，通过创建一个公司而不是仅仅做一次投资交易，可以帮助某些风险投资家实现他们的理想。

❺ 文件准备

在准备和风险投资者洽谈融资事宜之前，应该准备 4 份文件，即《投资建议书》《业务计划书》《尽职调查报告》《营销材料》。提前递交《创业计划书》，并争取得到风险投资者外延网络的推荐，这通常是使企业的《创业计划书》得到认真考虑的重要一步。在大多数情况下，能够承担这种推荐任务的可以是律师、会计师或其他网络成员，因为风险投资者容易相信这些人对业务的判断能力。

⑥ 应对技巧

创业者还应该掌握必要的应对技巧。投资谈判通常需要通过若干次会议才能完成。在大部分会议上，风险投资者和创业者就创业者先前递交的《创业计划书》进行探讨和分析。

这里有两点需要注意。

（1）尽可能让风险投资者认识、了解企业的产品或服务，如果能提供一种产品的样品或成品的话，这种认识和了解就会变得更加直观并且印象深刻。

（2）始终把注意力放在《创业计划书》上。

有时会议往往会持续数小时之久，这时创业者有可能会变得非常健谈，从而不自觉地谈到一些关于未来的宏伟计划，并提到某些在《创业计划书》中并未提及的产品。这一点千万要避免，因为这样的谈话会使风险投资者以为你是一个幻想者或是一个急于求成的人。

⑦ 掌握"六要"和"六不要"的行为准则

（1）"六要"准则。具体内容如下。

① 要对本企业和本企业的产品或服务持肯定态度并充满热情。

② 要明确自己的交易底限，如果认为必要甚至可以放弃会谈。

③ 要记住和风险投资者建立一种长期合作关系。

④ 要对尚能接受的交易进行协商和讨价还价。

⑤ 要提前做一些应对风险投资者提问的功课。

⑥ 要了解风险投资者以前投资过的项目和当前正在投资的项目。

（2）"六不要"准则。具体内容如下。

① 不要逃避风险投资者的提问。

② 回答风险投资者的问题不要模棱两可。

③ 不要对风险投资者隐瞒重要问题。

④ 不要希望或要求风险投资者立刻就对投资做出决定。

⑤ 在交易定价问题上不要过于僵化。

⑥ 不要带律师去参加会议。

⑧ 耐心和毅力

由于寻求资金的人很多，风险投资也需要一个筛选的过程，因此，创业者要具备足够的耐心去等待筛选结果。当然，如果有人引荐，就要尽量利用。如果新创企业能够得到某个风险投资公司信任的律师、会计师、行业内"权威"或其曾经投资过的企业的推荐，那么获得投资的概率就会提高很多。

⑨ 做好事前准备

风险投资者的提问一般涉及产品、竞争、市场、销售、生产、供应、人员、财务等方面。在约见风险投资者之前，创业者最好提前就风险投资者可能提出的问题做好应答准备，做到心中有数。

（四）风险投资的作用

风险投资与传统的投资方式的不同之处在于，风险投资是一个集合了金融、管理、市场营销服务的培育创新型企业的市场，可以优化现有企业的生产要素组合，将科学技术转换为生产力。风险投资具有以下作用。

（1）融资功能：为新创企业从创立、发展到成熟的过程提供资金支持，保证新创企业资金的连续性。

（2）资源配置：风险资本市场存在着强大的评价、选择和监督机制，可以为企业提供可以评估的市场价值方法，提高了企业资源的配置效率。

（3）产权流动：为企业的产权流动和重组提供了高效率、低成本的转换机制和灵活多样的并购方法，促进了企业资产的优化组合，使资产具有较充分的流动性和投资价值。

（4）风险定价功能：投资者可以对风险投资所带来的收益和风险进行评估，以确定其价格。投资者还可以参照风险投资市场提供的各种资产价格，根据个人风险偏好和个人未来预期进行投资选择。

二、天使融资

天使融资是权益资本投资的一种形式，它主要是由有资产的个人或团体出资资助某个需要资金的项目。下面主要对天使融资的含义、特点和获取方法进行介绍。

（一）天使融资的含义

天使融资是自由投资者或非正式风险投资机构对原创项目构思或小型新创企业进行的一次性的前期投资。天使融资并非单独的融资渠道，而是风险投资家族中的一员，与常规意义上的风险投资相比，二者既有相同点，又有不同点。

那些给处于困难中的创业者带来投资和帮助的投资人又被称为"天使投资人"。他们往往独具慧眼、思维前瞻，能够发现一些有发展前景的企业，并作为投资人为企业注入资金。

提醒：公司成立之初的"天使投资人"，一般都是熟悉的亲人、朋友。他们基于对创业者的熟悉和信任，虽然没有成熟的商业计划、团队和经营模式，仍会帮助创业者进行创业。

（二）天使融资的特点

（1）通常只提供"第一轮"融资："天使投资人"只是利用了自己的积蓄，显然不足以支持较大规模的资金需要，只有那些处于最初发展阶段的企业能够得到他们的青睐。

（2）天使融资方式带有强烈的感情色彩：创业者说服"天使投资人"投资的过程常常需要一定的感情基础，创业者与"天使投资人"或者是志同道合的朋友，或者是亲戚，又或者是创业者得到了熟悉人士的介绍等。

（3）"天使投资人"往往自己曾经是创业者："天使投资人"大多曾经有过创业经历，而且常常是某一行业的专家，可以为新创企业提供极为宝贵的意见。

（4）融资程序简单迅捷，但融资额有限：由于"天使投资人"只是代表自己进行投资，投资行为带有偶然性和随意性，没有复杂而烦琐的投资决策程序，投资决策主要基于人，因此，投资决策程序简单，且金额也比较有限。

（5）投资者对待投资项目较为短浅：因为使用自己的资金进行投资，对投资回报的期望较高，而且抗风险的能力不如大型投资公司，所以"天使投资人"对亏损的忍耐力不强，目光较为短浅。

阅读材料

雷军的天使投资

雷军是小米科技的董事长，同时他也是一名优秀的天使投资人。2004年年底，一次偶然的机会，雷军的一个好朋友要去联想集团进行融资，他正好跟着一起去了，他觉得他们的计划很好，一定能够成功。后来，朋友便邀请他一起加入投资，就这样，他开始了自己的第一笔投资，共计415万元。

雷军的第二笔天使投资则是投给他的另一个朋友李学凌（以前的网易总编辑），他总共投资了410多万元，并借出了410多万元。之后，雷军正式进入了天使投资的行列，成为了真正的"天使投资人"。

（三）如何获得天使融资

可使用以下方法找到天使融资的"天使"。

❶ 直接去找自己心目中的"天使"

创业者往往都有一些崇拜的企业家或成功企业，他们在创业者所属的行业内具有很高的声望和实力。创业者在适当的情况下可以直接上门，去说服这些行业内的权威。

❷ 参加天使投资人的聚会

"天使投资人"大多会有一些经常性的聚会，以交流投资心得、寻找投资项目和探索合作机会。创业者如果知道有关活动的消息，可以直接前去参加并提交自己的《创业计划书》或做一些有关的项目展示。

扫一扫

寻找、说服"天使"
降落人间

❸ 根据"天使投资人"名单按图索骥

国外的风险投资机构或协会（如美国风险投资协会、英国风险投资协会）都出版有风险投资机构的名录，其中往往单独出版一本汇集风险投资家名录的小册子，里面收录了大量的"天使投资人"名单，创业者如果要到国外融资，可以按图索骥，一个一个地联系。

❹ 利用中介

创业者可以通过自己的财务顾问、法律顾问或者有关的金融融资机构去联系天使投资人。

❺ 了解天使融资的要求

要想获得"天使投资人"的青睐，创业者还要了解"天使投资人"对投资项目的评判标准，评判标准主要包括以下10点。

（1）有足够的吸引力。

（2）有独特的技术。

(3) 具有成本优势。
(4) 创造新市场。
(5) 能迅速占领市场份额。
(6) 财务状况稳定，能获得 5~10 倍于原投资额的潜在投资回报率。
(7) 具有盈利经历。
(8) 创造利润。
(9) 具有良好的经营管理团队。
(10) 有明确的投资退出渠道。

Facebook 的发展源于第一次的天使投资

2004 年 2 月，Facebook 的创始人扎克伯格和两位室友用一个星期的时间建立了一个为同学提供联系的网络交流平台，并将其命名为 Facebook。通过这个网站，可以知道同学的最新动态，可以和朋友聊天，可以搜寻新朋友。网站一开通，就受到了哈佛大学大部分学生的欢迎，他们纷纷在网站上注册，提供自己的信息。

当时的 Facebook 只是哈佛大学学生间的一个免费交流平台，但由于其独创性以及高速增长的用户数，使 Facebook 受到投资者关注。Facebook 的第一次融资来自于"天使投资人"彼得·蒂尔。此时 Facebook 刚刚成立数月，用户仅为 1.2 万名哈佛大学师生，但彼得·蒂尔仍看到其发展潜力，毫不犹豫地投入了 50 万美元，拥有了 Facebook 10%的股份（当时 Facebook 估值为 500 万美元）。

得到这笔启动资金后，Facebook 以很快的速度开始发展，到了 2004 年年底，Facebook 的用户已经突破了 100 万人。很快，Facebook 就发展到了整个北美地区。时至今日，Facebook 几乎已经覆盖全球，成为世界领先的照片分享站点。

三、私募股权投资

私募股权投资指通过私募形式对私有企业（即非上市企业）进行的权益性投资，在交易实施过程中附带考虑了将来的退出机制，即通过上市、并购或管理层回购等方式，出售所持股份进而获利的投资形式。

（一）私募股权投资的含义

广义上的私募股权投资为涵盖企业首次公开发行股票前各阶段的权益投资，即对处于种子期、初创期、发展期、扩展期、成熟期等各个时期的企业进行投资。

狭义的私募股权投资主要指对已经形成一定规模的，并产生稳定现金流的成熟企业的私募股权投资，其中并购基金和夹层资本在资金规模上占最大的一部分。在中国，私募股权投资主要指这一类投资。

并购基金是专注于对目标企业进行并购的基金,其投资手法是通过收购目标企业股权,获得对目标企业的控制权,然后对其进行一定的重组改造,持有一定时期后再出售。并购基金与其他类型投资的区别在于,其选择的对象是成熟企业,并意在获得目标企业的控制权。夹层资本是在夹层融资这一融资过程中出现的一个专有名词,是针对融资过程中的出资方而言的。夹层资本是收益和风险介于企业债务资本和股权资本之间的资本形态,本质是长期无担保的债权类风险资本。

(二)私募股权投资的运作时间

当企业发展成熟,已经有了一定的上市基础,并达到了私募股权投资要求的收入或盈利时,才是私募股权投资合适的时候。此时私募股权投资需要提供必要的资金和经验来帮助企业完成公开募股所需要的重组架构,提供上市融资前所需要的资金,按照上市公司的要求帮助企业梳理治理结构、盈利模式、募集项目,以便能使公司在1~3年内上市。

选择私募股权投资需要谨慎,对于没有特别声望或者手段可以帮助公司解决上市问题的私募股权投资,或者不能提供大量资金解决上市前的资金需求的私募股权投资,最好不要考虑。

一、案例分析

图德拉迂回经营

委内瑞拉有个名叫图德拉的工程师,他想做石油生意,虽然他没有相应的人脉关系,也没有足够的资金,但他信息灵通,思路敏捷,行动果敢,这就使他掌握了"命运之舟",有迂回前进,驶向目的地的可能。图德拉先来到阿根廷,了解到阿根廷的牛肉生产过剩,但石油制品比较紧缺,于是他就同有关贸易公司洽谈业务。

"我愿意购买2 000万美元的牛肉。"图德拉说,"条件是,你们向我购进2 000万美元的丁烷。"因为图德拉知道阿根廷正需要2 000万美元的丁烷,所以正是投其所好。双方的买卖意向很顺利地确定了下来。

他接着又来到西班牙,对一个造船厂提出:"我愿意向贵厂订购一艘2 000万美元的超级油轮。"那家造船厂正为没有人订货而发愁,当然非常欢迎。图德拉又话锋一转:"条件是,你们购买我2 000万美元的阿根廷牛肉。"牛肉是西班牙居民的日常消费品,况且阿根廷正是世界各地牛肉的主要供应基地,造船厂何乐而不为呢?于是双方签订了一项买卖意向书。

图德拉又到中东地区找到一家石油公司提出:"我愿意购买2 000万美元的丁烷。"石油公司见有大笔生意可做,当然非常愿意。图德拉又话锋一转:"条件是你们的石油必须包租我在西班牙建造的超级油轮运输。"在产地,石油价格是比较低廉的,贵就贵在运输费上,难也难在找不到运输工具，所以石油公司满口答应，双方签订了一份意向书。

3个意向书变成了一个行动，由于图德拉的周旋，阿根廷、西班牙、中东地区都取得了自己需要的东西，又出售了自己急待销售的产品，图德拉也从中获取了巨额利润，细细算起来，这项利润实质上是以运输费顶替了油轮的造价，3笔生意全部完成后，这艘油轮就归他所有，有了油轮就可以大做石油生意，终于使他如愿以偿。

思考：你能从这则故事中受到什么启发？结合故事谈一谈资源整合在创业中的重要作用？

二、探索活动

资源整合

活动目的：

评估自身拥有的资源，发现外部资源并能有效整合外部资源。

活动内容：

创业是一个评估自身资源并整合外部资源的过程。创造性地整合外部资源是优秀创业者所具备的关键技能之一。请同学们按下列步骤进行资源整合训练。

（1）请同学们利用表6-4对自身条件进行评估。

表6-4　自身条件评估

评估内容	具体要求	自我描述
你想做什么	根据你的兴趣、爱好确定你想做的事情	
你拥有什么	找出你的优势和强项（如技术优势、人脉优势、知识优势等）	
你缺少什么	找出你的劣势、缺点	

（2）请认真思考自己拥有的资源，如果要进行创业，还需要哪些资源？

（3）评估你的同学是否具有你需要的资源？如果有，你将如何说服他和你一起创业或将资源借给你使用？

（4）除了同学，你还有什么渠道可获取创业资源？

（5）获得创业资源后，你将如何有效整合这些资源？

活动检测：

活动结束后，教师根据表6-5进行评分。

表6-5　活动评价表

评分标准	满分/分	实际得分/分	备注
能准确评估自身资源	20		
能找出缺少的创业资源	20		
能准确评估外部资源	20		
能多渠道获取外部资源	20		
能有效整合外部资源	20		
总分	100		

第四节　创业融资的问题

融资的过程对于创业者来讲，实质上是推销自己的公司、产品和梦想的过程。成功的企业家之所以会成功，一个重要原因就是他懂得怎样向经验最丰富的投资商推销自己的第一商品——新创企业，从而获得资金的支持。

正因为如此，在这种推销和争取投资的过程中，以下10大问题需要创业者有所了解并予以避免。

扫一扫

创业融资的十大问题

一、廉价出售你的技术或创意

许多创业者为了急于得到启动资金或周转资金，往往在融资时急于求成，或者出让大部分股份，或者轻易地贱卖技术或创意。在"只要能获得启动资金就行"这种思想的指导下，有不少核心技术的拥有者会廉价出售自己的技术或创意。

阅读材料

出售技术让创业者没有发言权

吴浩研发的农村区域性电子商务与物流科研项目是一项融合了当前经济环境的、具有良好发展前途的创意。但在创业之初，由于没有足够的资金支持，他想到出售自己的创意。奔波了一段时间，见了好多个投资商，吴浩都没有得到满意的答复。最后一家投资商允诺购买他的创意，为他的项目投资50万元，但要占据公司70%的股份，吴浩为了尽快开始自己的创业之路，便答应了投资商的要求。这导致了吴浩在公司今后的发展中，没有发言权，不能对公司的一些重要决策进行干涉。

二、花别人的钱，圆自己的梦

创业不仅是创业者实现理想的过程，更是投资者（股东）对资金进行投资以保值增值的过程。创业者和投资者是一个事物的两个方面，只有通过企业这个载体发展的过程，才能达到双赢的目标。

"花投资者的钱，圆自己的梦"的想法，说到底是信用问题、品质问题，持这种思想的人不会成为一个成功的创业者。只有能为股东创造价值的企业家，才能得到更多的融资机会和成长机会。因此，创业者不仅要提升自身的技术与能力，还需要加强道德修养，培养企业家应具有的诚实、守信的道德风范。

三、没有完善的融资战略设计

在筹资和融资的过程中，需要完善的策划和充分的准备。融资的具体战略设计是总体战略设计的一项重要内容，是总体战略的支撑。因此，这一部分内容应该用心进行策划。策划的内容可以围绕以下3点展开。

（1）哪些风险投资商对你的项目和产品感兴趣？

（2）这些风险投资商一般采取哪种投资合作形式？

（3）这些风险投资商一般在第一次接触中会提出哪些问题？应该做哪些准备才能展现本项目的优势和特点？

四、缺少对融资方案的比较性选择

尽管国内的融资渠道不是很健全，但供选择的渠道还是较多，主要有以下7个渠道。

（1）创业基金。

（2）创业贷款。

（3）银行及金融机构贷款。

（4）风险投资。

（5）发行债券。

（6）发行股票。

（7）天使投资。

对以上多个融资渠道进行深入的比较与选择，可以有效降低融资成本，提高融资成功率。通过上述途径得到的发展资金可以分为资本金和债务资金两类。资本金与债务资金应保持一个合理的比例。如果资本金太高，说明企业对社会资源的利用率较低。如果债务资金过高，企业受债务制约的程度加大，会面临债务到期的资金流动性风险，可能会因暂时的市场疲软和资金流动性管理不善而导致企业破产。

因此，企业应当根据自身的特点，合理确定资本金与债务资金的比例，从而有效地利用社会资金和自身资源。

五、过度包装或不包装

有些新创企业为了融资，不惜将财务报表弄虚作假，进行"包装"融资，这是错误的做法。因为当财务数据脱离了企业的基本经营状况时，投资者往往一眼就能看穿。

但也有另一种情况，有些新创企业认为自己经营效益好，应该很容易获得融资，因而不愿意花时间和精力去包装企业。但是投资者除看重企业的发展前景及企业可能面临的风险外，更看重的是企业团队带领员工战胜风险的能力。因此，企业的主要领导应该有一个清醒的、理性的认识和思考，在融资前对企业进行适度包装。

过度包装错失投资商

牛蒙的家乡正在开展通过现代化农业和畜牧业来改善与提高经济建设及生态环境的活动。

为了响应政府的号召，并为家乡的现代化建设出一分力，牛蒙在大学毕业后就回到了老家，他用借来的钱和政府的补助买了20头牛，开始了自己的肉牛养殖创业。

由于牛蒙属于大学生创业，当地政府对他十分关照，再加上他自己善于言谈，大家都希望他能够积极带领乡亲创业致富。牛蒙不负所望，将自己的养殖业干得红红火火，规模也变得越来越大，还获得了"优秀创业青年"的荣誉称号。为了鼓励他继续干下去，当地政府还专门给他划拨了饲料和种植基地。

看着自己的养殖业这么有发展前途，牛蒙萌生了创立公司的想法。他开始在家乡四处打听，很快他发现了一家荒废的养殖场基地。牛蒙想方设法见到了原来的老板，并说服他以50万元的低价将养殖场转让给牛蒙。牛蒙核算了一下自己目前的状况，加上收购养殖场、启动生产等必要的资金，他大概需要100多万元才能正式启动自己的公司。

到哪里去找这么多钱呢？牛蒙想到了去找投资商。为了给投资商留下良好的印象，牛蒙下足了工夫包装自己，不仅将自己打扮成商业精英的模样，还专门请人给自己做了一份《商业计划书》，将自己公司的产品、运作方式、财务状况、发展前景等进行了一番美化，看起来十分有吸引力。然而让他没有想到的是，投资商并非单单看中表面的成绩，而是经过详细考察后回绝了他的请求。并且明确告诉他，没有事实根据和不符合企业经营状况的数据没有说服力，他们也不需要一个不诚实的合作者。

六、缺乏资金规划和融资准备

企业融资是企业发展过程中的关键环节，新创企业要想获得快速发展，必须要有清晰的发展战略，并营造一个资金愿意流入且能够流入该企业的经营格局。不少新创企业在发展过程中把企业融资当作一个短期行为来看待，希望突击拿款或突击融资，然而实际上成功的机会很少。

缺乏融资准备最典型的表现是多数创业者对资本的本性缺乏深刻的研究和理解。在这种情况下去盲目进行融资，往往效果不佳。其实，资本的本性是逐利，不是救急，更不是慈善。因此，新创企业在正常经营时就应该考虑融资策略。

七、缺少必要的融资知识

很多创业者有很强的融资意愿，但缺少相应的融资知识。真正理解融资的人很少，很多融资者总希望托人打个电话、找个熟人、写个《创业计划书》，就能把钱融到手，而不注重用心去研究融资知识，他们往往把融资简单化、随意化。

由于缺乏必要的融资知识，融资视野狭窄，只看到银行贷款或股权融资，不懂得除了银行贷款和股权融资，通过租赁、担保、合作、并购及无形资产输出和转让等方式都可以达到融资目的，把宽泛的融资范围变得狭窄了。

八、盲目对外出具融资担保函

由于创业融资比较困难，所以一些新创企业之间往往进行相互出具融资担保。这种盲目担保往往给新创企业带来很多意想不到的风险。

九、盲目扩张，不建立合理的企业治理结构

规范化管理是企业自身的一种融资能力。很多新创企业在不断扩张的同时企业管理越来越粗放、松散，这些新创企业不注意在企业发展过程中不断完善企业治理结构，增强自身的这种融资能力，不注意规避企业扩张过程中的经营风险。特别是一些新创企业只顾发展，不顾企业文化的塑造，最终导致企业规模做大了，但企业失去了原有的凝聚力，企业内部或各部门之间缺乏共同的价值观，甚至成为企业发展的阻力。

十、融资缺乏信用

银行是愿意贷款给讲信用的新创企业，并支持其做大做强的。对不讲信用者，自然会借贷无门。就一般情况而言，除了高新技术企业，银行还从贷款原则出发，青睐那些产品有市场、法人代表对企业的管理控制能力强、经营规模和经济效益呈向上趋势，并拥有长期稳定销售合同的中小企业。事实上，企业的每一轮融资都将影响投资者对企业后续融资的可行性和价值的评估。

良好的信用保证贷款成功

众合联盟是一家科技网络公司，由于向银行申请的贷款不能按时还款，所以遭到银行的起诉，银行要求该公司必须还清贷款。另外一家公司则因为银行贷款没有一笔不良记录，而受到了银行的信任，连续在银行贷款100多笔，且每一笔都按时还款，保证了企业资金链的安全。

一、案例分析

创新工场由李开复创办于2009年9月，旨在培育创新人才和新一代高科技企业。创新工场通过针对早期创业者需求的资金、商业、技术、市场、人力、法律、培训等提供一揽子服务。创新工场将投资方向立足于信息产业十分热门的领域：移动互联网、消费互联网、电子商务和云计算。

创新工场无论是在公司规模、孵化项目数、聚集精英人才数，还是在募集资金、知识产权申请等方面，都已大大超出创新工场建立时的预期。截至2011年7月，创新工场已审阅了超过2 500个项目，投资孵化了39个项目和公司，总投资额超过2.5亿元。

创新工场投资牵头者为刘宇环先生创立的中经合集团，投资者还包括财富100强企业、知名创投和中美精英人士，其中有郭台铭领导的富士康科技集团、柳传志领导的联想控股有限公司、俞敏洪领导的新东方教育科技集团、YouTube创始人陈士骏等。同时也得到了多位顶尖投资者的鼎力相助。在这些已经是成功传奇的明星创业者中，很多人表示愿意共同辅

导青年创业者,他们的加入使创新工场如虎添翼,他们的参与将使创业精神在一批批创业者中薪火相传。

创新工场及投资的项目团队中聚集了一批行业精英:既不乏来自国内知名企业的专业人士和有过多次创业实践的国内创业者,又有来自硅谷的资深技术人才,以及著名跨国科技公司的业内高手。各个创业团队除了已经吸引到国内高校计算机系的优秀毕业生加盟,还有来自斯坦福大学、哈佛大学、耶鲁大学、牛津大学、加州大学伯克利分校、麻省理工学院、芝加哥大学等学校不同专业的杰出人才。创新工场已成为热衷科技创新的青年创业者的摇篮。

启发思考题:
1. 创新工场是怎样的投资公司?
2. 创新工场能为创业者提供什么?
3. 创新工场会立足在哪些领域?
4. 创新工场都需要什么样的人?
5. 创新工场和其他的投资公司有什么不同之处?
6. 创新工场可以提供给创业者什么帮助?

二、创业访谈

以小组为单位,选择当地一家大型银行的中小企业部、一家城市或农村信用合作社、一家开展贷款业务的典当公司或财务公司、一家风险投资公司,联系其负责人或相应工作人员进行访谈,比较这些机构在创业融资方面的规划和具体做法。

评分标准:积极参与实施(20分);能说出各机构在创业融资方面的规划(40分);能说出各机构在融资方面的优缺点(40分)。

第五节　评估与分析

本章介绍了创业融资的产生原因及条件、债券融资、股权融资和创业融资的10大问题。大学生创业者应该结合自己的实际情况,选择适合的融资渠道。

1. 假如你马上要准备创业了,你准备采用哪种融资渠道来获取创业资金?将你选择的融资渠道填写在表6-6中,详细说明选择这些融资渠道的原因并对其可行性进行分析。

表6-6　融资渠道的选择

融资渠道	选择的原因	可行性分析

2. 认真思考以下问题，并进行分析，看看你是否具有融资的能力。

（1）创业项目是否经过政府有关部门批准立项？

（2）创业项目的可行性研究报告和预算是否被政府有关部门审查批准？

（3）从国外引进的技术、设备或专利等是否被政府经贸部门审批，并已办妥相关手续？

（4）创业项目的产品技术、设备是否先进适用以及配套是否完整？是否有明确的技术保证？

（5）创业项目的生产规模是否合理？

（6）创业项目产品经预测是否有良好的市场前景和发展潜力以及盈利能力是否较强？

（7）创业项目投资的成本以及各项费用预测是否合理？

（8）创业项目生产所需的原材料是否有稳定的来源？是否已经签订供货合同或意向书？

（9）创业项目建设地点及建设用地是否已经落实？

（10）创业项目建设以及生产所需的水、电、通信等配套设施是否已经落实？

（11）创业项目是否有较好的经济效益和社会效益？

（12）其他与创业项目有关的建设条件是否已经落实？

第七章 企业的设立

学习目标

>>> 了解新创企业的类型
>>> 掌握新创企业的组织形式
>>> 掌握企业的设立流程
>>> 了解新创企业的管理

案例导入

张强、李海波、孙涛3人均为某名牌大学计算机专业的学生,经过业余时间的学习与研究,他们在开发安防系统方面取得了一项技术性突破,而这项技术如果能够在实际中应用,前景非常广阔,于是3人准备合伙创办一家以开发安防系统为主的公司。

创办企业,首先要有资金,3人通过向亲戚朋友借款,共筹集了30万元作为启动资金,然后便开始张罗着给公司命名、选址和注册。在创办企业这件事上,虽然3人在产品的设计开发中都是高手,但是3人都没有创办企业的经历,导致从第一步"公司注册"就遇到了问题,他们甚至连公司注册登记的程序都不清楚,这让他们心里没了底。为了了解注册程序,他们到工商管理部门拿回一套注册公司的程序介绍书,深入研究了一番,可是烦琐的注册程序和注册问题,使3个人同时犯了难。经过仔细研究,他们发现,要想完成公司注册,必须先弄清楚以下几个问题。

问题1:像他们这样开发安防系统的公司究竟应该注册成什么类型的公司?
问题2:应该选择什么样的组织形式比较合适?
问题3:注册公司需要提供哪些资料?
问题4:进行公司注册具体的费用是多少?
……

启示 从上面的案例来看,任何一个人或团队在创办企业前,首先要了解所创办企业的类型、组织形式,组织形式应当根据自身实际情况选择,然后熟悉设立企业的各项业务流程，以及所选择的企业组织形式在办理工商登记注册时需要具备的条件、需要提交的材料以及具体办理流程。

对于新创立的企业，由于制度与管理都尚未成熟，因此需要制定一套切实可行的管理方法和盈利模式，使企业管理趋于正规化。

第一节 创办企业前的准备

创业者应该在把握环境、识别商机的基础上，认真筛选出所创办企业的创业机会和项目。企业必须依托一定的商业模式才能得以运转，因此了解新创企业的类型、组织形式，有助于创业者根据自身条件和项目特点做出正确的选择，闯出一片真正适合自己的新天地。

一、新创企业的类型

扫一扫

创业企业类型

根据创业资金的不同来源或主创人员的不同构成，新创企业可以分为独立创业、家族创业、合伙创业、团队创业和增员创业5种类型。如何选择合适的新创企业类型，是每一个创业者都必须面对的重要问题。

（一）独立创业

独立创业主要有个体工商户、私营企业和自由职业3种基本形式。

❶ 个体工商户

个体工商户是生产资料归个人所有，员工在8人以下，创业者个人参加劳动的创业形式。主要有修理、服务、餐饮、商业等行业。

❷ 私营企业

私营企业指资产属于私人所有，员工在8人以上的营利性组织。私营企业的劳动主体是雇佣劳动者，追逐的目标是私人利润。

❸ 自由职业

自由职业指有特长的人从事的一种职业，如艺术家、律师等。独立创业的优势是利益驱动力强、工作效率高、营运成本低、具有较大的灵活性，劣势是经营规模小、经营方式单一、决策随意性大、创业者处于孤军奋战的境地。

提醒 独立创业作为创业活动的基本形态之一，并不是任何一个创业者都适用，它要求创业者必须具备一定的投资能力、极强的独立性、坚韧不拔的顽强斗志和强健的体魄等。

（二）家族创业

当今世界，家族企业是最普遍和最主要的企业组织形式之一，在美国约有 90% 的企业为家族企业，在英国约有 70% 的企业为家族企业。家族创业主要包括夫妻创业、父子创业、兄弟创业等。

家族创业具有成员关系伦理化、企业关系非确定性、创业动机非功利性等特点。家族创业的优势是以感情的力量团结、鼓励企业成员，不需要雇佣大量的骨干员工，创业骨干队伍稳定等。家族创业的局限性是成员之间缺乏明确的责任、权利和义务的明文约定，容易各行其是，造成企业成员角色被家庭成员角色代替，影响企业正常运转。家族创业适合小企业、中老年人创业和异地创业。

阅读材料

王老板与他的企业发展

王老板是广东沿海一家较典型的民营企业的老板，他的企业的创办与管理主要是依靠家族资源。王老板的堂兄主管生产；王老板的夫人的妹妹掌管财务；王老板的外甥是营销部的主管；王老板的夫人在公司中虽然没有任何明确的职务，但主管销售，对其他事项也有发言权和管理权。特别是王老板不在公司时，王老板的夫人担负起全面的管理责任。

在公司创办阶段，家族成员之间的紧密协作对公司的快速发展起了非常重要的作用。但公司发展起来后，家族成员在经营、管理权限、利益分配方面难免会出现一些分歧。虽然都是家族成员，但是每个家族成员在有些事情和时间的安排上也不是那么易于协调，每个家族成员也有关系亲疏不等的小圈子。由于家族成员在下属和一般员工眼中都是老板，所以下属和一般员工对于家族成员的指示都是听从和执行。但有时这些家族成员的指示相互冲突，造成下属手足无措。这种局面是由于团队成员间的分工不明确，而且事先未沟通好才造成的。各部门的下属一般只听从本部门家族成员的指示，对别的部门家族成员的指示可能会打些折扣。当然，各个部门的员工还是最重视王老板和他夫人的指示。王老板的权威是绝对的，但他经常出差或有其他事务，经常不在公司，对公司各部门的信息不可能时时都掌握得很清楚，导致下属们往往追随着各自的家族成员，时间长短不一，关系密切的程度也有差异，自然形成了一个个小圈子，各个小圈子的领导自然要维护自己手下人的利益。于是，这些小圈子就像看不见的围墙，妨碍了各部门之间的信息沟通和有效协调。

由家族成员管理企业肯定有弊端，对此王老板也有所认识，因此，他注重引进外来人才充实管理层，准备等到条件成熟时再把能力不够的家族成员替换下来。但在公司招聘的外来人才中，经常会有员工缺乏职业道德，携带公司商业秘密和客户资源投靠外商的情况；甚至有些跟随王老板多年的部门主管在熟悉各方面的业务和关系后，突然不辞而别，另立门户；有些颇有能力又有事业心，本想在公司好好干一番的人，因为管理太严，难免得罪人，不同的人就会到各自的家族成员那里告状或寻求庇护，还会散布一些流言蜚语，暗中攻击其他的人，使得有能力的人四面受敌，新的斗不过老的，甚至自己领导那里也讨不到好，不得不另谋高就；有些人才在进入企业，对企业环境熟悉后，觉得工作难度较大，害怕负责任，不敢改革，让其领导觉得这人没有能力，不想重用他，导致即使有能力也难以发挥出来……

对此，王老板不得不认真思考两个问题：怎样做既能不亏待家族成员和资格老的创业者，又能引进高质量的人才，并留住他们，让他们发挥作用？如何协调家族成员与非家族成员之间的关系？

随着经营环境的变化，家族企业必须吸引外来人才，并且整合家族成员与外来人才的关系，优化组织行为，才能有效地提高企业内部人力资源运作的效益。现在私营企业为了引进高质量人才，不仅给予高待遇，解决住房和子女就学问题，购买社会保险，而且还在尝试给高质量人才适当的股份，以便更好地激励他们努力工作。

（三）合伙创业

合伙创业是由两个以上的创业者通过订立合伙协议，约定共同出资、合伙经营、共享收益、共担风险，并对合伙企业的债务承担无限连带责任的创业模式。

合伙创业可以根据合伙人出资的形式和承担的责任分为普通合伙创业和有限合伙创业，也可根据合伙人身份的特点分为个人合伙创业和法人合伙创业。合伙创业的优势是资金较为充足，可以发挥集体的智慧，容易形成内部的监督机制，共同承担市场压力和风险；劣势是由于每个合伙人承担风险的能力和心态不同，容易影响企业的发展决策，导致合伙人之间产生矛盾等。合伙创业适合于有协作意识、信义品格和宽容精神的创业者。

阅读材料

良好的合作关系很重要

王某，女，西南民族大学艺术设计专业 2008 级学生，自己开设了一家画室，从事美术类高考考生的考前培训。她在创业之前曾多次参加勤工俭学，先后在多家超市打工，做过手机卡、轮滑鞋的销售，也参加过学校的招生工作，并自制手工艺品出售等。

做过一系列的兼职后，进入大二学习的王某开始了自己的第一次创业：她投资了 1 万多元和别人合伙开了一家饰品店，当时的创业初衷是想为家人减轻负担，可由于对合伙人的了解不足，在经营中产生了矛盾，导致饰品店的经营以失败告终，不但没有盈利，还亏损了 3 000 多元。第一次创业失败对王某某的打击很大，经过一段时间的调整后，她不甘心失败，于是又投资了 5 000 多元开了一家画室。因为王某对美术很有激情，而且有通过美术考试升学的亲身体会和成功经验，画室的经营目前较为顺利，并有一定的盈利。

对于经济实力薄弱的创业者来说，选择合伙创业的方式筹集资金和人力是创业的必由之路。但是创业者若对合作伙伴缺乏足够的了解和信任，将存在较大的隐患。因此，良好的合作关系是新企业生存的基础，王某第一次创业的失败就印证了这一点。

（四）团队创业

团队创业，也称集团创业或法人创业，团队创业的成功率要高于个人创业。一个由研发、技术、市场、融资等各方面组成的、优势互补的创业团队是创业成功的法宝。

团队创业具有创业主体团队化、投资主体多元化、经营管理科学化、组织形式现代化的特点。团队创业的优势是具有最大的规模效应，可以承担较大的市场压力与风险，投资多元化，使企业避免了艰苦的原始积累阶段，可以发挥团队优势等。团队创业的劣势是易造成依赖思想，企业经营费用开支较大，有时会抵消规模效益等。团队创业的适用人群包括海归人士、科技人员、在校大学生、在职人员等。团队创业主要以公司的形态出现，分为有限责任公司和股份有限公司。

阅读材料

新东方的团队精神

新东方的第一批团队成员实际上是一批下岗工人——十几个四五十岁的中年妇女。她们帮助新东方印刷资料、管理教室、打扫卫生、服务学生、处理各种社会关系。这批曾经完全失去活力的妇女们，在新东方爆发出了空前的工作激情，以每天工作16个小时的热情，让新东方的业绩蒸蒸日上。

新东方的第二批团队成员是新东方最初的十几个老师。1995年，俞敏洪放弃了出国读书的机会，下定决心将新东方当作终生事业来做，他只身飞到美国、加拿大，一是走马观花地看看这些国家，了却心中踏上北美土地的愿望；二是拜访大学时的同窗好友，看看能不能说服他们回到中国和他一起做新东方。在无数次的喝酒聊天之后，他终于打动了几个朋友，他们一起回到祖国，加入了新东方。这些人以他们的激情、眼光和胸怀，一次次使新东方升华，组成了新东方最具魅力的一个团队。这批人把新东方从原始的培训学校打造成了具有现代化管理结构的国际上市公司，把俞敏洪从只会做英语教学的老师推上了上市公司老总的管理平台。这些人至今仍在新东方发挥着重要的作用，他们以思想、激情和梦想，在整整10年的时光里，让新东方成为令人瞩目的国际公司。

随着新东方的发展，新东方的团队越来越强大，无数才华横溢的老师和热爱教育的人才从四面八方来到新东方，今天的新东方已经壮大成为一个总共有着8 000多名员工的强大团队。虽然新东方的办公地点变了，组织结构变了，但它一直保持着本色不变，那就是令人羡慕的、拥有强大精神力量的新东方团队。

新东方之所以能够走到今天，是因为它拥有一支非常优秀的团队。一个人的力量是有限的，但是一群人的力量是无限的。而且创业仅有一群人还不行，这群人还必须是具备团队精神的一群人，也就是一群有着同样精神状态、奋斗目标和进取精神的人。

（五）增员创业

增员创业是以团队规模取胜的一种借力创业的模式，主要包括直销和寿险营销两大类。

二、新创企业组织形式的选择

新创企业的组织形式不同，对创业者的要求也不同。只有对新创企业的概念、组织形式有了深入的了解后，创业者才能做出正确的选择，使创办的企业得以生存和发展。

企业指依法设立的、以盈利为目的的、从事商品的生产经营和服务活动的独立核算经济组织。现代企业的组织形式按照财产的组织形式和所承担的法律责任不同通常划分为不设立公司的企业和设立公司的企业，不设立公司的企业形式为个体工商户、个人独资企业、合伙企业，设立公司的企业通常称为"公司"，是指依照《中华人民共和国公司法》（以下简称《公司法》）规定设立的企业，包括有限责任公司和股份有限公司两种。下面分别讲解现代企业的各种组织形式。

（一）有限责任公司

有限责任公司又称为有限公司，指由符合法律规定的股东出资组建，股东以其出资额为限对公司承担责任，公司以其全部资产对公司的债务承担责任的企业法人。

（二）股份有限公司

股份有限公司又称为股份公司，其注册资本由等额股份构成，股东通过发行股票筹集资本。根据我国《公司法》的规定，股份有限公司是指其全部资本分为等额股份，股东以其所持股份为限对公司承担责任，公司以其全部资产对公司的债务承担责任的企业法人。

（三）一人有限责任公司

一人有限责任公司指只有一个自然人股东或者一个法人股东的有限责任公司。根据我国《公司法》的规定，一人有限责任公司的注册资本最低限额为人民币 10 万元。一人有限责任公司的股东不能证明公司财产独立于股东自己的财产的，应当对公司债务承担连带责任。

（四）合伙企业

合伙企业指由两个或两个以上的自然人通过订立合伙协议，共同出资经营、共负盈亏、共担风险的企业组织形式。我国合伙企业组织形式属于私营企业，一般无法人资格。

（五）个人独资企业

个人独资企业简称独资企业，指由一个自然人投资、全部资产为投资人所有的营利性经济组织。独资企业是一种很古老的企业组织形式，至今仍被广泛运用，其典型特征是个人出资、个人经营、个人自负盈亏和自担风险。

（六）个体工商户

个体工商户指在法律允许的范围内，依法经核准登记，从事工商业经营的自然人或家庭。个体工商户业主只需一个人或一个家庭，人数上没有过多限制，注册资本也无数量限制，开办手续比较简单。这类组织只需要业主有相应的经营资金和经营场所，到工商部门办理登记手续即可开业，个体工商户还可根据自己的需要起字号。

三、选择企业组织形式需考虑的因素

大学生创业者在选择企业组织形式时，要多咨询、多比较、多考虑，根据自己的实际情况选择一个最适合创办企业的组织形式。组织形式多种多样，有的组织形式对别人来说是一种优势，但对自己来说却是劣势。创业者要从

扫一扫

创业企业选择组织形式需考虑的因素

自身的实际情况出发，选择适合自己的组织形式，争取以最小的投资获取最大的收益。

选择适合的企业组织形式

学过平面设计的李琴想开一个设计工作室，但她由于一时还凑不出创业所需的资金，便暂时放下了创业的想法，到本地最大的一家平面设计机构——鹏飞公司参加应聘。鹏飞公司的领导看到李琴出色的设计作品时，便立即决定聘用她为公司的平面设计师。而李琴也非常珍惜这个机会，她刻苦认真、谦虚好学，不断从公司的老设计师身上学习新的设计技术和理念。由于李琴的工作成绩非常优秀，公司开始把重要客户的设计工作交给李琴负责。李琴在认真工作和学习的过程中，也始终在为自己的创业做着准备。

在鹏飞公司工作一年多以后，李琴正式辞职，决心用自己的积蓄开始创业。为了节约成本，李琴租下了一栋旧写字楼里的一间仅十几平方米的小办公室。有了办公室之后，李琴又到旧货市场买了办公桌椅、文件柜等办公家具，并把自己家里的电脑搬到办公室用于办公，还从电脑市场买了一台彩色打印机，所有成本总共不到 1 万元。

一切准备工作就绪后，李琴到工商局进行注册咨询，咨询后得知，如果注册有限责任公司，各种手续办下来要花 2 000 多元，而注册个体工商户的花费要少很多，于是她就用"李琴设计工作室"的名字办理了个体工商户的注册手续。当领到营业执照时，李琴无比自豪，她的创业梦想终于走出了第一步，接下来就可以开展业务了。

企业组织形式各有利弊，我们不能简单地说某种形式最好或最差，但从总体而言，选择企业组织形式应当考虑以下因素。

（1）资本和信用的需求程度。

（2）投资者的责任。

（3）开办程序的繁简与费用。

（4）拟创办企业的规模。

（5）企业的控制和管理方式。

（6）组织正式化程度与运营成本。

（7）利润和亏损的承担方式。

（8）税负。

（9）企业所处的经营期间。

（10）权益转移的自由程度。

（11）企业的行业性质。

（12）法律的限制。

讨论不同组织形式的优势和劣势，思考自己会选择哪种组织形式进行创业？

评分标准：积极参与讨论（25分）；观点新颖、合理（25分）；能够大胆表达自己的想法（25分）；语言表达流畅（25分）。

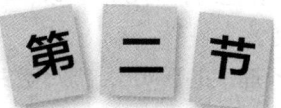 企业设立的流程

企业设立的流程为：企业名称预先核准登记→登记并领取"五证合一"证照→刻制印章→开立企业银行账户→办理税务事项。

一、企业名称预先核准登记

开办企业，首先需要为企业申请名称核准。企业名称经预先核准程序在企业设立前确定下来，可以使企业避免在注册过程中遇到因名称不确定而使带来的登记申请文件、材料使用名称杂乱，并减少因此引起的重复劳动，对统一登记申请材料中使用的企业名称、规范登记文件材料均有重要作用。

（一）名称构成

企业（公司）名称一般由4部分构成：行政区划+字号+行业或经营特点+组织形式。例如"北京市志恒贸易有限公司"。

❶ 申请企业名称时的注意事项

申请企业名称时，应注意以下5点。

（1）企业名称中的字号应当由两个及以上的字组成，行政区划不得用作字号。

（2）企业名称可以使用自然人投资人的姓名作字号。

（3）企业名称应当使用符合国家规范的汉字，不得使用外国文字、汉语拼音字母、阿拉伯数字、标点符号等作为企业名称。

（4）企业名称中不得含有其他法人的名称。

（5）企业名称中的行业表述应当为反映企业经济活动性质所属国民经济行业或者企业经营特点的用语。企业名称中行业表述的内容应当与企业经营范围相一致。

❷ 企业名称不予核准的情形

企业名称有下列情形之一的，不予核准。

（1）与同一工商行政管理机关核准或者登记注册的同行业企业名称字号相同，有投资关系

的除外。

（2）与其他企业变更名称未满1年的原名称相同。

（3）与注销登记或者被吊销营业执照未满3年的企业名称相同。

（4）其他违反法律、行政法规的。

（二）登记依据

（1）《企业名称登记管理规定》。

（2）《企业名称登记管理实施办法》。

（三）办理机构

创业者到工商行政管理机关办理企业名称预先核准登记时，需要准备以下材料。

（1）全体投资人签署的《企业名称预先核准申请书》。

（2）全体投资人签署的《指定代表或者共同委托代理人的证明》，需写明具体委托事项、被委托人的权限及委托期限。

（3）指定代表或者共同委托代理人的身份证。

（4）申请名称冠以"中国""中华""国家""全国""国际"字词的，提交国务院的批准文件复印件。

（5）对于特殊的申请名称，名称登记机关可以要求投资人提交相关的说明或者证明材料。

二、登记并领取"五证合一"证照

核名通过后，可通过工商网报系统填写《新设企业五证合一登记申请表》，然后持申请审核通过后打印的《新设企业五证合一登记申请表》以及相关的资料，前往大厅多证合一窗口受理。

窗口核对信息、资料无误后，将信息导入工商准入系统，生成工商注册号，并在"五证合一"打证平台生成各部门号码，补录相关信息。同时，窗口专人将企业材料扫描，与《工商企业注册登记联办流转申请表》传递至质监、国税、地税、社保、统计5部门，由5部门分别完成后台信息录入。最后打印出载有5个证号的营业执照。

不同的企业组织形式在办理营业执照登记时需具备的登记条件、登记程序、登记依据、所需材料均不同。下面分别讲解不同企业组织形式设立的相关要求。

（一）有限责任公司

有限责任公司

1 登记条件

根据《公司法》第二十三条规定，设立有限责任公司，应当具备以下5个方面的条件。

（1）主体条件。主体条件指股东必须符合法定资格及人数要件。我国《公司法》规定："有限责任公司由50个以下股东出资设立。"由此可见，有限责任公司股东的法定人数是50人以下，如果超过50人（不包括50人），则不能设立有限责任公司。值得注意的是，由于《公司法》允许设立一人有限责任公司，所以关于有限责任公司股东人数的下限应为1名股东，这名股东可以是1名自然人股东，也可以是1名法人股东，由1名股东设立的有限责任公司为一人有限责任公司。

（2）财产条件。财产条件指股东出资必须达到法定注册资本最低限额，这是设立有限责任公司的出资条件。根据我国《公司法》的规定，有限责任公司注册资本的最低限额为人民币3万元。法律、行政法规对有限责任公司注册资本的最低限额有较高规定的,从其规定。

(3)章程条件。章程条件指股东共同制订公司章程。有限责任公司的章程是记载公司组织和行为基本规则的文件。根据《公司法》的要求,公司章程应由有限责任公司的全体股东共同制订,以使章程反映全体投资者的意志。此外,《公司法》还对公司章程的记载事项予以明确规定,即有限责任公司的公司章程应当载明下列事项:①公司名称和住所;②公司经营范围;③公司注册资本;④股东的姓名或名称;⑤股东的出资方式、出资额和出资时间;⑥公司的机构及其产生办法、职权、议事规则;⑦公司法定代表人;⑧股东会会议认为需要规定的其他事项。

(4)组织条件。根据规定,建立符合有限责任公司要求的组织机构,这是设立有限责任公司的组织条件。依《公司法》规定,有限责任公司的内部组织机构分为股东会、董事会、监事会等。其中,股东会由全体股东组成,是公司的权力机构;董事会对股东会负责;监事会由股东代表和适当比例的公司职工代表组成。另外,股东人数较少或规模较少的有限责任公司可以不设董事会,只设1名执行董事,也可以不设监事会,只设1~2名监事。

(5)住所条件。有公司住所是设立有限责任公司的住所条件。

❷ 登记程序

(1)提出申请。有限责任公司是一种封闭性的法人,设立方式只能采用发起设立,不得采用募集设立方式。相对于股份有限公司而言,有限责任公司的设立程序比较简单,可直接由发起人向公司登记机关提出申请。

(2)登记发照。对于申请人提交的登记申请,登记机关应当依法进行审查。经审查不符合《公司法》规定条件的,不予登记。经审查符合《公司法》规定条件的,依法核准登记,发给营业执照。营业执照的签发日期为有限责任公司的成立日期。

公司可以凭登记机关颁发的营业执照申请开立银行账户、刻制公司印章、办理纳税登记等。只有获得了公司登记机关颁发的营业执照,公司设立的程序才宣告结束。

❸ 登记依据

(1)《中华人民共和国公司法》。
(2)《中华人民共和国公司登记管理条例》。

❹ 所需材料

(1)公司法定代表人签署的《公司设立登记申请书》。
(2)全体股东指定代表或者共同委托代理人的证明。
(3)公司章程。
(4)股东首次出资是非货币财产的,应当在公司设立登记时提交已办理财产权转移手续的证明文件。
(5)股东的主体资格证明或者自然人身份证明。
(6)载明公司董事、监事、经理姓名、住所文件及有关公司董事、监事、经理委派、选举或者聘用的证明。

（7）公司法定代表人任职文件和身份证明。

（8）《企业名称预先核准通知书》。

（9）公司住所证明。

（10）工商行政管理部门规定要求提交的其他文件。

法律、行政法规或者国务院决定规定设立有限责任公司必须报经批准的，还应当提交有关批准文件。

（二）股份有限公司

❶ 登记条件

股份有限公司

（1）发起人符合法定人数。根据我国《公司法》的规定，股份有限公司应当有2人以上200人以下的发起人，其中需有过半数的发起人在中国境内有住所。

（2）发起人认购和社会公开募集的股本达到法定注册资本最低限额。根据我国《公司法》的规定，股份有限公司注册资本的最低限额为人民币500万元。法律、行政法规有较高规定的，从其规定。

（3）股份发行、筹办事项要符合法律规定。

（4）发起人制订公司章程，采用募集方式筹集资金设立的公司制订的公司章程需经创立大会通过。

（5）有公司名称和符合股份有限公司要求的组织机构。

（6）有公司住所。

❷ 登记程序

（1）提出申请。申请设立股份有限公司，应当由全体发起人指定的代表或共同委托代理人向公司登记机关提出申请。

（2）登记发照。公司登记机关收到申请人按规定提交的全部文件后，发给申请人《公司登记受理通知书》，根据规定对文件依法进行审查，并在30日内做出核准登记或不予登记的决定。经审查，对符合条件的，公司登记机关应核准登记，并自决定准予核准登记之日起15日内通知申请人，发给营业执照；对不符合条件的，不予核准登记，并自做出决定之日起15日内通知申请人，发给《公司登记驳回通知书》，退回申请人提交的文件、证件。经公司登记机关核准登记并发给营业执照后，公司即合法成立。股份有限公司应当自领取营业执照之日起30日内发布设立公告，并应自设立公告发布之日起30日内将设立公告报送登记机关备案。

❸ 登记依据

（1）《中华人民共和国公司法》。

（2）《中华人民共和国公司登记管理条例》。

❹ 所需材料

（1）公司董事长签署的《公司设立登记申请书》。

（2）经国务院授权部门或者省、自治区、直辖市人民政府的批准募集设立的股份有限公司还应提交国务院证券管理部门的批准文件。

（3）创立大会的会议纪要。

（4）公司章程。

（5）筹办公司的财务审计报告。

（6）具有法定资格的验资机构出具的验资报告。

（7）发起人的法人资格证明或者自然人身份证明。

（8）载明公司董事、监事、经理姓名、住所的文件以及公司董事、监事、经理委派、选举或者聘用的证明。

（9）公司法定代表人任职文件和身份证明。

（10）《企业名称预先核准通知书》。

（11）公司住所证明。

（三）合伙企业

❶ 登记条件

根据《中华人民共和国合伙企业法》的规定，合伙企业的设立必须具备下列 5 项条件。

（1）有符合要求的合伙人。

（2）必须有合伙协议。

（3）有合伙人实际缴付的出资。

（4）有合伙企业的名称。

（5）有经营场所和从事合伙经营的必要条件。

❷ 登记程序

（1）提出申请。申请设立合伙企业由全体合伙人向拟设立合伙企业所在地的工商行政管理机关提出申请，具体办理时，应由全体合伙人指定的代表或者全体合伙人共同委托的代理人负责办理。

（2）登记发照。企业登记机关应自收到申请人提交所需的全部文件之日起 20 日内，根据规定对文件进行审查，做出是否登记的决定。予以登记的，发给营业执照，合伙企业的营业执照签发日期为合伙企业成立之日。不予登记的，登记机关应当给予书面答复并说明理由。合伙企业领取营业执照之前，合伙人不得以合伙企业的名义从事合伙事务。合伙企业可以设立分支机构。合伙企业设立分支机构的，应当向分支机构所在地的企业登记机关申请登记，并领取营业执照。

❸ 登记依据

（1）《中华人民共和国合伙企业法》。

（2）《中华人民共和国合伙企业登记管理办法》。

❹ 所需材料

（1）全体合伙人签署的《合伙企业设立登记申请书》。

（2）全体合伙人签署的《指定代表或者共同委托代理人的证明》，合伙人为自然人的由本人签字，自然人以外的合伙人加盖公章。

（3）全体合伙人签署的合伙协议。

（4）全体合伙人的主体资格证明或者自然人的身份证明。

（5）全体合伙人签署的对各合伙人认缴或者实际缴付出资的确认书。

（6）主要经营场所证明。自有房产提交产权证复印件，租赁房屋提交租赁协议原件或复印件以及出租方的产权证复印件。不能提供以上产权证复印件的，提交其他房屋产权使用证明复印件。

（7）全体合伙人签署的委托执行事务合伙人的委托书；执行事务合伙人是法人或其他组织的，还应当提交其委派代表的委托书和身份证明复印件。

（8）合伙人以实物、知识产权、土地使用权或者其他财产权利出资，经全体合伙人协商作价的，提交全体合伙人签署的协商作价确认书；经全体合伙人委托法定评估机构评估作价的，提交法定评估机构出具的评估作价证明。

（9）法律、行政法规规定设立特殊的普通合伙企业需要提交合伙人的职业资格证明的，提交相应证明。

（10）《企业名称预先核准通知书》。

（11）其他有关文件证书。

经营范围中有法律、行政法规或者国务院规定在登记前须经批准的项目的，提交有关批准文件。

（四）个人独资企业

1 登记条件

根据《中华人民共和国个人独资企业法》的规定，设立独资企业须具备以下5个条件。

（1）投资人为一个自然人。个人独资企业的投资人必须是一个人，而且只能是一个自然人。法律、行政法规禁止从事营利性活动的人，如法官、检察官、警察、国家公务员等，不得作为投资人申请设立个人独资企业。

（2）有合法的企业名称。企业名称是企业作为一个独立的经营实体的标志，是企业以自己的名义从事营运并区别于其他企业的标志。个人独资企业的名称应当与其责任形式及所从事的主营业务相符合。

确定企业名称时，应注意以下问题。

① 企业名称应当在企业申请设立登记时，由企业登记机关（即各级工商行政管理部门）加以核定。

② 企业只能登记使用一个名称，在登记主管机关辖区内不得与已登记注册的同行业企业名称相同或近似。

③ 企业名称不得含有下列内容和文字：一是"有限"或"有限责任"字样；二是可能对公众造成欺骗或误解的；三是外国国家名称、国际组织名称、政党名称、党政军机关名称、群众组织名称、社会团体名称及部队番号等。

④ 企业应根据其主营业务，在企业名称中标明所属行业或经营特点。

（3）有投资人申报的出资。一定的资本是企业得以存在的物质基础，个人独资企业也不例外。但由于个人独资企业的出资人承担的是无限责任，而并不是仅以出资额为限承担责任，对与之进行交易的第三人并不产生影响，故不要求个人独资企业有最低注册资本金，仅要求投资人有自己申报的出资即可。这一规定便于独资企业的设立，有利于独资企业的发展。

（4）有固定的生产经营场所和必要的生产经营条件。企业要经常性、持续性地从事营业活动，必须有固定的生产经营场所和必要的生产经营条件。所谓必要条件，是指根据企业的设立目的和经营范围设立的，如果欠缺就无法正常营业的物质条件。

（5）有必要的从业人员。企业要想登记成立，必须有一定数量的从业人员。

❷ 登记程序

个人独资企业的登记采取直接登记制，即设立独资企业无须经过任何部门的审批，而由投资人根据设立准则直接到工商行政管理部门申请登记即可。从事法律、行政法规规定应报经有关部门审批的业务（如医药、文化等），应先报经有关部门审批。

（1）提出申请。个人独资企业的申请人是个人独资企业的投资人。投资人也可以委托其代理人向个人独资企业所在地的登记机关申请设立登记。

（2）核准登记。个人独资企业实行准则设立的原则，即个人独资企业根据《中华人民共和国个人独资企业法》（以下简称《个人独资企业法》）规定的条件设立。登记机关应自收到设立申请文件之日起 15 日内，对符合《个人独资企业法》规定条件的，予以登记，发给营业执照；对不符合《个人独资企业法》规定条件的，不予登记，并给予书面答复，说明理由。个人独资企业营业执照的签发日期为个人独资企业的成立日期。

❸ 登记依据

（1）《中华人民共和国个人独资企业法》。
（2）《个人独资企业登记管理办法》。

❹ 所需材料

（1）投资人签署的《个人独资企业设立登记申请书》。
（2）《企业名称预先核准通知书》。
（3）申请人身份证原件和复印件。
（4）职业状况承诺书。
（5）企业住所证明，包括租房协议书、产权证明、居改非证明。
（6）法律、行政法规规定设立个人独资企业必须报经有关部门批准的，提交批准文件。
（7）从事的经营范围涉及法律、行政法规规定必须报经有关部门审批的，提交有关部门的批准文件。
（8）如委托他人代理，应提供投资人的委托书及代理机构的委托证明，以及代理人资质证书。

（五）个体工商户

❶ 登记条件

有经营能力的公民经工商行政管理部门登记，领取个体工商户营业执照，依法开展经营活动。

❷ 登记依据

（1）《个体工商户条例》。
（2）《个体工商户登记管理办法》。

❸ 所需材料

（1）申请人签署的个体工商户开业登记申请书。
（2）申请人身份证明。
（3）经营场所证明。

扫一扫

个体工商户

（4）工商行政管理部门规定提交的其他文件。

（5）经营范围涉及国家法律、行政法规或者国务院决定规定在登记前须经批准的项目的，应当在申请登记前报经国家有关部门批准，并向登记机关提交相关批准文件。

三、刻制印章

印章具有法律效力，任何人都不能随意刻制印章。新成立的公司申请刻制公司相应的印章时，须持营业执照复印件、法定代表人和经办人身份证复印件各 1 份，以及由公司出具的刻章证明、法人代表授权委托书到公安局指定的机构进行刻章。一般说来，公司常用的印章有以下 5 种。

（1）公章：公章是公司所有印章的权威，它代表公司的最高效力。它不管对内、对外都代表了公司法人的意志，使用公章可以代表公司对外签订合同、收发信函、开具公司证明。

（2）合同专用章：合同专用章是公司对外签订合同时使用的，相关合同的签订在公司经营签约范围内必须盖上合同专用章才能最后生效，因此它代表着公司需承受由此产生的权利和义务。一般情况下，公章可以代表合同专用章使用。

（3）财务专用章：财务专用章的用途比较专业化，一般针对单位会计核算和银行结算业务使用。

（4）法人章：法人章就是公司法人的个人用章，它对外具备一定的法律效力，可以用于签订合同、出示委托书文件等。

（5）发票专用章：发票专用章就是公司在经营活动中购买或开具发票时需加盖的印章。当然，在发票专用章缺少时，可以用财务专用章代替，反之不可以。

四、办理税务登记

依法纳税是每一个企业的责任，企业要进行纳税就必须进行税务登记，税务登记是我国税收管理中一项重要的管理制度。对广大纳税人来说，办理税务事项的第一件事，就是向主管税务机关申请办理税务登记。接受登记管理是纳税人依法履行纳税义务的基本前提，也是纳税人合法经营的主要标志。纳税人只有履行了登记手续，才能得到税务机关的管理服务，享受税收优惠，保证企业生产经营活动的顺利进行。

（一）办理税务登记的对象和期限

（1）企业及企业在外地设立的分支机构和从事生产、经营的场所，个体工商户和从事生产、经营的事业单位，应当自领取营业执照之日起 30 日内，持有关证件，向主管税务机关申报办理税务登记。承包和租赁及实行自负盈亏的生产经营者也应办理税务登记。

（2）不从事生产、经营活动，但除临时取得应税收入或发生应税行为以及只缴纳个人所得税、车船使用税以外，均应当自依照税收法律、行政法规规定成为纳税义务人之日起 30 日内向所在地税务机关申报办理税务登记。

（二）税务登记的主要内容

办理税务登记应当准备相应的税务登记证件，税务登记证件应当载明纳税人名称、统一代码、法定代表人或负责人、详细地址、经济性质或经济类型、经营方式、经营范围（主营、兼营）、经营期限和证件有效期限等。

（三）办理程序

① 申报

纳税人向当地税务机关申请办理税务登记，并提交申报材料。

② 受理

税务机关收到纳税人申请报告和有关证件资料后，应进行初步审查。对符合登记条件的纳税人，按其登记的种类，发放税务登记表或注册税务登记表和纳税人税种登记表，纳税人应当如实填写相关表格。

③ 核准

对纳税人填报的登记表格、提供的证件和资料，税务机关应当自受理之日起 30 日内审核完毕。符合规定的，予以登记，发给税务登记证或注册税务登记证及其副本，并分税种填制税种登记表，确定纳税人所适用的税种、税目、税率、报缴税款的期限、征收方式和缴库方式等。

④ 所需材料

（1）有限责任公司、股份有限公司办理税务登记所需材料如下。

① 营业执照副本或其他核准执业证件。

② 注册地址及生产、经营地址证明（产权证、租赁协议）。如为自有房产，提供产权证或买卖契约等合法的产权证明；如为租赁的场所，提供租赁协议，出租人为自然人的还需提供产权证明；如生产、经营地址与注册地址不一致，分别提供相应证明。

③ 有关机关批准的公司章程（国有、集体企业可不提供）。

④ 有关机关出具的验资报告或评估报告。

⑤ 法定代表人（负责人）的居民身份证（或户口簿）、护照或其他证明身份的合法证件。

⑥ 纳税人跨县（市）设立的分支机构办理税务登记时，还需提供总机构的营业执照及税务登记证（地税）副本复印件 1 份，以及是否独立核算的证明。

⑦ 有关部门批准的涉外企业批准证书。

⑧ 改组改制企业还须提供有关改组改制的批文。

⑨ 土地使用证、机动车行驶证。

⑩ 纳税人公章、法定代表人（负责人）名章。

⑪ 税务机关要求提供的其他资料。

（2）合伙企业、个人独资企业办理税务登记所需材料如下。

① 营业执照副本或其他核准执业证件。

② 房产证明（产权证、租赁协议）。如为自有房产，提供产权证或买卖契约等合法的产权证明；如为租赁的场所，提供租赁协议，出租人为自然人的还须提供产权证明。

③ 法定代表人（负责人）居民身份证（或户口簿）、护照或其他证明身份的合法证件。

④ 土地使用证、机动车行驶证。

⑤ 合伙企业须提供合伙人协议。

⑥ 纳税人公章、法定代表人（负责人）名章。

⑦ 税务机关要求提供的其他资料。

（3）个体工商户办理税务登记所需材料如下。

① 营业执照副本或其他核准执业证件。
② 业主居民身份证（或户口簿）。
③ 房产证明（产权证、租赁协议）。如为自有房产，提供产权证或买卖契约等合法的产权证明；如为租赁的场所，提供租赁协议，出租人为自然人的还须提供产权证明。
④ 土地使用证、机动车行驶证。
⑤ 税务机关要求提供的其他资料。

五、开立企业银行账户

扫一扫
开立企业银行账户

创业者要创办一家企业，往往需要通过银行进行资金周转和结算，这就不可避免地要和银行打交道，因而我们也要了解银行账户的种类以及如何办理银行开户、销户等手续。

（一）银行账户的种类

按照国家现金管理和结算制度的规定，每个企业都要在银行开立结算账户（即结算户），用来办理存款、取款和转账结算。银行结算账户分为以下4种。

1. 基本存款账户

基本存款账户是企业的主要存款账户，主要用于办理日常转账结算和现金收付，以及存款单位的工资、奖金等现金的支取。该账户的开立需报当地人民银行审批并核发开户许可证，开户许可证正本由存款单位留存，副本交开户行留存。一家企业只能在一家商业银行的一个营业机构开立一个基本存款账户。

2. 一般存款账户

一般存款账户是企业在开立基本存款账户以外的银行开立的账户。该账户只能办理转账结算和现金的缴存，不能办理现金的支取业务。

3. 临时存款账户

临时存款账户是企业的外来临时机构或个体工商户因临时开展经营活动需要开立的账户。该账户可办理转账结算以及符合国家现金管理规定的现金业务。

4. 专用存款账户

专用存款账户是企业因基本建设、更新改造或办理信托、政策性房地产开发、信用卡等特定用途开立的账户。该账户支取现金时，必须报当地人民银行审批。

（二）银行开户手续的办理

办理银行开户手续需要填制开户申请书并提供有关证明文件。开立不同的账户，所需材料也不同，具体如下。

（1）开立基本存款账户需要当地工商行政管理机关核发的企业法人执照或营业执照正本。
（2）开立一般存款账户需要基本存款账户的开户人同意其独立核算单位开户的证明。
（3）开立临时存款账户需要当地工商行政管理机关核发的临时执照。
（4）开立专用存款账户需要有关部门批准的文件。

（三）银行销户手续的办理

开户人可以根据需要撤销其在银行开立的结算账户。开户人撤销结算账户时，应与银行核对账户余额，经银行审查同意后，办理销户手续。销户时，企业应交回剩余的重要空白凭证和开户许可证副本。办理银行销户手续时应遵循以下规定。

（1）一般存款账户余额不得超过企业在开户银行的借款余额，超过部分开户行将通知开户单位5日内将款项划转至基本存款账户，逾期未划转的，银行将主动代为划转，一般存款账户借款清偿后要办理销户。

（2）临时存款账户的使用期限不得超过1年，超过1年的将予以销户。

（3）企业销货款、异地汇入款项中除基建或专项工程拨款外的非专项资金不得进入专用账户。

（4）开户人改变账户名称的应先撤销原账户，再开立新账户。

（5）开户行对1年内未发生收付活动的单位账户，将对开户人发出销户通知，开户人应当自收到通知之日起30日内（以邮戳日为准）到开户行办理销户手续，逾期不办理将视为自愿销户。

一、小组讨论

1. 爱喝咖啡的人多数都听说过星巴克，星巴克是当下青年男女热衷的咖啡店。请同学们讨论下星巴克咖啡的选址策略？

2. 王苏想开一家服装店。她在选择店面地点时犹豫不决。当时，城南地段已有很多服装店，竞争非常激烈；而城北地区没有服装店，无竞争对手。王苏不知该如何决择。后来，她在一个公园里看到很多人在园内的两个钓鱼池里钓鱼，小钓鱼池四周围满了人，而大钓鱼池周围冷冷清清的，只有两三个人。经打探得知，原来是小钓鱼池鱼多，不断有人钓上鱼来；而大钓鱼池鱼少，很少有人钓上鱼来。王苏豁然开朗，很快就决定了店面地址。

讨论：如果你是王苏，你会在哪开办服装店？为什么？

二、探索活动

企业选址调研

活动内容：

以小组为单位，根据所选择的不同经营内容，进行选址调研，并制订选址方案。调研内容包括以下8点。

（1）企业目标客户在哪些地方？

（2）所选地址的日客流量是多少？

（3）所选地址的房租在什么价位？

（4）所选地址附近有多少家同行业的企业？这些企业的实力如何？

（5）所选地区是否具有长远的发展前景？

（6）所选地区的经济是否繁荣？

（7）所选地区消费者的收入、文化品位和消费心理分别呈现什么特点？

（8）所选地区的交通是否便利？

实施步骤：

第一步：由教师对学生进行分组，每组4~6人，选出一个小组负责人。

第二步：小组编写调研方案，确定调研内容、调研方法、调研人员及分工等事项。

第三步：实施调研。

第四步：编写选址方案。

第五步：将选址方案制作成PPT，由小组负责人上台展示。

第六步：教师进行点评。

活动检测：

活动结束后，教师根据表7-1进行评分。

表7-1 探索活动评价表

评分标准	满分/分	实际得分/分	备注
按要求实施了调研	25		
选址报告结构完整、分析合理	25		
掌握了企业选址的技巧	25		
PPT制作精美，讲解清晰流畅	25		
总分	100		

第三节 企业的管理

为了促进企业管理水平的提高，增强企业的竞争能力和发展能力，创业者应掌握企业管理的基本原理、方法和相应的管理知识，并能够运用这些管理知识和方法来解决企业管理中的实际问题。

一、企业管理的原理与方法

对于新创企业，创业者应该运用合理的、科学的管理原理和方法并结合实际情况进行管理。

阅读材料

阿斯旺水坝的工程警示

世界上首屈一指的高坝——埃及阿斯旺水坝建于20世纪70年代初。虽然这座水坝给埃及的防洪、灌溉和发电等带来了巨大的好处，但是该水坝破坏了尼罗河流域的生态平衡，造成了一系列灾难：第一，水坝的建立导致尼罗河的泥沙和有机质都沉积到水库底部，使尼罗河两岸的绿洲失去了泥沙沃土，土地开始盐碱化，肥力也丧失殆尽；第二，由于尼罗河河口供沙不足，导致河口三角洲平原向内陆收缩，使工厂、港口、国防工事有跌入地中海的危险；第三，由于缺乏来自陆地的盐分和有机物，致使河内沙丁鱼几乎绝迹；第四，由于大坝阻隔，使尼罗河下游的活水变成相对静止的"湖泊"，为血吸虫和疟蚊的繁殖提供了条件，致使水库区一带血吸虫病流行。

埃及在建造阿斯旺大坝时，由于对环境保护的认识不足而带来的灾难，不仅对此后大型水坝的建设工作起了警示作用，也说明造成这些灾难的原因是管理者在计划与决策上的失误。

（一）企业管理的基本职能

管理创业者通过计划、组织、领导、控制等职能来有效协调人力、物力和财力等资源，以便更好地完成组织目标的过程。下面具体介绍企业管理的基本职能。

❶ 计划

计划指管理者根据生产经营的需要，为企业的各个部门、环节和人员在时间和空间上规定其具体任务。计划先于其他管理工作，是决定生产经营系统能否有秩序、有效率地进行活动的首要环节，计划包括确定或指定目标、措施、工作程序和各种标准等工作。企业的计划管理，除须保证按期、按量、按质生产商品之外，还应突出经济效益和社会需要。因此，管理者要重视对市场的调查和预测，使计划建立在可靠的基础上。

❷ 组织

组织指管理者根据企业的总目标和管理的要求，把生产经营的各个要素，在劳动分工、协作和人员配备等方面，用各种结构形式，合理、紧密、高效地加以组合与协调，以形成一个有机的整体。有效的管理组织系统应该明确各级管理机构和人员的职责范围，迅速、准确地传递各种信息。组织是达到目标、完成计划的保证。

❸ 领导

领导指管理者利用职权和威信施展影响，指导和激励各类人员努力实现目标的过程。领导工作包括激励下属、指导下属行动、选择最有效的沟通途径或解决组织成员间的纷争等。领导工作的核心和难点是调动组织成员的积极性，这需要领导者运用科学的激励理论和合适的领导方式。

❹ 控制

控制指管理者对一切工作加以分析和检查，判断其是否背离原定的计划和目标，找出弱点和错误，及时分析原因，并予以纠正，使企业的资源有效运用于企业的各方面。企业应尽可能做到预先控制，并建立标准，加强信息反馈。

（二）企业管理的基本原理

企业管理的基本原理是管理理论的核心，是经营和管理企业必须遵循的一系列基本的管理理念和规则，也是实现企业有效管理的基础。企业管理的基本原理主要有以下6条。

❶ 人本原理

人本原理指一切管理活动应以调动人的积极性，挖掘人的潜能为根本。人是管理活动中最活跃的因素，既是管理的主体，又是管理的客体。因此，现代企业管理强调以人为中心，要求对组织活动的管理既是"依靠人的管理",也是"为了人的管理"。

② 系统原理

系统原理指在管理活动中必须运用系统理论、系统思路、系统工程、系统方法来进行系统管理。企业是一个系统,由各子系统及要素构成,外部环境是一个大系统。管理者要正确掌握整体、局部及内外彼此之间的关系和相互作用,使企业整体效益最优。

③ 整分合原理

整分合原理指现代管理的高效率和高效益,必须在整体的规划下,进行明确的分工,并在分工的基础上,进行有效的综合。"整"是集权、统一,"分"是分权、分工,二者要妥善结合、互相协调。

④ 反馈原理

反馈原理指管理者为了确保及时、准确、高效地完成既定计划,达成组织目标,必须快速、准确掌握组织内部和环境的变化,及时将系统的运行状态和输出结果与原计划及目标进行比较,以便出现偏差时立即采取行动加以纠正或修改计划、调整目标,保证组织目标的实现。

⑤ 能级原理

能级原理指管理者应建立一个合理的能级结构,并按一定的规范和标准,将管理内容置于相应的能级之中,以实现管理的高效能。不同的能级随组织机构的层次而不同,要各尽所能。

⑥ 弹性原理

弹性原理指管理必须保持充分的弹性,并留有余地,以适应客观事物可能发生的变化,有效地实行动态管理。企业应随时保持应变能力,以信息方式运用弹性原理,并适当地掌握物质动力和精神动力,作为一切工作的推进力。

小阿与小布的差别

小阿和小布年龄相同,他们在同一家店铺工作,领着相同的薪水。一段时间后,小阿的薪水不断提升,小布的薪水却还停留在原地。小布很不满意老板的不公正待遇,有一天他跑到老板那儿发牢骚,老板一边耐心地听着他的抱怨,一边在心里盘算着怎么向他解释,等到小布说完后,老板开口说:"小布,你现在去集市上看看,今天早上有什么卖的。"听到老板的话,小布跑去了集市。

小布从集市上回来后向老板汇报:"今天早上集市上只有一个农民拉了一车土豆。"老板又问:"有多少?"小布赶紧戴上帽子又跑到集市,回来后告诉老板:"一共有40袋土豆。"老板继续问:"价格是多少?"小布第三次跑到集市问来了价格。听完小布的汇报,老板不慌不忙地对他说:"好吧,现在请你坐在这把椅子上一句话也不要说,看看小阿是怎么做的。"

老板叫来了小阿,让他也去集市看看有什么卖的。小阿很快从集市回来并向老板汇报:"集市上只有一个农民在卖土豆,共有40袋。"接着,他介绍了土豆的价格和土豆的质量。由于昨天他们店铺的西红柿卖得很快,库存已经不多,而这个农民一个小时后还会卖西红柿,据小阿了解价格非常公道,他想这么便宜的西红柿老板肯定会买一些,所以他不仅带回了一个西红柿做样品,还把那个农民带了回来,现在那个农民正在外面等回话。

此时,老板转向了小布,说:"现在你肯定知道为什么小阿的薪水比你高了吧?"

管理的基本原理并不是孤立的,而是相互包容、相互联系、相互依赖、相互作用的。在管理实践中,综合掌握并运用这些原理,可使管理系统成为一个生机勃勃的有机综合体。

(三) 企业管理的基本方法

企业的管理方法是管理者在管理活动中为实现管理目标、保证管理活动顺利进行所采取的工作方法,而基本方法是从各种具体方法中概括出来的方法,主要有以下4种。

扫一扫

企业管理的基本方法

❶ PDCA 循环

美国统计学家戴明提出的 PDCA 循环也叫戴明循环,它在质量管理工作中得到推广。其实,PDCA 循环的应用大大超出了质量管理的范围,它不但反映计划、组织、控制3项管理功能的有机结合,也反映了企业经营管理工作的一般规律。PDCA 循环是企业经营管理中最基本的方法。

PDCA 循环的含义:计划(Plan,P),根据企业目标,制订计划;执行(Do,D),按照计划,制订措施,组织执行;检查(Check,C),对照目标,检查效果,发现问题;处理(Action,A),总结经验,把成功的经验予以肯定并纳入标准,把遗留的和新产生的问题转入下一循环,然后制订新的目标,继续循环解决。

PDCA 循环的运行状态:PDCA 循环犹如车轮一般,按 P、D、C、A 4 个阶段不停转动;整个企业的管理系统构成一个大的 PDCA 循环,而各个部门、各个环节的管理又都有各自的小的 PDCA 循环,大环套小环、小环保大环、一环扣一环;PDCA 循环每转动一圈,就提高一步,不停地转动,问题随之不断得到解决,经营管理水平也不断提高。

❷ 目标管理

目标管理指管理者以企业总目标为依据,从最高领导开始,各级主管与下属协同制订本部门和每个人的目标,以及达到目标的计划和实施进度,然后据此填写目标卡,并将全过程记录下来,到期做出评定,给予奖惩,而后重新制订目标,再开始新的循环的方法。显然,这种方法是 PDCA 循环在计划管理方面的应用。

实行目标管理,可以在指定时期内获得明显的效果。其优点是由于上下协调,层层落实,检查、控制、奖惩都比较易于执行;缺点是容易忽视非定量的目标、例外事件或新的机会,外部环境多变时,容易打乱原定部署。

❸ 满负荷工作法

满负荷工作法是产生于石家庄第一塑料厂的一套工作法,指管理者先对企业的各项工作提出较为先进的目标,然后把目标分成几个阶段逐步实现,而后层层落实,形成保证体系,并与个人报酬挂钩。满负荷工作法的主要内容有9项,即质量指标、经营指标、设备运转、物资使用、资金周转、能源利用、费用降低、人员工作量、8 小时利用率。此法适用于管理基础较差的企业。

❹ 例外管理

例外管理指企业内部各级主管把自己部门中的工作分为两类：第一类是常规工作，可以授权下级去做；第二类是必须自己亲自过问的例外工作。各级主管在进行工作分类时，应先制订一些必要的标准和规章，把第一类工作交给经过训练或有经验的下属，使其将规定范围内的事情按章执行，定期汇报。但如果遇到例外的事情，则必须立刻报告主管，由主管亲自处理。

例外管理的优点是主管可以集中精力处理重要事务，能充分发挥下属的能力。例外管理的缺点是制订标准和规章需要技巧与经验；下属有时未能及时汇报例外情况，容易导致失误。

二、基础管理与人力资源管理

基础管理是企业开展专业和综合管理活动的最基础的工具与方法，专业管理和综合管理则是运用基础管理作用于各项经济活动资源要素，以实现企业目标和价值并尽可能追求投入产出效率最大化的过程。

（一）基础管理

企业要搞好经营管理，必须先做好基础管理工作，一般包括以下 6 个方面。

❶ 规章制度

企业必须贯彻执行国家的法令、条例和政策，根据实际需要制订必要的企业规章、守则，还要建立严格的制度，使考勤、交接班、工艺操作、质量检验、财务出纳等环节都有章可循。企业在建立规章制度的过程中，要贯彻民生集中的原则，并且企业在执行规章制度时要严格，尤其是领导和管理人员要身体力行，不能例外，这样才能凝聚人心，促进企业长足发展。

❷ 原始记录

企业一切活动的结果必须以一定的表格形式，用数字或文字加以记录。管理者要随时更新企业内部的各项原始记录和技术、管理、经营资料，使其形成统一协调的企业信息系统，以适应现代企业经营管理的需要。原始记录是健全企业经营管理工作的重要内容，其信息务求准确，绝对不能主观估计，更不能凭空捏造。

企业原始记录的内容包括生产、销售、劳动、原材料、设备动力、财务成本、技术等各方面。各种技术文件与管理文件，如产品设计任务书、设计图纸、各类工艺卡片、工艺操作规程、图纸及工艺更改通知单、产品品质鉴定报告、各种计划大纲及定额资料，都是企业生产活动必不可少的原始材料。

❸ 计量监测工作

企业应根据生产规模和实际工作的需要，设置专门的计量监测机构，配备必要的人员，购置必要的计量监测器具，建立标准，加强对计量监测器具的检验和维修以保证其准确性。另外，企业还应健全工作责任制，制订工作规程，并严格执行，提高工作质量。这对保证产品质量、提高劳动效率、加强经济核算，以及对材料、物资的收发和消耗，都有极大关系。小型企业可能会因为财力不足，无法置备昂贵的计量或测试设备。针对这种情况，小型企业除了购置必需的计量监测器具，还可以与大型企业合办测试中心，或者利用科研机构的设备进行这类工作。

❹ 统计工作

企业有了比较完整的原始记录之后，就要进一步根据有关规定和企业需要，应用统计方法及时加以统计分析，而后才能开展决策、计划和定额等工作，并以统计分析结果作为检查考核的依据。统计工作以原始记录为基础，涉及整个企业。统计工作必须及时、全面、准确。做好统计工作有利于各级管理人员处理问题，做出决策，进行检查、控制和指挥。

❺ 定额工作

在一定的生产技术和生产组织条件下，企业要规定人、财、物消耗应当达到的定额标准。以下是企业经常采用的定额标准。

（1）生产：生产周期、生产批量、在产品定额等。

（2）劳动：单位产品（或零件）的工时定额、工序工时定额、设备看管定额、工时利用率等。

（3）物资消耗：单位产品（或零件）和原材料（燃料、动力、工具等）消耗定额、材料利用率、物资储备定额、采购周期等。

（4）设备：单位产品（或零件）台时定额、设备生产能力（容量）定额等。

（5）成本费用：单位产品（或零件）成本定额、企业管理费定额、车间经费定额等。

（6）财务资金：储备资金定额、生产资金定额、成品资金定额、资金利用率、百元产值占用流动资金、流动资金周转天数等。

（7）其他：工具消耗定额、单位产品面积产量定额、单位产量耗电定额等。

有了科学的定额体系，还要有科学的定额管理制度。良好的定额管理对企业的组织劳动、推动经济责任制度、贯彻按劳分配、提高劳动生产率、加强经济核算、降低产品成本都有重大作用。

❻ 员工培训

企业应将员工培训作为一项基本建设来进行，而进行员工培训的第一步就是确定培训目标，确定培训目标必须结合企业的实际条件和决策目标。新企业根据一定标准招收员工后，员工要有一个熟悉业务、认同企业形象的过程。有些国外的大型企业采取有计划地组织员工参加培训，为员工讲授企业文化、企业历史、经营思想、管理技巧、行为科学、公共关系等课程，并以其作为提升干部、补充中高级经营管理人员的手段。进行员工培训是有进取精神的大型企业自我发展之路。

（二）企业的人力资源管理

新创企业的特点是小巧、灵活，因而在人力资源管理上，新创企业不必像大企业那样面面俱到，只需要根据自身特点，充分发挥自身的优势即可。新创企业的人力资源管理工作包括以下5个方面。

扫一扫

人力资源管理

❶ 突破血缘、亲缘关系，走出家族制的藩篱

新创企业多半是靠创业者白手起家，一点一滴做起来的。新创企业在原始积累的过程中，经历过千辛万苦甚至是生与死的较量。所以，许多企业领导人把企业财产视同私有财产，在企业中担任要职的往往是家族成员，而对企业中非血缘关系的员工信任度非常低，外来员工很难享受股权，永远被视为打工者。这种家族式管理存在天然缺陷，会对外来员工起到一种排斥作用。

因此，创建现代企业制度不仅是国有企业的事，新创企业更需要加快制度变革的步伐，早日走出家族制的藩篱。

❷ 制订科学的管理标准

管理标准是履行管理职能时必须遵循的权责标准、程序标准、法律标准、制度标准及实施标准（能干什么、谁去干、怎么干以及不能干什么），这些具体标准具有明确的规定性和较强的约束力。建立并贯彻执行管理标准是现代管理区别于传统管理的一个鲜明特征，新创企业必须站在管理法制化、科学化的高度来认识管理标准的重要性。

❸ 制订严密的管理制度

企业的管理制度是企业至高无上的"法"，每个人必须依"法"办事，任何人不得凌驾其上。管理制度在执行时必须具有时效性、可操作性、明晰性，让企业和员工一起成长。

❹ 管理方法、手段的多样性与综合性

管理方法与手段是随着社会和科技发展而不断丰富、发展的，管理方法与手段的应用直接影响管理效果。在应用管理方法与手段时，有两点值得注意：第一，不能忽略思想、文化方面的管理方法，思想和文化对人的世界观、价值观形成，对行为的导向及组织的凝聚力有着重要的影响，是管理的重心，也可以称为管理的基础；第二，不能只强调或偏重哪一种或哪几种手段的应用。作为企业的管理者，应当善于管理，而善于管理就是要善于综合运用各种管理方法和手段。

❺ 提升企业文化

企业初创时期，对员工的吸引主要是靠人性化的管理和机会牵引。应当承认，新创企业家族式管理的凝聚力和战斗力有着天然的合理性。然而，随着企业发展，业务和人员逐渐稳定，制度越来越规范，家族式企业的优势会渐渐减少，此时维系员工的除了合理的薪酬激励和公平分配，还有企业文化的牵引，即企业必须提供共同奋斗的愿望、价值观念和文化氛围，激发员工目标与企业目标的趋同。

三、创业初期营销管理

任何企业都有自己的产品，任何产品的生产都是为了给企业带来利润，而产生利润的价格应该是消费者和企业双方都可以接受的价格。掌握产品和企业的生命周期以及产品定价策略，可以引导创业者建立企业从成长到衰亡的整体概念，从而建立起企业经营管理所需的不断创新的创业意识。

（一）产品和企业的生命周期

了解产品和企业的生命周期理论可以帮助创业者对产品及行业发展趋势进行研究分析，有利于创业者控制企业发展阶段并做出正确决策。

❶ 产品的生命周期

产品生命周期理论是由美国哈佛大学教授费农于 1966 年在《产品周期中的国际投资与国际贸易》一文中首次提出的。费农认为，产品生命是产品在市场上的营销生命，产品和人一样，要经历形成、成长、成熟、衰退这样的周期，而这个周期在不同技术水平的国家里，发生的时间和过程是不一样的，其间存在较大的时差。正是这一时差，表现为不同国家在技术上的差距，反映出同一产品在不同国家市场上的竞争地位的差异，从而决定了国际贸易和国际投资的变化趋势。

产品生命周期（Product Life Cycle，PLC）是把一个产品的销售历史比作人的生命周期，人的生命要经历出生、成长、成熟、老化、死亡等阶段，而产品也要经历一个开发、引进、成长、成熟、衰退的阶段。产品在生命周期各个阶段的销售规律如图 7-1 所示。

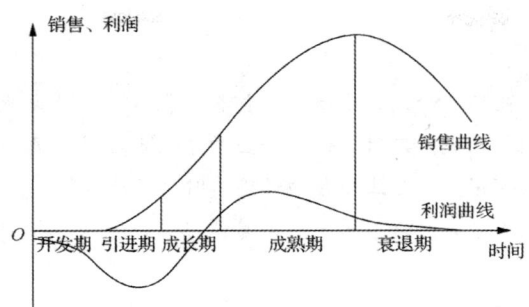

图 7-1 产品在生命周期各个阶段的销售规律

产品在生命周期各个阶段的特点如下。

（1）开发期：从开发产品的设想到产品制造成功的时期。此期间产品销售额为零，公司投资不断增加。

（2）引进期：把新产品投放市场的时期。此期间产品上市，销售缓慢。由于投放新产品的费用太高，初期通常利润偏低或为负数，但此时没有或只有极少的竞争者。

（3）成长期：产品经过一段时间的市场销售，有了一定的知名度，销售快速增长，利润也显著增加。但由于市场占有及利润增长较快，容易吸引更多的竞争者。

（4）成熟期：此时市场成长趋势呈现减缓或饱和状态，产品已被大多数顾客所接受，利润在达到顶点后逐渐走下坡路，企业为保持产品地位需投入大量的营销费用。

（5）衰退期：这期间产品销售量显著衰退，利润也大幅度滑落。优胜劣汰，市场竞争者越来越少。

 了解产品生命周期后，创业者应该建立"做着今天、想着明天、计划着后天"的经营思路。任何产品都会有兴衰，因此，当第一个产品进入成熟期后，企业就应开始启动第二个新产品的开发或第一个产品的升级换代。只有这样企业的利润才可以保持在一定的稳定水平。

2) 企业的生命周期

世界上任何事物的发展都存在生命周期，企业也不例外。企业的生命周期是企业发展与成长的动态轨迹，企业的利润随企业生命周期各阶段的变化曲线如图 7-2 所示。

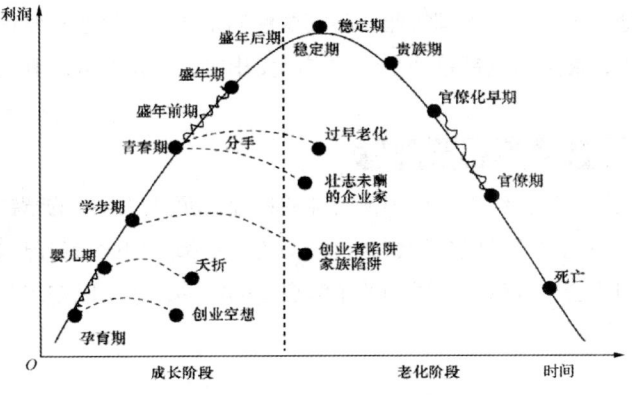

图 7-2 企业生命周期示意图

提醒 从企业的生命周期来看，任何企业在成长期的失败率都较高，即使平安度过成长期，在成熟期时，面对企业的繁荣也应该注意预防一些弊端，所以创业精神应该贯穿整个企业经营的始终，时刻不能放松。

（二）企业生命周期不同阶段的产品策略

了解产品生命周期不同阶段的产品定价策略，可以促进创业者对市场和价格的认识与理解，有利于创业者进行正确的产品定价。

❶ 在产品生命周期不同阶段的产品定价策略

不管创业者生产的产品质量有多好，产品的价格还是由市场决定。例如：计算机刚刚进入市场时的价格与今天的价格已不可同日而语；在以前手机是一种身份的象征，但到了今天手机已经普及到小学生。造成这种变化趋势的原因就在于产品处于不同的生命周期。因此，产品在不同的阶段应对其采用不同的定价策略。

（1）开发阶段：产品刚进入市场，定价较高，利润较低，因为营销成本较高。

（2）发展阶段：产品逐渐得到市场认可，定价较高，利润开始增长。

（3）成熟阶段：大多数潜在顾客已经购买了产品，新顾客很少，价格下降或打折销售，盈利减少，营销费用加大。此时应开发新产品并迅速投放市场。

（4）衰退阶段：原有产品的销售额和利润开始下降，宣布退出市场；新产品开始盈利。

❷ 产品进入市场的最佳阶段

作为创业者，首先应该分析你的产品处于哪个阶段，并根据不同的生命周期来制订相应的营销策略。通常，产品进入市场的最佳时机是在产品的开发阶段，在这个阶段将产品投放市场可以使产品在市场的发展阶段获得最大的利润，并且往往能够使企业在较长时间内保持竞争优势。

（三）企业的营销方式

营销就是有利益地满足需求。不同行业、不同规模的企业，所采取的营销方法是不一样的，但是不论用何种营销手段，最终目的都是把企业的产品卖出去，为企业换取利润，以维持企业的正常运转。

❶ 创业初期的营销——企业家营销

每个企业在创建之初，都会经历一个艰苦奋斗的过程。尤其是最初的营销过程，是对创业者心理素质的极大挑战，很多现在非常成功的企业，最初的营销都是创业者自己去推销自己的产品。通过推销自己的产品，创业者不仅可以更详细地了解自己的产品，还可以在谈判中独立决策，并且掌握客户的第一手资料。

阅读材料

波士顿啤酒公司的成长

波士顿啤酒公司的创始人是 Jim Koch，在 1984 年公司刚创立时，他采用的啤酒营销方式是直接销售和人际关系。他带着啤酒到酒吧劝说酒吧老板试饮他的啤酒，极力恳求酒吧老板把他的啤酒加入酒吧的菜单中去。

经过多年的奋斗，波士顿啤酒公司在 2014 年的年销售收入达到了 9.03 亿美元，占据全美啤酒市场 1% 的份额。最后凭借旗下的爆款产品 Samuel Adams Boston Lager，Jim Koch 成为业内的顶级富豪。

企业在创立初期的营销过程中易犯的 7 个致命错误如下。

（1）不够理解客户。
（2）产品卖点不能满足目标客户的需求。
（3）创始人没有和顾客"亲密接触"。
（4）新创企业没有保持后续跟进。
（5）只对用户界面/用户体验进行优化，忽视了销售漏斗。
（6）价格定位不合理。
（7）创始人不过问产品营销业务。

在企业营销活动中，有一部分企业由于只重视吸引新客户，忽视了维持现有客户，使企业将管理重心置于售前和售中，造成售后服务中存在的诸多问题得不到及时有效的解决，从而流失了大量现有客户。而企业为保持销售额，必须不断补充新客户。如此反复循环，这就是销售漏斗原理。

提醒　　根据漏斗原理，企业虽然销售业绩没有受到任何影响，但是为了争取新客户所花费的宣传、促销等成本却比维持老客户所花费的成本高得多。因此，以漏斗原理作为制订企业营销策略的指导思想，只适用于以传统的生产观念、产品观念和推销观念为主导的时代。

❷ 成熟创业的营销——惯例式营销

企业进入成熟期后的营销方式与创业初期的营销方式是迥然不同的。随着企业的发展和客户群体的壮大，惯例式营销是企业发展的结果，细分市场是企业营销的基础。

❸ 协调式营销——两种营销方式兼顾的模式

许多大企业采用惯例式营销之后，会花费大量精力阅读最新的市场数据，浏览市场调研报告，力求最好地协调与经销商的关系和利用广告进行产品推销。但是，经过比较发现，惯例式营销模式缺乏企业家营销模式的灵活性、创造力和热情，于是，更多的企业会在惯例式营销模式的基础上，采用企业家营销模式，企业的品牌经理和生产经理走出办公室参与营销，面对面地倾听顾客的反馈，以保证企业的产品更好地满足客户要求。

4 做大企业的小伙伴

创业初期,企业的力量不够强大,势单力薄,如果仅靠自己孤身奋战,不仅会因为与其他企业相互撞车而自取灭亡,还会由于老是生活在巨人的阴影下,难以取得长足进步。在创业初期,创业者应当凭借自身的优势,取长补短,依附大企业成长,找到自己的企业与大企业的共同利益,主动与大企业结盟,将竞争对手转化为依存伙伴,用大企业的优势和资源来发展自己。做大企业的小伙伴,这种营销模式实质上是依附成长模式。

阅读材料

从追随者起步的华为

华为是一家知名的大公司,华为的产品主要涉及通信网络中的交换网络、传输网络、无线及有线固定接入网络、数据通信网络、无线终端产品,它为世界各地通信运营商及专业网络拥有者提供硬件设备、软件、服务及解决方案。它不仅是中国电信市场的主要供应商之一,还依靠中国电信的优势,成为了大腕中的大腕。

随着电信事业的发展壮大,华为的产品和解决方案已经应用于全球170多个国家和地区,服务全球运营商50强中的45家及全球1/3的人口。华为2017年上半年的经营数据显示,2017年上半年实现销售收入2 831亿元,同比增长15%,营业利润率为11%。

华为为什么会取得突飞猛进的成果?就像牛顿说的:"我是站在巨人的肩膀上,所以站得更高。"华为正是依靠"做大企业的小伙伴"而取得成功的。

创业的路上充满荆棘和曲折,往往领先的最累,而跟随其后的相对较轻松。通过给大品牌做代理销售或做大企业的配套零件创业的数不胜数,例如,有一家波兰的企业只生产红酒瓶的软木塞,但也取得了骄人的业绩。因此,对于有些新创企业来说,做一个市场的追随者和补缺者,会方便许多。

加盟特许经营企业比新创企业更容易,那些成熟的特许加盟企业,往往有更强的抗风险能力,而开办的新企业抗风险能力相对较弱。在选择加盟企业时,最好选择已经有3年以上特许经营历史的成熟企业,因为它们的商品质量一般较好,客户服务系统往往比较完善。

(四)企业的发展需要正确的经营理念

企业为什么而生存?企业追求的目标是什么?创业者应以什么样的理念来经营和管理企业?在企业开创前和开创后,创业者对这些问题都应有相应的认识。

1 创业者最初的目标是独立生存

所谓经营理念,就是企业的经营目标。现实中,有些企业并没有根据企业自身特点制订经营理念,而是直接借用别人的经营理念,如"以人为本""走向世界",其实这些经营理念不过是一句随处可见的口号,并不能表达创业者的真实意图,也不能被员工完全理解。不管是创业者还是企业,在企业创立之初最简单的动机和目的就是要企业长久地生存下去,只有这样才可以实现创业者的真实意图和最终目的。

对于新创企业来说，聘请的外来员工较少，大多数是亲戚和朋友，经营理念相对简单而实在；但是随着企业客户的增多、销售量的增大，仅靠亲戚朋友参与经营管理是不够的，于是就有不同背景、不同家庭的人因为企业的需要而走到了一起，而所有员工追求的目标也会有所差异，创业者的思维方式和观念也会因此而发生变化。

❷ 创业者从"为自己"演变成"为职工"

企业的经营永远是变幻莫测的，假如当创业者因为出差或生病住院离开企业时，原来还担心企业会一片混乱、工作停顿，可实际上员工们会以强烈的危机意识，将企业的利益放在第一位，齐心协力地克服困难。此时，创业者就会意识到，有了这些员工的辛勤劳动和付出，才有了公司的繁荣和未来，因此只考虑自己和家人的生存是不够的，还要考虑员工的利益。

在这种想法的影响下，随着时间的推移，为了企业的发展，创业者的经营理念就会从"为自己"而逐渐发展成"为员工"。

❸ 创业者为社会做贡献的理念是逐步形成的

当创业者意识到"自己可以安稳地开办企业，不仅得益于社会上这么多人的帮助和提携，还因为有国家的稳定和繁荣富强作保障"时，为了维护这种稳定的局面，创业者会把向国家缴税做贡献当成理所应当的事。企业在逐渐做大的过程中，创业者的经营理念也逐步得到了提升，从"为自己"扩展到"为员工"，最后发展成"为国家"，经营理念的内涵也有了进一步的发展，成为一种创业者自觉的行动。

松下电器的经营理念

松下电器的创始人松下幸之助被誉为"经营之神"。年少时他只受过小学教育，因为父亲的生意失败，为了生存，他不得不离开家去大阪做学徒。1918 年，23 岁的松下幸之助在大阪创立了"松下电气器具制造所"，开始生产灯泡插座以及灯泡用的旋转式插座，并且不断推出新产品：先进的配线器具、炮弹形电灯泡、电熨斗、电子管、晶体管、真空管等。创业之初，松下幸之助的经营理念非常简单，就是为了满足生活的需要。

公司创立第 7 年，松下幸之助的年收入已成为全日本的第一名。从那时开始一直到 1988 年，松下幸之助有 10 年年收入位列全日本第一，有 6 年位列第二。1989 年他逝世时留下了 15 亿美元的资产。在公司逐渐壮大后，松下电器始终以"为了使人们的生活更加丰富、更加舒适，并为世界文化的发展做出贡献"为经营理念，在这个理念的指引下，进入了高速发展阶段。

松下公司现在追求的目标是"在 2018 年公司创立 100 周年时，成为电子产业 No.1 的环境革新公司。"松下公司将这个理念置于所有事业活动的核心，引领全球范围内兴起的"绿色革命"，为全世界创造更美好的明天。

四、创业初期财务管理

新创企业在其发展的各个阶段，对财务管理的要求不尽相同。财务管理实质上与创业者创办的企业类型有关，对于创业者是选择创办一个小型的传统行业企业，还是选择加盟一个成熟的服务行业企业，或是选择创办一个高新技术企业等，选择的企业类型不同，财务管理的内容也就不同。

（一）创业初期应记好的几笔账

企业在创立初期虽然没有成熟企业那样的正规账目，但是创业者必须清楚有哪些账目，以及这些账目对企业未来经营的利弊。

❶ 新创企业和成熟企业财务管理的主要特点

由于新创企业只有很少的人，而这些人几乎全部是企业的股东，大家都拿着很少的薪酬，仅凭一个想法做事，制度和管理都尚未成熟，对于财务管理也并未进行正规处理。而当企业进入成熟期后，企业已经形成了一套切实可行的管理办法和盈利模式，企业管理趋于正规化。新创企业和成熟企业财务管理的主要特点如下。

（1）新创企业财务管理的特点：新创企业因为业务量少，大多采取外聘专业会计记账和自己记账的方法。有时为了财税等方面的考虑，会计账目并不是完全与实际统一，个别创业者甚至只有粗放型的账目记录。

（2）成熟企业财务管理的特点：成熟企业已经步入正规化，一般需要做4张财务报表，即资产负债表、损益表、现金流量表和股东权益变动表，这是成熟企业较基础的4张报表，如果企业要继续发展，还需要做更多报表。

提醒

新创企业账目不清的弊端如下。
① 容易使创业者对现金流量预测不准，影响创业者的决策。
② 容易导致创业者不清楚目前经营状况，因为有时候表面看起来业绩很好，但往往经营费用较高，最终结果仅是微利甚至是亏损，企业的经营风险不易早期发现。
③ 容易导致员工勤懒不分，创业者没有准确的奖惩依据，对员工激励机制具有破坏力。
④ 容易导致成本不清，给企业产品和服务带来不利因素。

❷ 新创企业应记好的4个基础账目

对于新创企业来说，虽然各方面都需要完善，但是财务方面的"人、财、物、进、销、存"是最重要也是最根本的基础，一旦出现失误，会给企业带来致命的打击。对于新创企业来说，应当记好以下4个账目。

（1）现金账：①以月度为周期，目的是防止现金流断裂。②详细记录每月几个重要的现金结算日期，如何时发工资，何时交房租，何时交水电费、上网费等。还要记住重要的回款账期，即每月几号某项工程（或某长期客户）结账。对于重要的缴费和结算节点，创业者必须做到心中有数，并予以记录。目的是有效避免出现赤字或支付能力不足。③月末、月初何时资金最紧张？何时资金最富裕？资金紧张前期，要提前准备好相应的现金预备支付；资金宽裕的前期，要计划好如何支配这笔钱。何时进货？何时预付？对于这些问题创业者都要理清楚。

（2）销售账：①以单日为周期记录，最好日清月结。②用流水账方式记录，即每天卖掉多少（销售额）？每天进货多少（进货成本）？毛利是多少？发生在这笔销售上的人工费是多少？交通费、运输费是多少？每笔业务都要按时间顺序详细记录。

（3）费用账：①以表格形式把所有已发生的费用进行记录，每月记录一次即可。②企业经营期间发生的费用都要记录在费用账目内，包括人员工资、房租、水电费、上网费、交通费、通信费、办公室耗材、设备折旧等，因为这些费用都会从毛利中支出。如果创业者对于必然要发生的费用不清楚，就会造成"表面上赚钱，实际上赔钱"的结果。③详细记录费用账可以为计算保本销量提供依据。

（4）库存账：①企业经营初期，业务量小，库房管理制度需要在经营中逐渐建立和完善，因此有时理货或盘库不及时，就会出现库存与账目不符。②要建立定期盘库和专人理货的制度。每次盘库和理货都需要两人以上进行，并及时记录和整理。尤其是超市类企业，如果理货不及时，就容易造成提货时将新货物卖出去，而旧的货物反而留下的情况。如果是食品类有保质期的货物，就会因为盘库和理货不及时造成不必要的损失。③要注意记录进货日期、出货日期、进货的批次与批量、存放货架等信息，以便创业者及时掌握库存周转周期，有利于资金的分配使用。

> 新创企业成功的关键就是正确、严格的财务控制。新创企业往往把管理的重点放在经营上，忽略财务管理，这其实是创业者对财务管理认识上的偏差。许多企业融资顺利、计划书完美、产品适销对路、组织高效、营销有力，但最后往往会因为财务管理不善导致失败。

❸ 个体经营、微小型企业应记好日记账和流水账

不论企业在开创之初人数多少、资金多少、规模多大，创业者都要做好来往账目，记好企业的日记账和流水账，并且要日清月结，这样便于创业者及时掌握企业现金流的情况，为下一步决策提供参考。

（1）日记账：方便、简单的日记账并不是规范的财务记账方法，只是创业者在企业开办初期常用的方法。在规范的财务记账方法下，创业者可以根据企业的实际情况分设几本日记账。如现金日记账主要用于记录企业每日的现金收支情况；银行日记账主要用于记录每天银行账户的收支情况；销售日记账用来记录每天的销售收入情况；采购日记账用来记录每天采购的物品和支出情况等。日记账应该以月为单位进行核算，日记账的登记采用借贷记账法。

（2）流水账：流水账就是创业者按照企业每天发生收入和支出事项的时间顺序，把支出和收入的金额及时记录下来。这是企业和个人理财最基本也是最有效的方法。流水账的记账步骤为：①及时收集日常发票、单据，并注意发票上要注明时间、金额、品名、数量等；②按时间顺序对收入和支出进行账本登记；③每天及时记录，做到日清月结，每周、每月都要把余额统计出来；④分析这些数据，保存好凭证备查。

提醒 创业者采用"有借必有贷,借贷必相等"的记账规则,可以对企业的盈利、支出、应收账款、应付账款等的情况进行分析,从而把握企业发展方向,合理控制成本。

(二)新创企业的财务风险与应对措施

财务风险是导致新创企业失败的第一风险,创业者必须要重视,并且要在企业经营中注意防范,如此才能使企业生存下去。

❶ 创业初期常见的财务风险

创业者拿到创业资金后,便开始创办企业,而创办企业初期到处都需要花钱,很少有进钱的机会。例如:注册公司需要开办费,招聘的员工需要工资,新产品开发需要设计费,市场开拓需要营销费等,每一种都需要从创业资金中支出。因此,创业者在创业初期应注意以下常见的财务风险。

(1)赊销和账期造成回款困难,甚至坏账。由于新产品尚未被市场和客户接受,赊销和账期是难免的,不得不让客户先拿货后付款,但是产品的原料费、包装费、运输费等都是不能拖欠的,对于服务类公司,新产品的调研费、设计费、开发费,也是必不可少的支出。风险在于赊销出去的货物不能及时回收货款,给客户的账期过长,导致货款被拖延支付,甚至成为坏账。

(2)货物积压或销售不畅。由于企业刚开始经营,市场尚未打开,客户少,销售额少,致使货物销售缓慢,资金被货物占用,导致资金周转不灵。

(3)房租等固定支出在经营利润中所占比例太大。由于最初选址考虑地段、市场等因素,忽略了房租等费用在营业利润中的比例,结果生意虽好,但利润却有很大比例用于支付房租。

(4)创业之初考虑企业形象问题,租用面积太大。由于创业初期并没有很多业务,再加上错误地高估了产品的受欢迎程度,造成租金压力过大的局面。

(5)在企业门面和装修上花费资金过多。有些创业者以为把企业装修得金碧辉煌,就可以吸引更多的客户,但是装修花费过多,最终会导致业务很难开展。

(6)创业启动资金被固定资产占用太多。有些创业者拿到启动资金或投资后,第一件事就是买车或者请客吃饭,缺少风险意识,导致资金流断裂。

❷ 应对财务风险的常用措施

企业在经营过程中将面临各种各样的财务风险,一旦处理不当将直接影响企业的财务状况,甚至导致财务危机的发生,从而影响企业的可持续发展。因此,创业者应积极采取相应的措施防范财务风险。常用的应对措施如下。

(1)当现金流断裂时,首先应该去寻找帮扶资金,想办法解决资金问题。目前我国各级政府以及社会上的各种创业扶持基金很多,创业者应多留意这些政策和组织的帮扶要求,在遇到资金困难时,可以申请资金扶持,以渡过难关。

(2)出让部分股份,以换取周转资金。创业者最初占有自己企业的股份比例多数是100%,在遇到资金困境时,可以采取出让部分股份给企业、机构、个人的方法,吸纳新股东或者合资经营,以维持企业生存。

（3）如果是因为货物销售不畅导致的资金占用，可采取促销手段，加快商品流通和促进销售。具体措施可以采取优惠、促销、打折等营销活动，提高企业知名度和美誉度，促进销售，回笼资金。

（4）如果是因为场地过大造成的房租压力，可采取部分分租的形式，出让一部分场地给与自己产品和服务不冲突但是相关的企业，一起来分担房租。例如：卖地板的与卖灯具的合租；开饭店的与开停车场的合租；做设计的把一部分楼层分租给广告公司等。

（5）创业初期，企业不宜添置太多的固定资产，有些设备能租就租、能借就借，避免被固定资产占用启动资金。

（6）如果企业形象与业务并无直接关系，在创业初期，一般不需要豪华装修，可以等企业业务、客户、盈利模式稳定之后，视企业发展需要再扩大面积和豪华装修。

（7）切记因为合作方是熟人或朋友就不签订合作协议。不论是赊销、铺货还是账期，都应该在买卖双方协商后，签订购销合同或合作协议，创业者要有自我保护意识，力求把各种风险降到最低。

（8）业务结构上，先做挣钱的业务，再做理想的产品。创业者首先应保证企业可以生存下去，然后去追逐心中理想的但是眼前不盈利的项目或产品，因为如果企业不能生存，一切想法和计划都会落空。

中原地产规避经济危机风险的策略

中原集团创立于1978年，是一家以房地产代理业务为主，涉足物业管理、测量估价、按揭代理、资产管理等多个领域的大型综合性企业。中原集团以服务中国房地产市场为业务发展核心，经过近40年的发展，已经在几十个城市成立分公司，业务遍布全国上百个城市，聘任员工超过5万人，跨地域分店总数超过2 000个，是目前房地产代理行业内规模较大的企业之一。

中原集团的创始人施永青在接受记者采访时，就中原集团的发展历程说起，他讲述了在2008年全球金融危机来临时，他果断地把当时所有的分店全部关掉，只留一家总店，把优秀的人才集中在总店，当经济危机过去之后，总店每一个人都能成为新店的经理，所以他能在经济好转时，短时间内开出遍布全国的分店，重现往日的辉煌。

关注现金流，就是关注企业的资金周转能力，现金流是银行关注企业还贷能力的指标。企业现金流是企业能否获得银行贷款的关键因素。一个企业的盈利好，不一定现金流大（可能用于购买固定资产或者存货占用过大），因此，现金流并不反映企业盈利情况，只是反映企业的还贷能力。

❸ 做好税务筹划

税务筹划指纳税人在纳税行为发生之前，在不违反法律、法规（税法及其他相关法律、法规）

的前提下,通过对纳税主体(法人或自然人)的经营活动或投资行为等涉税事项做出事先安排,以达到少缴税或递延纳税目标的一系列谋划活动。从税收筹划的定义可以看出,税收筹划不仅是企业利润最大化的重要途径,也是促进企业经营管理水平的一种方式,更是企业领导决策的重要内容。税收筹划是在经营中寻求企业行为与政府政策意图的最佳结合点,成功的税收筹划往往既能使经营者承担最轻的税收负担,又可以使政府赋予税收法规中的政策意图得以实现。从某种意义上来说,即使站在政府宏观调控(如产业政策等)的角度,税收筹划活动也是应该鼓励的,至少是不可以禁止的。

避税是企业在遵守税法、依法纳税的前提下,以对法律和税收的详尽研究为基础,对现有税法规定的不同税率、不同纳税方式进行灵活利用,使企业创造的利润有更多的部分合法留归企业的活动。合法避税指纳税人在遵守税法、依法纳税的前提下,采取适当的手段对纳税义务的规避,减少纳税主体税务上的支出。合理避税并不是逃税、漏税,它是一种正常合法的活动。合理避税不仅仅是企业财务部门的事,还需要市场、商务等各个部门的合作,从合同签订、款项收付等各个方面入手。

通过税收筹划为企业节省税款

某公司是一家从事出口产品生产的外资企业,享受税收优惠政策后已经恢复征税两年。由于业务迅猛增长,2003 年,公司董事会决定投资 2 000 万元用于购置一条生产线,以扩大生产规模(公司成立时核定的投资总额已经用完)。该公司就如何进行税收筹划咨询了税务顾问,通过实施税务顾问提供的税收筹划解决方案,该公司节省税额 1 864.52 万元。该税收筹划解决方案的具体内容如下。

(1)先用税后利润转增注册资本,并申请增加投资总额。

(2)由该公司的外国股东向主管税务机关申请再投资退税。

(3)对供应商提供的生产线进行性价对比,在国内厂商和国外厂商提供的产品性能与价格接近并且都能符合生产要求的情况下,选择国内厂商生产提供的生产设备。

该税收筹划方案的依据有两点:一是外资企业中外国股东利用税后利润转增资本,可享受再投资退税优惠。该公司是外资企业,如果该公司利用税后利润转增注册资本,并由外国股东向主管税务机关提出申请,那么该公司可享受再投资退税政策,公司可以获得税务机关返还的前两年已经征收的税款。二是采购国产设备可享受国产设备抵免所得税政策。如果该公司购买国产设备,那么价款的 40%可以申请在当年及以后年度共计 5 年比购置前一年度新增的企业所得税中抵免;另外,该公司购置的生产线的增值税也可以申请退税。

(三)中小企业如何策划上市

企业上市是一种融资渠道。在美国,一个只有 5 位成员组成的企业,在成立的第一天,也许就会宣布公司的目标:5 年内上市。这在我国传统的中小企业里,似乎是天方夜谭。但是,随着创业板块和中小企业板块的出现，中小企业上市也许在不久的将来不再是遥不可及的梦想。

❶ 企业上市的法定程序

根据《公司法》《中华人民共和国证券法》等有关规定，企业上市应该遵循以下程序。

（1）改制和设立：拟订改制重组方案，聘请中介机构对拟改制的资产进行审计、评估，签署发起人协议和起草公司章程等文件，设置公司内部组织机构，设立股份有限公司。

（2）上市辅导：企业聘请辅导机构对其进行尽职调查、问题诊断、专业培训和业务指导，学习上市公司必备知识，完善组织结构和内部管理，规范企业行为，明确业务发展目标和募集资金渠道，对照发行上市条件对存在的问题进行整改，准备首次公开发行股票的申请文件。

（3）申请文件的申报与审核：企业和所聘请的中介机构，按照证监会的要求制作申请文件，保荐机构向证监会推荐并提交申请文件，证监会对申请文件进行初审，提交股票发行审核委员会审核。审核委员会预审员在预审后 30 天内提出反馈意见，企业根据证监会的反馈意见修改相关材料或出具补充文件。最终上交发审会，出席发审会的 7 名委员中有 5 名同意即为核准通过。

（4）发行与上市：发行申请经股票发行审核委员会审核通过后，证监会进行核准，企业在报刊上刊登招股说明书摘要及发行公告，公开发行股票，提交上市申请，办理股份的托管与登记，挂牌上市。

❷ 企业上市涉及的主要中介机构及其职责

企业上市涉及的主要中介机构及其职责如下。

（1）保荐机构：保荐机构在推荐发行人首次公开发行股票前，应当按照证监会的规定对发行人进行辅导。保荐机构负责股票发行的主承销工作，依法对公开发行股票的募集文件进行核查，向证监会出具保荐意见。保荐机构应当尽职推荐发行人股票发行上市，在发行人股票上市后，保荐机构应当继续履行督导发行人规范运作、信守承诺、信息披露的义务。

（2）律师：企业股票公开发行上市必须依法聘请律师事务所担任法律顾问。律师主要对股票发行与上市的各种文件的合法性进行判断，并对有关发行上市涉及的法律问题出具法律意见。

（3）会计师：股票发行的审计工作必须由具有证券从业资格的会计师事务所承担。该会计师事务所对企业的账目进行检查与审验，主要包括审计、验资、盈利预测等，同时也为其提供财务咨询和会计服务。

（4）资产评估师：企业在股票发行之前往往需要对公司的资产进行评估。这一工作通常是由具有证券从业资格的资产评估机构负责，资产评估具有严格的程序，整个过程一般包括申请立项、资产清查、评定估算和出具评估报告。

五、创业初期顾客管理

任何企业的盈利都是通过顾客购买企业的产品或服务来实现的，而如何在竞争中赢得顾客和战胜竞争者，这是每一位创业者必须思考的问题。

（一）以顾客为中心的企业才能获得成功

企业要想获得良好的效益，就必须为顾客提供可以满足顾客需要的产品，并为企业的目标顾客提供优质服务。

1 吸引顾客不是某一个部门的事

很多企业认为，吸引顾客只需要营销人员的口才，或者多打广告就可以了。事实上，企业要吸引和留住顾客，营销和广告仅占其中的一部分，即使是最优秀的营销人员也无法将劣质和顾客不需要的产品销售出去，即使广告投入再多也无法将顾客感觉无用的产品推广出去。企业应当从产品质量、售后服务、企业文化以及企业形象上着手进行提高，这样才会使顾客满意，从而形成良好的口碑。

2 如何提高顾客的满意度

当前市场条件下，已经很难找到空白市场或者独家垄断市场。顾客在选择产品时，必然会面对众多的产品、品牌、价格和供应商，每一个顾客对所购买的产品都有一个期望值，在选择产品时，往往基于以往的购买经验或者朋友和伙伴的意见。

很多企业都把提高顾客的满意度作为自己的追求目标，而顾客满意度往往靠一些小事积累而成，若忽略这些细节，则可能导致企业顾客逐渐流失。

阅读材料

快捷旅馆的顾客会员制

有一家快捷旅馆，创业者们为了让顾客记住他们的品牌，并且经常光顾他们的旅馆，于是把目标顾客确定为个体商务旅行者，为这些旅行者设计了一个优惠活动，以维护与这些顾客的联系。他们从细致体贴的服务入手，与每位会员签署一个契约，邀请顾客加入会员俱乐部，顾客加入会员俱乐部后就可以享受"住满几天可以免费送一天，而且可以累计"的活动，不仅如此，他们还会尽力满足顾客的各种要求。

如今，这家旅馆在商务旅行的顾客群体中很受欢迎，而且在这个旅馆的会员俱乐部中有1/4的顾客都表示不会再去其他旅馆，他们成为了该旅馆的忠诚顾客。

企业的品牌需要顾客传播，每一个获得满意服务的顾客，或者对产品感到满意的顾客，都可能成为企业的忠诚顾客，也可能给企业带来更多的新顾客。因此，树立品牌，要从服务和质量入手。

3 一味增加服务内容，也会降低利润

尽管企业确立了以顾客为中心的经营宗旨，顾客满意度的提高也会使客户数量得到增长。但是增加服务内容无疑会增加企业的运营成本，所以，企业在产品定价时，应该把这部分附加的服务费用考虑在内。如果一味地通过降价或者增加服务来提高顾客的满意度，有可能会降低企业的利润。在确定企业的某项措施时，首先应该把企业的利润考虑在内，因为任何企业的经营目标都是利润最大化，包括吸引顾客、提高顾客的忠诚度，最终的目标还是为了提高企业的盈利水平。

一个高绩效的企业，不仅要使顾客满意，还应该为员工创造满意的工作环境，为股东带来应有

的利益。顾客满意，会给企业带来新的利润；员工满意，会生产出高质量的产品；股东满意，也会追加投资。这是一个良性循环，可以使企业迅速成长壮大。

❹ 留住老顾客的必要性

美国西北大学教授菲利普·科特勒通过研究得出：获取一个新顾客的成本是留住一个老顾客的5倍，一个企业每年老顾客的流失率为10%，如果将老顾客的流失率降低5%，就可以提高25%～85%的利润。

企业要留住老顾客，可以从以下两个方面入手。

（1）建立累计消费优惠制度。累计消费优惠制度指顾客消费达到某个限度就可以享受某种折扣。有的顾客为了不放弃这一价值，从而不太愿意离开相应的品牌。

（2）提高顾客满意度。如果你的服务让顾客足够满意，那么，就算你的竞争对手用低价或者一些其他方式，也很难拉走你的顾客。

（二）企业的差异化经营

差异化经营是企业避免同质化竞争的有效策略，只有创新和差异化经营才可以真正提升企业的竞争力。

动物园的差异化经营

传统的动物园经营模式是把动物圈进笼子让人观赏，而越来越多的野生动物园更注重照顾动物的野性，把动物散养，让人坐在车内去参观。其实这种模式不仅使动物更适应自然环境，给动物提供了更宜居的住所，同时也让游客有更好的观赏体验。

这种差异化经营使原来光顾传统动物园的顾客转而关注起野生动物园，使人们意识到保护野生动物就必须保护它们的自然栖息地。

创业者必须致力于始终如一地发展一个核心理念，且绝不动摇。通常那些成功企业与一般企业的区别就在于成功企业更注重培养企业的核心竞争力。核心竞争力主要表现在以下两个方面。

（1）具有一种竞争优势的资源。如拥有特殊技术的领域和产品专利，这些决定企业的差异化能力。

（2）竞争者模仿难度很大。如微软公司的企业文化，很大程度上与比尔·盖茨的个人风格有关。

（三）顾客满意度追踪调查和衡量的方法

企业的经营策略和做法都是为了让顾客满意，为了企业的生存。企业对顾客满意度进行追踪调查和衡量的方法主要有以下4种。

❶ 建立投诉和建议制度

创业者要致力于给顾客创造一个畅通的投诉通道，一个以顾客为中心的企业应为顾客投诉和建议提供方便。大多数服务行业的企业都备有不同的表格,以便顾客留下他们的感受和意见。有的企业还开设800免费电话、网站和电子邮箱,以便与顾客进行交流。这些意见和信息交流可以为企业带来大量好的创意,使企业能更快地采取行动以解决问题。

季琦在顾客的抱怨中寻找灵感

如家连锁酒店、汉庭连锁酒店的创始人季琦就是因为从一个顾客的意见中得到启发,进而开创了廉价、整洁、便捷的实用性连锁酒店。曾经他看到一个顾客留言说:"如果有又便宜、又干净、又方便的酒店就好了。"因此在2005年年初,"汉庭快捷"在我国正式创立,同年8月,第1家门店开业。2006年年底,汉庭连锁酒店第34家门店开业。2007年7月,汉庭以股权融资850万美元,创下我国服务行业首轮融资的新纪录。2007年年底,汉庭连锁酒店第74家门店开业。2008年年初,汉庭在全国签约门店数达到180家,完成了全国主要城市的全面覆盖,并在长三角、环渤海湾、珠三角和中西部发达城市形成了密布的酒店网络,成为国内成长最快的连锁酒店品牌之一。2008年4月,汉庭已开业酒店超过100家,出租率、经营业绩各项指标均在业内处于领先地位。2011年10月,汉庭在上海的酒店数量突破100家。2012年11月,"汉庭快捷"正式更名为"汉庭酒店"。

截至2014年9月30日,汉庭酒店已经在全国282个城市拥有了1 547家门店,形成了密布全国的酒店网络体系。

❷ 顾客满意度调查

一些调查表明,顾客每4次购买中会有一次不满意,而只有不足5%的不满意顾客会抱怨,大多数顾客会少买或者转向其他供应商。所以,企业不能以抱怨水平来衡量顾客的满意度。如有些企业就采取了定向调查、随机抽样来测定顾客的满意度。企业在收集有关顾客满意度的信息时,还可以通过询问一些其他问题,以了解顾客的购买意图,甚至可以询问顾客是否愿意向其他人推荐本企业等,因为好的口碑意味着企业创造了很高的顾客满意度。

企业在与顾客接触时,要留给顾客一个好印象,只有顾客对产品和服务满意,才会再次光顾成为企业的客户;只有顾客不断购买企业的产品,企业的利润才会增加,而争取成为顾客心中不可替代的产品,才是企业追求的目标。

❸ 安排神秘顾客

为了获得第一线信息,创业者可以雇佣一些人装扮成顾客,收集顾客在购买本企业产品或竞争对手产品过程中发现的问题。这些神秘顾客甚至可以提出一些问题,以测试本企业的销售人员是否可以妥善处理。如一些餐馆的神秘顾客可以假装对食品的口味不满意,以检验餐馆服务员如何处理顾客抱怨。

企业不仅应该雇佣神秘顾客,创业者也应该经常走出办公室,进入他们不熟悉的企业以及竞争者的实地销售场地,以亲身体验作为顾客所受到的待遇。有时还可以给企业接待部门打电话,提出各种不同的问题和抱怨,看企业的员工如何处理这样的问题。

④ 分析流失的顾客

对于那些已经停止购买或者转向其他供应商的顾客,企业应该找出发生这些情况的原因,并针对性地采取解决方案,以避免更多的顾客因为同样的原因而流失。企业不仅要和流失的顾客谈话,还要对顾客的流失率加以控制,如果顾客流失率不断增加,无疑表明该企业在使顾客满意方面不尽如人意。

提醒:对于那些以顾客为导向的企业来说,顾客满意即是目标,同时还应向目标市场和目标顾客灌输自己的理念。

拓展训练

一、小组讨论

有些企业为了扩大销量,快速占领市场份额,采用较低的价格销售产品。你认为这种价格策略是否有利于品牌的建设?为什么?

评分标准:能积极参与讨论(20分);观点有新意(20分);分析有条理(20分);踊跃发言(20分);语言清晰、表达流畅(20分)。

二、探索活动

建立企业品牌的探索

活动内容:

假设你要创办一个企业,你将如何创建自己的品牌,请将你的想法填写到表7-2中。

表7-2 建立企业品牌的策略

目标客户	核心产品	产品特色	价格策略	营销策略	其他

活动检测：

活动结束后，教师可根据表7-3进行评分。

表7-3 探索活动评价表

评分标准	满分/分	实际得分/分	备注
目标客户判断正确	20		
所选取的产品有特色（差异化）	20		
价格策略制订合理	20		
营销策略制订合理	20		
促销策略制订合理	10		
其他	10		
总分	100		

三、能力训练

选择一个你比较熟悉的行业，并从中选择两个有代表性的企业作为研究对象，对这两个企业进行对比分析，对比分析的内容包括成长背景、成长历程、成长速度、成长战略、成长特点等，并从对比分析中获得启示。

提示：所选择的企业可以是同一个行业的两个非常优秀的企业，如华为和中兴，国美与苏宁；也可以是处于不同战略集团的企业，如丰田和吉利，万科与万通等。

评分标准：能准确分析不同企业的成长战略（25分）；能结合案例准确分析企业成长的驱动因素（25分）；能准确分析不同企业的成长管理策略（25分）；能从分析中获得启发（25分）。

四、案例分析

可口可乐、麦当劳和迪士尼的战略联盟

在世界各地的迪士尼乐园外面，时髦漂亮的麦当劳餐厅形影相随。又累又饿的孩子与大人们鱼贯而入麦当劳，"巨无霸""麦香鱼""麦香鸡"及可口可乐就成了他们的美餐。这真是一个绝妙的组合。可口可乐公司也向其他餐饮企业供应饮料，但它与麦当劳的关系却不仅仅是卖方与买方的关系。由于可口可乐公司在世界许多国家都建立了销售网络，其业务覆盖地区远超麦当劳，所以搭乘可口可乐公司的"快车"，麦当劳也迅速向世界各国进发。

1997年，麦当劳公司和迪士尼公司开始了长达10年的正式联盟。到目前为止，联盟已取得了初步的胜利。迪士尼公司曾推出一部没有任何新意且制作粗糙的电影《会飞的橡胶》，然而多亏麦当劳公司的大力推广，使得该儿童片的票房收入不菲。迪士尼公司还时不时地给麦当劳公司的员工们意想不到的温情与惊喜。曾经在奥兰多一座还没有对公众开放的迪士尼动物王国乐园内，麦当劳公司的员工们被给予提前参观的特权。

相比之下，可口可乐公司与迪士尼公司的联系可能是这个三角关系中最薄弱的一环。但它们仍然有不少密切的合作。从1995年以来，可口可乐公司一直是迪士尼公司唯一的饮料供应

商。可口可乐公司还帮助迪士尼公司开拓海外市场。虽然迪士尼公司有包括柯达公司和IBM公司在内的十几家大公司合作伙伴，以及无数的小公司合作伙伴，但是这并不影响与可口可乐公司的合作。英国权威的《经济学家》杂志认为，横扫世界市场的"三剑客"——麦当劳公司、可口可乐公司和迪士尼公司被一只看不见的手拉在了一起。这只手无所不在，触及联合使用商标协议、联合开拓市场、联合开发新项目等领域。

启发思考题：
结合案例说说战略联盟在企业成长中的意义？

第四节　评估与分析

本章介绍了创业者在创立企业前，首先应该认识所创立企业的类型、企业的组织形式、企业设立的流程等内容，然后根据企业的特点，结合企业的管理原理与方法，不断完善企业的经营和管理体系，如基础管理、人力资源管理、营销管理、财务管理、顾客管理。以下是与这些知识相关的练习，通过这些练习，分析与评估自己是否能够根据企业的设立流程和管理方法创建企业，并科学、有效地管理企业。

1. 认真填写表7-4。如果你想创业，你会选择哪种企业组织形式，为什么？

表7-4　选择合适的企业组织形式

	优点	缺点
有限责任公司		
股份有限公司		
合伙企业		
个人独资企业		
个体工商户		
结论		

2. 认真填写表7-5。如果你准备创办公司，你是否已根据公司设立流程成功办理了相关手续？具体的手续费用是多少？如果没有成功办理，请说明原因。

表7-5　公司设立流程

流程	是否已办理	相关资料	具体费用	备注
核准企业名称（为了避免重名，可列出3个企业名称供选择）	① ② ③			

续表

流程	是否已办理	相关资料	具体费用	备注
选择经营场所				
编写公司章程				
办理营业执照				
刻章				
办理组织机构代码证				
办理税务登记证				
开立公司验资户				
开立银行基本户				

3. 阅读以下材料，分析税收筹划给企业尤其是新成立的企业带来的好处，并分析税收筹划和避税的区别。

阅读材料

通过税收筹划为企业节省税款

某公司于2005年3月在北京注册成立，注册资金为2 000万元。该公司的主营业务是汽车租赁，年营业额达1 000万元。按照5%的营业税率，该公司每年至少应缴纳50万元的营业税；按照10%的租赁行业利率，该公司每年缴纳33万元的所得税；加上每年约5万元的附加税，该公司每年应缴纳的税款总额在88万元左右。为此，该公司咨询了税务顾问，得到以下税收筹划解决方案。

（1）通过安置下岗失业人员获得税收优惠。按照相关规定，如果服务性企业安置下岗失业人员达到其员工总数的30%，可以免缴3年营业税、3年企业所得税和城建、教育等其他附加税。该公司主营业务是汽车租赁，属于服务性行业，对招收员工的学历和知识水平的要求不太高，完全有能力招收一部分失业下岗人员作为员工。因此，如果该公司能够安置超过30%的下岗失业人员，就可以免缴3年的营业税、企业所得税和其他附加税。

（2）通过安置退伍军人获得税收优惠。按照相关规定，如果服务性企业安置城镇退役士兵达到其员工总数的30%，企业可以免缴3年营业税、企业所得税和其他附加税。因此，如果该公司能够据此招收部分城镇退役士兵作为其员工，就可以在3年内免缴营业税、企业所得税和附加税。

4. 认真填写表7-6，阐述新创企业的经营理念、经营策略、预计销售对象、产品和服务设想、产品和服务的优点以及满足了顾客哪些需求。

表 7-6 企业经营思路表

企业的经营理念	
企业的经营策略	
预计销售对象	
产品和服务设想	
产品和服务的优点	
满足了顾客哪些需求	

第八章　创业风险及防范

学习目标

>>> 了解风险的含义与类型
>>> 掌握创业风险的特征并能够对其进行识别
>>> 认识创业各阶段的风险
>>> 掌握创业风险的防范措施

案例导入

　　2000年北京街头出现大大小小的亿唐广告牌，广告语为"今天你是否亿唐"，这让各地刮起一阵"亿唐"风。亿唐定义中国年轻人为"明黄一代"，其宗旨在于把积极的生活态度、优雅的生活方式和紧密的社区精神带给新一代的中国人。亿唐凭借优秀的创业方案和出色的核心团队，从美国两家著名的风险投资公司拿到两期共5 000万美元左右的融资。

　　亿唐称自己不仅仅是互联网公司，也是一个"生活时尚集团"，它始终致力于通过网络、零售、无线服务创造和引进国际先进水平的生活时尚产品，全力服务18～35岁、引领中国经济和文化未来的年轻人。亿唐做过网站、手表、时装、模特公司、电视连续剧、CET考试官方消息站等，涉足领域十分广泛。

　　1999年创立伊始，除了在北京、广州、深圳建立分公司外，亿唐还广招人手，在各地进行规模浩大的宣传活动。1999年到2000年，亿唐仅在宣传方面的投入就高达300万美元。到2000年年底，亿唐在宣传方面的投入已经消耗其半数资产，却仍然无法盈利，此后的转型也一直没有取得成功。2006年2月8日，奇虎网收购了亿唐网。奇虎网看中亿唐网的重要原因却是亿唐网具有互联网站的新闻转发证、ICP和SP牌照等相关资质。2009年5月，亿唐域名因不续费被拍卖，最终以35 603美元的价格成交。

启示　从上面的案例来看，好的创业方案或是看似周全的计划、优秀的管理团队，乃至已经拥有了高额投资的项目，在市场的检验下，也许都无法保证创业的绝对成功。创业的风险不仅仅来自于资金的缺口,从亿唐的案例看来,亿唐失败的原因主要有两方面:一是缺乏独特的产品,又不愿沉下心帮用户解决实际的问题,而是希望通过宣传造势等手段成就一个互联网品牌;二是创业领导者有目标游离、公司整体定位不清晰等问题,自主追求多领域、大规模发展,实际上却由于打磨不精,没有一个产品能经得起考验。

创业成功需要多方面因素的共同配合,规避风险便是其中最重要的一环。只有稳扎稳打,尽可能地对所有风险都准备好相应的应对措施,才有可能取得最终的成功。

第一节 创业风险概述

虽然创业获得的回报往往高于就业,但是相应地,创业面临的风险相较就业更高。大学生创业者的社会阅历有限,风险观念相对较弱,想要更好地实施创业计划,就更应对创业的风险进行了解,学会识别风险,从而规避风险。

一、风险与创业风险

创业风险是风险的一种,在创业过程中,是创业者无法回避的因素。

(一)风险

通俗地讲,风险就是发生不幸事件的概率。一般认为,只要一件事情的发生存在着两种或两种以上的可能性,那么该事件就存在着风险。现代意义上的风险有广义和狭义之分。广义上的风险指风险将产生收益不确定性,即风险产生的结果可能带来损失或无获利。狭义上的风险指风险将产生损失不确定性,即风险只表现出损失,没有从风险中获利的可能性。不管是广义风险,还是狭义风险,其核心含义均为"未来结果具有不确定性或可能产生损失",因比,也有人进一步地将风险定义为"个人和群体在未来遇到伤害的可能性,以及对这种可能性的判断与认知"。如果采取适当的措施使破坏或损失的概率趋近于零,或者采取及时而有效的应对措施,风险也可能带来机会。

(二)创业风险

创业风险通常指创业者在创业中面临的风险,即由于创业环境的不确定性、创业机会的复杂性、创业者能力与实力的有限性等原因,而导致创业活动偏离预期目标的可能性及其后果。创业风险一般与创业过程中的缺失(缺口)有关。创业过程中,常见的缺口有以下5个。

❶ 融资缺口

融资缺口是最常见的一种缺口,创业者通常可以通过可行性论证来证明其创业方向可行,但往往没有足够的资金来实现创业项目的商品化,因而融资缺口会给创业带来一定的风险。现在,社会上有部分机构可以支持创业者跨越这个缺口,比如风险投资机构。

② 研究缺口

在将预想的产品转化为商业化产品的过程中,需要大量复杂且可能耗资巨大的研究工作,这种研究工作的缺口也可能形成创业风险。

③ 资源缺口

创业过程中必备的外在或内在资源缺乏,其缺口可能会使创业者在创业过程中受制于人,甚至可能使创业者无法起步。

④ 管理缺口

管理缺口的形成有两种可能:一是创业者是技术方面的专业人才,他利用某一新技术进行创业,但他不一定具备专业的管理才能,从而形成管理缺口;二是创业者往往有很多"奇思妙想"的商业点子,但可能不擅长管理具体的事务,从而形成管理缺口。

⑤ 信息和信任缺口

信息和信任缺口一般存在于技术人才和管理者(或者是投资者)之间,本质上是两种观念的冲突。技术人才从技术层面对产品进行把握,而管理者则比较了解将新产品引进市场的程序,二者各有专攻,需要相互依存,但如果技术人才和管理者不能充分信任对方,不能进行有效的交流,将带来较大的风险。

阅读材料

研究缺口致公司走入困境

李全的朋友是研究计算机远程控制的,他找李全合作想成立一个公司运作计算机远程控制护栏灯。考虑到该技术先进,同类竞争产品少,李全想都没想就将自己的"身家"投入了这个公司。李全和朋友的设计刚刚完成,就有客户找上门来,客户看了计算机模拟演示效果后,便签订了一个数额巨大的工程订单,由于工期较紧,公司便直接开始大批量生产。然而,护栏灯发到客户手上后,却被发现在实际使用过程中设备的抗干扰性能不过关。客户要求退货,李全和朋友的公司面临巨大的经济损失。

公司刚成立就遭受如此大的打击,不合格产品积压,资金周转不灵。公司陷入了困境。

二、创业风险的特征

创业风险种类繁多,贯穿并交织于整个创业活动,但是这些风险具有以下一些共同的特征。

(一)客观性

创业本身就是一个识别风险和应对风险的过程,风险的出现是不以人的意志为转移的,因此,创业风险的存在是客观的,如天气变化、地质变化等。

提醒 客观与主观相对，并不因为创业风险是客观存在的，就否定了创业风险也有可能是由主观因素造成的。

（二）不确定性

由于创业所依赖的条件及其影响因素具有不确定性，这些因素是不断变化、不断发展乃至难以预料的，所以造成了创业风险的不确定性。如产品在创业初期是"热门"的，但研发生产出来后，可能由于市面上大量的同类产品的出现，使研发生产出来的产品失去了市场竞争力。

（三）双重性

创业有成功或失败的两种可能性，创业风险具有盈利或亏损的双重性。在创业活动中，往往风险越大的创业项目，回报越高，潜能也越大。所以，回避风险，同样意味着回避收益。如高收益理财产品就明显具有双重性。

（四）可变性

随着影响创业的因素发生变化，创业风险的大小、性质也会发生变化。如在一定时期，资金可能是最大的风险，而过一段时间由于环境因素的改变，技术又可能成为最主要的风险。

（五）可识别性

根据创业风险的特征和性质，创业风险是可以被识别和划分的。可识别性这一特征可以帮助创业者更好地识别风险、规避风险。

（六）相关性

创业风险与创业者的行为紧密相连。针对同一风险，采取不同的对策，可能会出现不同的结果。如进行技术改良型的创业，对于技术型的创业者来说属于低风险，而对于管理型的创业者来说，则可能表现为高风险。

三、创业风险的类型

创业风险根据标准不同，有不同的分类方式。

（一）按风险的性质划分

风险无处不在，按照风险的性质不同，可将创业风险分为纯粹风险和投机风险。

（1）纯粹风险：这是风险的一般状态，即只有损失的可能性而没有获利可能性的风险，该风险可能造成两种结果，即有损失和无损失。

（2）投机风险：也称为机会风险，该风险既存在损失的可能性，又存在获利的可能性。它可能造成3种结果，即有损失、无损失、获利。

（二）按风险的来源划分

根据风险的来源不同，总体上可将创业风险分为主观风险和客观风险。

（1）主观风险：指由于创业者的身体素质、心理素质、个人喜好等主观方面的因素导致创业失败的可能性。

（2）客观风险：指在创业阶段，由于市场的变化、政策的变化、竞争对手的出现、创业资金短缺等客观因素导致创业失败的可能性。

（三）按风险的状态划分

按风险的状态不同，可将创业风险分为静态风险和动态风险。

（1）静态风险：指在社会政治、经济环境正常的情况下，由于自然力的不规则变动和人们的错误行为导致的风险。这类风险主要会造成经济上的损失，属于不可避免的风险。

（2）动态风险：指由于社会政治、经济和技术、组织机构发生变动而产生的风险。这类风险造成的后果一般来说比较严重，但通常可以避免。

（四）按风险的内容划分

根据风险的内容不同，可将创业风险分为如下6种类型。

（1）技术风险：指由于技术方面的因素及其变化的不确定性而导致创业失败的可能性。

（2）市场风险：指由于市场情况的不确定性导致创业者或新创企业受到损失的可能性。

（3）政治风险：指由于战争、国际关系变化、有关国家政策改变等而导致创业者或新创企业蒙受损失的可能性。

（4）管理风险：指由于新创企业管理不善产生的风险。

（5）生产风险：指新创企业提供的产品或服务在从小批试制到大批生产的过程中产生的风险。

（6）经济风险：指由于宏观经济环境发生大幅度波动或调整而使创业者或创业投资者蒙受损失的风险。

（五）按风险对创业投资的影响程度划分

根据风险对创业投资的影响程度不同，可将创业风险分为如下3种类型。

（1）安全性风险：从创业投资的安全性角度来看，不仅创业者获取的实际收益有损失的可能，而且投资者与创业者自身投入的财产也可能蒙受损失，即投资方财产的安全存在危险。

（2）收益性风险：创业投资的投资方资本和其他财产不会蒙受损失，但预期实际收益有损失的可能性。

（3）流动性风险：指投资方的资本、其他财产以及预期实际收益不会蒙受损失，但资金有可能不能按期转移或支付，而造成资金运营的停滞，使投资方蒙受损失的可能性。

（六）按创业过程划分

在不同的创业阶段，可能产生的风险类型也不相同，主要分为如下5种类型。

（1）机会的识别与评估风险：指在机会的识别与评估过程中，由于各种客观因素，如信息获取量不足，对信息把握不准确，推理偏误等，使创业一开始就面临方向错误的风险。另外，机会风险，即由于创业而放弃了原有的职业所面临的机会成本风险，也是该阶段存在的风险之一。

（2）团队风险：创业团队的组建基本可以分成关系驱动、要素驱动和价值驱动3种模式。不同的组建模式适用的条件不尽相同。如果盲目照搬照套某种组建模式，会给企业带来巨大的风险。此外，对团队成员的选择具有随意性和偶然性，缺乏明确和一致的团队目标，激励机制尤其是利润分配方式不完善等，也会给新创企业带来风险。

（3）准备与撰写风险：指创业计划的准备与撰写过程存在的风险。创业计划往往是创业投资者决定是否投资的依据，因此，创业计划是否合适将对具体的创业产生影响。创业计划制订过程中的各种不确定性因素以及制订者自身能力的限制，也会给创业活动带来风险。

（4）确定并获取创业资源风险：指由于存在资源缺口，无法及时获得所需的关键资源，或虽可及时获得，但获得资源的成本较高，从而给创业活动带来一定风险。

（5）管理风险：主要包括管理方式，企业文化的选择与创建，发展战略的制订，组织、技术、营销等各方面的管理中存在的风险。

四、创业风险识别

马克·吐温曾经说过："世界第一击剑手并不害怕世界第二击剑手，他害怕的是那些从未拿过剑的未知的对手。"在创业的过程中也一样，创业者并不惧怕已经知道的风险，怕的是未被识别的风险。创业风险识别是创业者依据创业活动，对所创办企业面临的现实以及潜在的风险运用各种方法加以判断、归类并鉴别风险性质的过程。创业者必须具备风险识别的能力，并在实践中不断提高这种能力。

（一）创业风险识别的基本理念

创业者应该树立识别创业风险的几个基本理念。

❶ 有备无患，未雨绸缪

风险与创业相伴，如果能做到风险预测，就可以减少损失、化解不利，甚至将风险转化为盈利的机会。创业者不仅要通过信息整合，分析产生风险的原因和条件、风险的性质和后果，还要能够识别创业过程中的各种风险，并提前做好预防措施。

❷ 实事求是，持之以恒

风险识别是一项复杂而细致的工作，要按照特定的步骤、程序并选用适当的方法逐层次地分析各种现象。由于创业的风险伴随着整个创业过程，同时风险具有可变性和相关性的特点，因此，风险的识别应该是连续、系统地进行，并成为企业的一项持续性、制度化的工作。

（二）创业风险的识别方法

对于创业者而言，通过科学的方法可以识别风险，总体来说识别风险的方法大致有如下4种。

（1）业务流程法：以业务流程图的方式，将从"入"到"出"的全部业务经营过程划分为若干环节，每一环节再配以更为详尽的作业流程图，从而根据每一环节的作业流程图确定每一环节的可能性风险。

（2）咨询法：委托咨询公司或有关机构进行风险调查和识别，并提出风险管理方案，以供经营决策参考。

（3）现场观察法：请风险咨询方面的专家直接观察企业的各种生产经营设施和具体业务活动并进行风险分析，从而使创业者具体了解和掌握企业面临的各种风险。

（4）财务报表法：通过分析资产负债表、损益表和现金流量表等报表中的每一个会计科目，确定企业在各种具体情况下的潜在损失及其成因。

由于每个企业的经营活动最终要体现为商品和资金,所以以上4种创业风险识别的方法中,财务报表法比较直观、客观和准确,也是使用率比较高的一种风险识别方法。

不管在什么行业创业都存在风险。这些风险从开始创业时就潜伏在创业者身边,有的创业者能很好地预测风险,所以能巧妙地避开风险。在创业过程中,一般会存在资金风险、竞争风险、技术风险、市场风险和团队风险。除了上述风险,还存在其他风险吗?请同学们运用头脑风暴法,想出其他可能存在的创业风险,指出你认为的最大风险,并给出规避方法。

请同学们以3~5人为一组,就上述问题展开讨论,并用笔记录讨论的经过。讨论结束后,每组选一个代表说一说讨论的结果,然后由师生一起评比出观点最合理、方法最实用的一个小组。

评分标准:积极参与讨论(20分);能够说出其他的创业风险(20分);能针对创业风险提出有效的规避方法(20分);能够大胆表达自己的想法(20分);语言表达流畅(20分)。

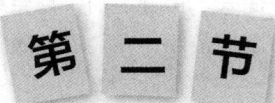 创业各阶段的风险

创业风险无处不在,贯穿于整个创业过程中。在创业的不同阶段,风险的表现形式及状态也有所不同。

一、创业前期的风险

创业前期指打算创业到创业初期这一阶段,俗话说"万事开头难",做好这一阶段的工作对创业者格外重要。同时,在这一阶段,创业者可能刚接触创业,对于应对创业风险没有什么经验,所以多学习他人的经验就尤为重要。

企业前期的风险主要有以下6种。

创业前期的风险

(一)临渊羡鱼

古人云"临渊羡鱼,不如退而结网",意思是站在水边想得到鱼,不如回家去结网,比喻只有愿望而没有相应措施,对事情毫无作用。

汉朝史学家司马迁忍辱负重,历时13载才完成了不朽巨著《史记》。明朝医药学家李时珍为了获得第一手资料,试服有毒草药,最终他撰写的《本草纲目》流传千古。

古往今来,一切成功都是从"苦"中得来的。在创业前期,创业者应做好吃苦的准备,不要一

味羡慕成功创业的人，而应该"收心"，脚踏实地走好每一步。

阅读材料

退而结网踏出创业第一步

刘一考上大学，在大城市里学习了4年。想到自己落后的家乡，毕业之际刘一在留在大城市还是回乡建设之间左右摇摆。

刘一初中的同班同学，由于当时成绩不如刘一，就没有再继续读书，而是选择外出打工，在外工作几年后，返回家乡开了一个养鸡场，养了几千只鸡，每天生意不断。

刘一很羡慕初中同学的努力和现状，也希望能凭借自己的所学在家乡一展拳脚。临渊羡鱼，不如退而结网，刘一决定回家乡。他先和农技站签了一年合同，希望通过实际工作结合自己所学，在技术养殖方面有进一步的提升，然后创业，开办一家自己的养殖中心。对于养殖中心，刘一已着手开始准备了。

（二）悲观主义

曾经有科学家专门对一些成功人士的心理做过研究，他们发现成功者都具有以下特点：有积极的人生态度，有赚钱动机，内部冲突很少，勇于为结果承担责任，具备风险控制和耐心。失败的人则普遍具有悲观主义倾向。当事情转坏时，失败者总爱责怪别人，遇挫折容易灰心丧气。

创业的过程中，难免遇到挫折和困难，如果创业者是一个悲观主义者，一旦碰到暂时难以解决的问题就灰心丧气，再无当初的激情和雄心壮志，失去了面对现实的勇气，那么失败可能是难以避免的。过分的乐观可能会使人有失冷静，但一个过分悲观的人同样难成大事。

（三）方向不明

方向即创业的道路、思路，这是创业活动总体的走向与原则。大学生在创业之前，需要想清楚自己的创业方向。调查发现，创业过程中所面临的困难按困难程度由高到低排名分别是经营方向或投入产业错误、财务周转不灵、找不到客户、与合伙人意见不合、无创新产品、企业无知名度等。

由此可见，创业方向是创业者首先应考虑的要素，如果创业方向错误，则可能事倍功半甚至南辕北辙。

提醒

有了创业的方向，就应该朝着这个方向，计划实现的方法、措施等。计划不明就意味着盲目，管理学中有一个公式，即成绩=目标×效率，在这里，明确的目标代表明确的计划，通过创业实践我们可以发现"做正确的事情"比"正确地做事情"更重要。

（四）融资

资本是创业必须面对的问题，只有创业者具有足够的实力，才能吸引投资者，资金也才有可能注入企业。所以，创业者首先应做好产品，增强产品和企业的竞争力，让资本市场看到企业的未来，这样才能获得比较好的估值。

同时创业者在融资时，不能为了融资而融资，因为资本最终要与企业分离，所以，从长远来看，选择投资者应当谨慎。如果创业者的确有很好的项目，有多项融资可供选择时，可有条件地选择投资者，除了投资的金额，还应考虑对方的经验、资源对企业后期的帮助等。

（五）合伙人选择不慎

企业运营中除了最重要的业务活动，还有一项必不可少的关乎成败的因素——合伙人。在创业过程中，创业者除了需要不断学习，还需要心胸、魄力，同时找到真正能屈能伸的高手。与合伙人建立信任感不是一件容易的事，不仅需要充分的交流与时间的累积，还需要志同道合，拥有共同的目标和一致的方向。

阅读材料

盲目合作导致创业失败

小王和小张同在一家公司上班。一天，小王在网上看到一个店铺的衣服很有特色，且价格不贵，正好小张经过，两人一交流，认为这是个不错的商机，便准备合伙开一家店铺当小老板。

很快两人各投入2万元，选好了店铺，第一批货也到了。开业第一天两人兴致勃勃，那天店里的人很多，但是没有一个人购买；第二天遇大雨，逛街的人很少，当然也没有生意；第三天人又多起来，但由于只有小张一人看守店铺，导致收到100元假钱，2件衣服失踪，等于一天没赚反亏。店里生意起起伏伏，小王由于还在公司上班，来店里的时间较少，小张虽然在店里，但由于店里生意不好，自己没有其他收入，心里难免不平衡，对于生意也不太上心。

不到半年，在小王和小张大吵一架后，店铺正式关门，合伙也正式画上一个句号。

（六）管理规章制度不健全

健全的企业管理规章制度是一个企业良性运作的基础，它就像一套运行中的系统在操控企业这台大型机器的运转。正所谓"没有规矩，不成方圆"。管理规章制度，即"规矩"。创业前期的管理规章制度可以从网上、同类公司借鉴，然后在实际运行过程中进行改良，最后成型为适合企业长期发展的管理规章制度。

二、创业中期的风险

创业失败的原因很多，但归根结底还在于创业者自身。可能是选择失误，也可能是管理不善，还有可能是缺乏市场意识等。每年有数以万计的企业倒闭，但又有更多的企业在成立，调查显示：目前我国注册成立的企业，3年后依然能够生存下来的只有32.4%。处在创业过程中的人往往会在不知不觉中进入一些误区。下面将分析创业中期的一些共性风险。

扫一扫

创业中期的风险

（一）战略性风险

战略性风险指创业者在创业中期的目标、战略、决策带来的风险。

❶ 目标游离

俗话说："有志之人立长志，无志之人常立志"。人的精力有限，频繁更换目标使人无法投入任何一个目标，事实上无论是企业领域、管理风格还是产品设计都没有绝对正确的选择，只有适合自己的选择。创业者应该做的事情很简单，就是坐下来，调整思绪，然后理清目标，告诉自己该干什么、该放弃什么。

❷ 业务领域不明

每个企业创业之初都有自己的主业，在创业过程中由于接触的人、事、物增多，诱惑也越来越多，从而可能导致创业者在选择中不断扩充业务领域，造成业务领域不明。总结起来，造成业务领域不明的具体原因有以下3种。

（1）企业有了一定实力后开始"对外搞活"，不再专注于主业，想再找点能挣钱的项目来做。这种愿望很好，但发展思路可能超越了企业经营能力和企业实力，结果往往以失败告终。

（2）企业盲目跟随潮流，经常变换经营目标。比如一家生产白酒的企业，觉得碳酸饮料能挣钱，就生产碳酸饮料。后来发现果汁饮料是未来发展趋势，就改生产柠檬茶，或者生产其他饮料，但这并不是产品系列化，反而破坏了企业形象和品牌形象，从而失去了核心竞争力，丢掉了企业辛苦铸就的品牌和形象。

（3）创业成功后，企业形成多业并举的态势，但主辅业不分，亏本的多，挣钱的少，基本是拆了东墙补西墙，说起产业来如数家珍，其实都是"夹生饭"，亏本买卖。

❸ 急功近利

创业之路更像一场马拉松赛跑而不是百米冲刺，前 100 m 领先者不一定就能成为全程的优秀者，甚至可能无法跑完全程。在这漫长的征途上，基础的积累将会起到决定性的作用。如果自觉先天不足而又已然踏上征程，那就更要格外注意随时给自己补充营养。事实上，成功的企业家都是从短期利润做起的，有了获取短期利润的经验，才有可能去涉足长期获利的项目。

❹ 孤军奋战

现代社会，人与人之间的联系越来越紧密，社会专业化程度越来越高，人与人之间、企业与企业之间的相互依存性也越来越强，在现代社会，谁也不可能不同任何人发生联系就取得成功。创业者需要同客户打交道，需要同政府部门打交道，需要同合作伙伴打交道，这许许多多的事情，不是凭着一个人的努力就可以完成的。

因此，创业者需要有一个良好的社会关系网络，需要有一个有力的团队。成功学大师戴尔·卡耐基说："一个人的成功，只有15%来自于专业上的技能，另外的85%则来自于人际关系上的成功。"来自于同事、团队、合作伙伴等各方面的支持与互动，对创业者的成功起着非常关键的作用。孤军奋战不但会令创业者疲于奔命，也很难使创业者取得成功。

创业者在产生创业构想的最初阶段，就要逐渐开始建立这些支持。一开始可能难以建立完整的团队和社会网络，但可以一点点做起，慢慢地扩大自己的联系范围，当这个强有力的团队和网络建立起来之后，再做起事情来，就会如鱼得水，游刃有余。

❺ 遇难即退

任何成功的创业者都必须具备坚韧不拔的创业精神，这是成功的必要条件。反观一些失败的创业者，他们之所以失败正是因为缺乏创业精神。不怕苦，不怕累，不怕失败，勇往直前，不达目的决不罢休，这就是创业精神。任何人做任何事，都不可能一蹴而就，创业尤其如此。

在创业期间，困难和挫折往往是无法预料的，例如销路问题、质量问题、管理问题、资金问题、人员问题等。没有创业精神的创业者，在这些困难和挫折面前，会心灰意冷，停滞不前。

（二）管理风险

如果说一个企业最初的成功可能靠产品的新颖度、领导者的个人魅力，那么在企业继续发展的路上，管理之于企业成功将占据越来越大的比重。管理风险也将成为创业路上遇到的重大风险之一。总结起来，管理风险主要有以下两个方面的风险。

❶ 管理人员的选择方面存在的风险

管理人员对于一个企业来说，就像一个部件的核心因素，只有核心因素起到作用了，整个部件乃至整台机器才可能良好地运行。管理人员是企业整体管理制度、管理方案的编制者及执行者，企业家选择与自己观念匹配的核心管理人员，其重要程度不亚于生产一种畅销产品。

❷ 管理制度的完善方面存在的风险

管理制度是企业正常运行的核心，建立一套符合企业的企业文化、适合企业长远发展的管理制度对于企业来说是非常重要的。管理制度一方面重在制订，另一方面重在执行，仅有制度而将其束之高阁，则等于空设。在创业初期，可能已制订了管理制度，在不断发展的创业中期，则要完善管理制度，并要将管理制度很好地落地实施。

（三）财务风险

财务是一个企业最终建立的落脚点。创业者在企业发展的过程中，应越来越重视财务问题，通过财务数据分析，认识自己在业务、管理上的不足，从而修正自己的创业、经营方向。

作为创业者，在财务上面临的风险主要有两种，即无财务记账意识和无成本观念。

❶ 无财务记账意识

一些个人组建的新创企业，企业领导人并不具备财务记账意识，他们的想法是：自己的公司，自己的钱，多或少、赚或赔都是自己的。实际上这是一种错误的观念，没有记账，企业领导人就无法了解自己企业的经营状况，对于核心关键点无法直观地知道，对于企业的症结找不到数据支撑。

❷ 无成本观念

成本是生产和销售一定种类与数量产品所耗费资源的经济价值。这些消耗用货币计量，就表现为材料费用、折旧费用、工资费用、销售活动费用等。为了管理生产所发生的费用，也应计入成本。成本管理是充分动员和组织企业全体人员，在保证产品质量的前提下，对企业生产经营过程的各个环节进行科学合理的管理，力求以最少生产费耗取得最大的生产成果。由此可知，树立成本观念对于控制企业的费用、提高产能、提高企业的核心竞争力有着举足轻重的作用。

三、创业后期的风险

创业后期仍然面临各种各样的风险，如果不能正确规避这些风险，不仅会影响到企业的未来发展，也会影响到企业价值的实现。创业后期的风险主要有以下 6 种。

（一）盲目冒进

当企业初具规模小有成就时，许多企业容易被自己营造的区域性知名度冲昏

扫一扫

盲目冒进

头脑，趁着手里有一定储蓄，不顾发展实际，盲目开拓超越实力的大市场。此时，如稍有点意外，就可能产生巨大的损失，最终导致前期所有的努力都功亏一篑。

（二）好大喜功

大多数创业者思想解放、个性执着、敢作敢为，这种个性使他们在创业初期较容易获得成功。但随着企业规模的扩大和实力的增强，个人追求财富的欲望膨胀，再加上市场环境的规范化和竞争的激烈化，部分人的追求会有脱离实际的倾向。有一些企业的领导者把追求规模、知名度、市场占有率作为首要目标，而不考虑步步为营，稳中求进。

这种好大喜功和过分追求表象的心态，最终不仅会让创业者吃亏，甚至可能使他们一手创建的企业遭受灭顶之灾。

（三）挥霍浪费

在创业初期，大多数创业者都能做到开源节流，艰苦勤俭，因为当时根本就没有资金供其浪费。可是当创业成功之后，企业有了资源，有了资金，在某些方面多花一些和少花一些影响并不明显，而且有些创业者有了苦尽甘来的感觉，认为终于创业成功可以过好日子了。如果再加上管理混乱，没有很好地控制成本和费用，虽然企业的业务在不断增长，但是最终利润有可能下降。

（四）小富即安

有些创业者在事业小有成就之时就失去了进取心，有了小富即安的思想，不再计划将企业做大做强，不再积极拓展新的业务。小富即安的思想在一定程度上限制了很多企业的发展，它在表现效果上与"盲目冒进"是截然相反的。总体来讲，"小富即安"在企业家身上主要有两种表现，即目光短浅和放不开本业。

❶ 目光短浅

目光短浅的企业家在企业经营中追求小目标，排斥新的融资方式与能人的参与，排斥现代营销观念，看不到更为广阔的市场，甚至产生自卑心理，否定发展壮大的可能，不敢与高手竞争。目光狭隘，企业形成"弱不禁风"的体质。

❷ 放不开本业

放不开本业就是人们常说的离不开老本行，以前在干什么，以后还想干什么。比如一个做食品的企业家，在食品行业混迹几年后，想自己投资做点事情，可他只知道食品能赚钱，只熟悉食品市场，除此之外，不知道还有什么行业适合自己，所以仍想投资食品，这就是被老本行束缚了思想和手脚。有很多创业者正是因为走不出自己熟悉的"圈子"，创业时按固有的模式和套路操作，一成不变，最终导致失败。

（五）缺乏创新

创业的过程就是不断创造与创新的过程，创新是企业的唯一生命主线，失去创新，企业将停滞不前，甚至衰亡。企业得以生存与发展的根本就是能满足人类社会不断增长的物质与精神需要。要做到这一点，企业唯一的依赖是创新。目前

市场上那些岌岌可危的企业或已经失败的创业者对此的体会应该更加深刻。

现在是科学技术日新月异的新时代，在某种意义上，资本力量在创业经营中的重要性已经让位于知识、技术创新，走在时代前列的创新将引导企业走向繁荣。没有创新，企业即便拥有数量庞大的资金，也赶不上时代的潮流，终将走向失败。

有些企业没有资本，但仍可以依靠创新获得发展。相反，不少企业尽管资本力量雄厚，工厂设备齐全，人员也不少，却因为经营不善和缺乏创新精神而出现亏损。时代的发展把企业经营中资本和创新的重要性颠倒过来了。

（六）管理危机

成功管理的关键不在于解决所有的问题，而在于把注意力集中到企业当前阶段所存在的主要问题上，从而一一排除障碍，使得企业成长、成熟并壮大起来。创业成功后，企业面临的主要管理问题是管理危机问题，具体表现为低效管理、用人失误、财务混乱、管理失控、创新缺乏动力等。

扫一扫

管理危机

阅读材料

无用管理增负担，造成新的管理危机

一家高新技术企业的老总在一次首席执行官交流学习会中接触到知识管理，回想自己的公司，由于部门各顾各，缺乏沟通，出现了各自为政的现象。他意识到公司很有必要实施知识管理，于是在公司内部发起知识管理项目，并指定人力资源部经理负责。人力资源部经理通过学习与培训，与老总讨论得出知识管理最重要的是共享，建议购买知识管理软件平台，让公司各个员工定时提交相关的知识成果。

知识管理软件上线以后，人力资源部经理制订了相关的制度，要求公司的研发工程师、销售人员必须每周提交知识文档。3个月后，人力资源部经理向老总汇报知识管理的工作情况，知识库中已有相当数量的记录，但研发部经理和销售部经理表示上传文档中的内容他们部门的员工从来不看，而且为了完成"任务"，每天花时间上传知识文档已经严重影响了他们的工作。

一年后，该老总关于公司管理的兴趣点转移，知识管理不了了之。

拓展训练

加盟户外运动品牌的风险探索

活动目的：

能进行风险评估；能针对企业存在的风险找出有效的应对方法。

活动内容：

随着户外运动的兴起，新兴户外运动品牌如雨后春笋，许多传统运动服装企业也嗅到了商机，纷纷开发出户外系列服装。选择一个你喜欢的户外运动品牌。如果通过加盟该品牌的方式进行创业，需要注意哪些风险？应采用哪些防范措施？（主要对加盟前、加盟过程中和加盟后的风险进行评估）

具体操作步骤如下。

第一步：教师对学生进行分组，3~5人为一组，每组选出一个负责人。

第二步：小组成员就上述资料中提出的问题进行讨论，写一份约600字的分析报告。

第三步：小组负责人上台汇报讨论的结果。

活动检测：

活动结束后，教师可根据表8-1进行评分。

表8-1　探索活动评价表

评分标准	满分/分	实际得分/分	备注
能识别出不同阶段的风险	25		
能针对各种风险提出应对措施	25		
风险识别准确，措施合理有效	25		
能积极参与讨论、发表见解	25		
总分	100		

 创业风险的防范措施

虽然在创业过程中各个阶段的各种风险是难以预测且不可避免的，但是创业者通过科学的方法，仍可以未雨绸缪，针对不同风险的特点制订不同的防范措施，降低风险的发生概率，甚至化风险为机遇。

一、外部风险的防范措施

外部风险即非企业自身因素造成的风险，外部风险很多是由客观因素造成的风险，是每个创业者都无法避免的。下面讲解常见外部风险的应对措施。

（一）应对竞争对手的跟进

所有的行业都不可能是独家经营，每个创业者都不可避免地会遇到竞争对手，当"棋逢对手"，竞争对手与自己不相上下时，该如何保证自己始终处于优势状态呢？下面是根据一些企业的实战经验给出的面对竞争对手跟进的对策。

❶ 控制技术，限制竞争

如果创业依托的技术有专利权，那么将在很大程度上排除同类竞争项目出现的可能性，降低投资成本和投资的商业风险。

❷ 紧密注视同领域的动向

在研发阶段，应密切注视其他公司类似工作的进行情况，如同类产品的功能设计、后期研发进度等，从而找出自己产品的优势，为产品推出市场以及产品上市后后期如何跟进提供可执行的方案。

❸ 选择高技术项目

如果项目的技术含金量足够高，那么其他企业要想通过完全破解技术配方或关键内核来仿制新产品是不可能的，而其他企业自行研制开发也需要很长的时间。因而高技术项目能够有效地延长其他企业跟进的时间，在此期间，新创企业可以确保收回投资、获得较高的利润并且占据较大市场份额。

❹ 制订换代产品开发规划

在产品开发阶段，即第一代产品还在酝酿过程中，就要制订后续系列产品的开发计划，并在生产规划中详细论证以确保开发计划的实施。真正有生命力的企业不是停滞不前的，新产品的成功并不代表整个市场的认可。所以，企业一方面要抓紧时机生产出升级换代产品以改善原有产品的缺点，更好地满足顾客的需求；另外一方面还要优化生产工艺和销售渠道，在成本和价格方面适应市场竞争的需要，使自己一直保持领先状态。

❺ 注重产品多样性

在当今市场竞争日益激烈的情况下，新创企业推出主打产品的同时一定要采取产品多样化的战略，以扩大市场占有率，同时以多样化的产品，满足顾客不断变化和个性化、复杂化的需求。多样化的产品也能有效地防止竞争者的模仿和进攻。

阅读材料

产品开发出奇制胜

麦片有很多好处，首先我们想到麦片就是早餐，但在早餐市场中麦片的市场占有份额不高。如何提高麦片的市场占有率？希洛公司不打算只是碰运气。它想到的出路是重新定义麦片的使用价值，把麦片当作任何时候都能食用的健康点心，而不是当作通常的早餐。希洛公司采用了一种顾客熟悉的产品形状——巧克力条。麦片加上巧克力条，就这样出现了新的产品类别——麦条。

这种现在看来很平常的食品，在当时却是一个新事物，并由此创造了新的消费需求。它的出现也为希洛公司带来新的生机和活力。

（二）应对市场变化

不管是企业还是企业的产品，都需要面对市场，而市场不是处于固定不变的状态，它会随着当前的各种因素发生变化，面对市场的变化，作为创业者应该如何面对呢？下面将介绍一些常用的应对措施。

❶ 有效的市场调查

只有进行有效的市场调查和分析，才能了解顾客的需求。这是保证产品或服务有市场的唯一可行办法。市场调查不仅包括项目创意的调查，而且要贯穿产品研发和试制过程的始终，成为可依赖的标准，切实指导产品的开发和改进。只有这样，新技术、新产品才能有顾客、有市场、有存在的价值。

❷ 新领域的先锋

新技术、新产品不仅是为了适应顾客需求，满足顾客需要，还应能够发掘并引起新的市场需求，动态地改变消费者的偏好，成为新领域的先锋，由被动适应变为主动引领。

❸ 扎实高效的组织

仅有好的创意、好的机会还不足以真正成就一个企业，新产品、新技术的实现和推广特别是进入市场以后的环节，更要依靠扎实高效的团队努力。因此，建立高素质、善于学习和能够主动适应市场的组织，才能将新产品的营销推广策略真正落到实处，将企业的意图进行到底。

（三）应对宏观经济环境及政策法规的变化

为应对整个宏观经济环境及政策法规的变化，作为创业者可先做好如下准备。

❶ 选准恰当的时机

任何一个国家或地区都存在经济周期。新创企业要把握市场动向，在经济下降阶段或是萧条阶段可以开始创意研发，然后在宏观经济繁荣时期和经济上升期进行市场运作。这样在经济周期的上升阶段，投资形势和市场需求都将被看好，商业风险相对较小，从而可以降低成本，提高收益。

❷ 重视环境和市场的选择

新创企业都应谨慎对待选址和市场开拓。不仅要注重行业发展特点，还应对企业预选地区的政策、文化及自然环境进行综合考虑，特别是产业运作和资源条件要求比较高的企业更应如此。另外，市场开拓从哪里开始，整体发展规划如何，都应考虑其所在国家、地区的宏观环境和相应的政策法规。

❸ 了解政策法规

新创企业在选择项目时就应充分了解国家及地方对相关产业的政策法规及该行业的发展动向。选择政策法规给予支持发展的产业、行业对于企业是有一定帮助的。同时，关于企业的组建、运营以及市场的各类法律和规范，应透彻了解，掌握最新动态，并要善于利用发展机会，这对企业的短期、长期发展都是有很大帮助的。

❹ 冷静对待政策法规的变化

如果政策法规有所改变，创业者应冷静分析，准确识别新出现的商业发展机会，并采取措施规避因政策法规改变而有可能出现的损失。切忌盲目追随热门产业而放弃自己的优势项目，切忌拒绝变化，甚至做出违反国家或地方政策法规的事情。

政策法规扶持再助创业成功

小王大学毕业后开始创业，近期的生意越做越红火。为进一步寻求发展，小王有意将目前的服务社转制为工商企业，但目前服务社内有 5 名从业人员均享受着非正规就业社会保险费补贴，如果转制为企业，补贴就不能再继续享受，5 名从业人员的社会保险费一个月就要多缴近 3 000 元。创业成本压力本来就大，如果再多出一部分用工成本，小王担心刚刚走上正轨的生意会出现资金周转问题，一时不知道如何是好。

小王的担心被一位在政府相关部门工作的朋友知道了，他告诉小王：所在辖区新开业的工商企业，每吸收一名区内户籍的失业、协保或者农村富余人员就业，就可以享受每人每月 500 元的补贴，还可连续享受 18 个月。小王的情况正好符合享受这个优惠政策的条件。

创业需要经营者有创新式的思维、敏锐的市场嗅觉以及精密细致的管理方式，但同时也要注意宏观经济环境和政策法规。政策有利有弊，创业者应趋利避害，找到与自己、与企业最好的融入点。

（四）应对资金风险

资金是每个企业运营的关键因素，一般的创业者面对资金风险时，应多留意整个市场的价格波动趋势，发现有价格变化苗头时，应主动地采取措施，同时动态地配置生产资源，根据市场变化调整进货量、存货量和出货量。创业者要通过观察、内部调控，顺利应对资金风险，同时还要争取将风险变为机遇，占领市场先机。

如果企业是出口型企业，则创业者除了了解国内市场价格外，还应了解国际市场价格，在国际贸易中采用套期保值等方法保护自己的权益。同时，创业者还应研究利率及其相关因素的变化，如通货膨胀、金融政策、税收政策等。

（五）应对信用危机

由于目前我国的信用机制尚待进一步健全，所以创业者要提高警惕，对投资方、技术持有者、管理和技术开发人员、供应方等各方人员或组织的资本信用状况、技术和资金能力等都要了解清楚。另外，创业者还应通过细致有效的合同，利用法律工具保护自己和他人的合法权益。

二、内部风险的防范措施

与外部风险相对的是内部风险，即由企业本身控制或由企业决策失误等造成的风险。每个企业内部都存在不同程度的风险，下面分别介绍企业内部常见的风险形式及应对方法。

（一）应对投资分析的风险

传统行业的投资分析都是在所在产业的历史发展经验数据和可靠材料的基础上进行的，而新创企业绝大多数是高技术企业，前期的投资分析往往缺乏历史数据的支撑，有时凭创业者的直观感觉，有时凭一些不太成熟的调查数据，因此精确度常常很低。

此时，新创企业可考虑结合相关行业的发展，通过横向比较得出差异与共性，为自己的决策提供可参考的依据。不论如何，这都是采用估计和统计的方法，所以在实施时特别要注意动态地分析和适时地调整，不仅要考虑计算得出的数据，还要考虑环境的变化和企业的真正需要。

（二）应对技术风险

产品的核心是技术，在企业内部如何避免因技术产生的风险呢？总结起来可参考以下两点。

❶ 专利/知识产权的保护

新技术是新创企业的无形资产，可以估价入股。因而，寻求专利或是知识产权的保护是不容忽视的重要环节。

❷ 技术保护

除了专利的保护，在将新技术或新产品推向市场之前，还应考虑加入技术成分的保护。如化学配方设法使他人无法通过成分检测而破解，在机器的核心电路部分设置加密芯片或进行封装，在软件内核加监控毁灭程序等。

（三）应对管理危机

由于新创企业的管理团队刚刚组建，成员间彼此缺乏默契，再加上团队成员一般比较年轻，管理经验不足，又要在短时间完成新技术、新产品的生产和推广，所以会出现很多的管理问题，必须积极采取措施进行应对。

❶ 借用外脑

对于新创企业管理队伍年轻化的问题，在企业起步这个比较关键的发展阶段，可以考虑与风险投资机构或孵化机构合作，邀请有经验的人士参与经营管理；也可以聘用各方面专业人才加盟。这样可以利用有经验的专业人才带动管理团队及整个企业成长和进步。

❷ 培养团队精神

一个企业不是靠单打独斗就可以成功，而是需要各个部门、各个涉及的个人协作共同完成一个个事件，积累形成企业自身的高度。可以说，一个企业内部的团队精神也是决定企业最终成功与否的重要因素。面对竞争日益激烈的市场，企业更应该注重自己团队人才的培养，塑造符合自身发展目标的企业文化。

❸ 控制人员的流失

由于新创企业很容易遇到各方面的风险和阻力，所以其常常会遇到技术、管理和销售服务人员流失的问题。要留住人才，就要根据不同类型人才的特点，采取不同的措施。

（1）管理、技术人才：明确利益关系，对于重要人员可考虑分配一定数额的企业股份；同时制订有效的激励机制，管理人员和技术人员应该适用不同的绩效考评机制，不仅利用金钱激励，还要用企业文化所形成的强大凝聚力留住人才。

（2）销售服务人才：根据业绩评估，及时提高工资与福利待遇；建立完善的晋升制度，做到奖罚分明；服务人员本土化，加强其从业素质的培训和提高，使其感受到在企业中的个人价值。

（四）应对财务危机

新创企业，在最初一两年很可能会遇到财务危机，度过这个危机，企业可能迎来一个春天。在面对这些财务危机时，创业者可采取的措施如下。

❶ 放弃追求高利润

在发展初期创业者不宜过多地追求利润指标。大多数创业者在企业略有起色的时候都急于向外界表现自己的经营能力，而利润恰好是最有说服力的证据。但是，这对新创企业来讲弊大于利，其原因有两方面：一是账面上的利润将成为计税的依据，而此时过多的税务支出对于企业来说是很困难的；二是企业业务的快速膨胀，存货、应收账款等占用了大量资金，而此时企业的经验和应变能力都比较弱，企业任何一个环节出了问题都会引发综合性的财务问题。

> 提醒：在企业成立的最初几年，至少是前 5 年，创业者应始终把用户的需求作为第一目标，并在资金允许的情况下加大投资力度，提高产品技术含量。

❷ 利用现代财务分析工具

良好的财务管理是达到创业目标的必要条件，如情况允许，企业可用最先进的财务分析工具对企业财务状况进行控制。一般企业需要进行现金流量分析、现金流量预测，以及制订完善的现金管理机制。成长中的新创企业必须能够预测企业现金需求量为多少，何时需要，目的又是什么，要有较长的缓冲时间，从而保证可以筹措到所需的资金。

❸ 适时调整财务结构

企业在发展过程中应适时改变财务结构。事实证明，如果销售额增长，新创企业的成长速度就会大于资本结构的成长速度。因此，新创企业的每一次成长，都需要一个与众不同的新财务结构。当新创企业成长时，来源于私人的资金，不论是来源于所有者本身、他的家庭，还是来源于外人，都无法满足企业成长需求。企业在运营一定年限后，会力求寻找更大的资金来源，主要途径有筹措权益资本（发行股票）、寻找合伙人、与其他企业合伙等。在选择资金来源时，创业者必须充分了解合伙人或合伙企业的信誉、营业互补性及发展前景，并且合伙人或合伙企业不会成为自己企业的竞争对手。

❹ 进行资金规划

企业每个年度都要进行资金规划。资金规划对大多数新创企业来说是求生存的必要工具。如果成长中的新创企业能事先合理地为资金需求及资金结构做好一定周期的计划，那么在需要资金时，不论资金的种类、时间及需求的方式如何，通常都不会遇到太大的困难。如果等到企业的成长速度超过资金基础及资金结构的成长速度时再进行财务规划，此时往往已经出现问题，从而使企业的发展受阻。

❺ 制订财务制度

只有制订一套完善的财务制度，创业者才能对应收款项、存货、制造成本、管理成本、服务、配销等进行有效的控制。同时，企业应随时根据实际情况制订并调整自己的财务制度，并保证它的严格执行。

一、创业访谈

访谈 2~3 个创业者，了解他们在创业和企业经营过程中遇到的风险，以及他们是如何规避和化解这些风险的。（在采访前，一定要做好充分的准备，提前了解受访的企业；在访问过程中，注意所提的问题一定要有针对性）

二、能力训练

假设你和你的合伙人一起创办了一个咨询公司。在经营过程中，你们在管理和营销决策方面经常出现分歧，且各自都觉得自己的想法是对的。由于两人意见经常不一致，矛盾越来越尖锐，合伙人经常不来公司，独自在外揽项目，且不经过公司的账目。请根据上述问题，找出解决方案（至少两个），填写表 8-2，并对每个方案进行分析。

表 8-2 方案分析表

解决方案	优势	劣势	是否可行

第四节 评估与分析

1. 根据下面的创业背景，假设你是主人公，写一份创业风险评估及应对报告。该报告将给投资人观看，对方借以确定是否需要进行投资。

许飞是某大学的应届毕业生，所学专业为机电一体化。许飞个人对机械、电子方面的知识十分感兴趣，大学期间参加了多个相关的比赛，还拿过国家级的大奖，其中"前置雷达"是许飞一直在研究的课题。许飞希望通过"前置雷达"实现汽车自动避开障碍物、避免追尾、遇到紧急情况自动停车等功能。这个课题的技术问题许飞现在已经基本解决，有一些大公司得知消息后，有意"挖"许飞到其公司担任相关项目的负责人。但许飞希望通过自己的努力，成立一个公司，将这个项目推广出去。

许飞希望用自己的技术寻找投资人，投资金额为 100 万元。

提示：这是一个初创型公司，公司还未成立，面临的风险可以合并称为"创业前期风险"，可根据前期风险包含的种类，结合现状进行阐述，然后逐一说出对策。由于本案例的目的是拿到投资，所以应重点强调自己的优势，即技术、专利方面的优势。

2. 根据下面的案例，在表 8-3 中填写美阅图书公司现在的缺口情况，然后结合书本、个人经验及社会调查，写出可以采取的对策。

美阅图书公司主营图书及阅读课程销售，开业至今已有 3 年，现在公司已经实现了连锁经营，有 3 家书店，2 家教学中心，但公司的整体利润很少，今年更是出现了负盈利。公司通过调查发现负盈利是教学中心亏损严重造成的。教学中心现有学员 113 名，未使用的课程费用 60 余万元，每月收入 4 万元，支出 10 万元。现在"二胎"政策放开，家长越来越重视孩子的阅读，教学似乎是未来的一个重要发展方向，但如果继续经营下去，通过核算需要追加资金 100 万元。这值得吗？

提示：案例背景忽略了一些风险的缺口因素，如管理、信息和信任等。读者可以通过其负盈利读出教学中心运营的一些问题，既然政策好、行业好，为何是负盈利？除了资金缺口外，公司的其他方面也存在问题。

表 8-3 缺口及对策

	现状	对策
融资缺口		
研究缺口		
资源缺口		
管理缺口		
信息和信任缺口		

CHAPTER 09

第九章 互联网创业

学习目标

>>> 掌握"互联网+"商业模式的内涵
>>> 了解"互联网+"创新创业机遇与风险
>>> 了解大学生创业的实践途径
>>> 了解大学生创新创业训练计划项目
>>> 了解"互联网+"大学生创新创业大赛

案例导入

大学生互联网创业

案例1：第二届中国"互联网+"大学生创新创业大赛

2016年10月14日晚，经过2个小时的精彩对决，第二届中国"互联网+"大学生创新创业全国总决赛的冠军、亚军、季军在华中科技大学光谷体育馆诞生：西北工业大学"翱翔系列微小卫星"项目以全场最高分获得此次大赛的冠军；南京大学"Insta360全景相机"项目获得亚军；山东大学"越疆DOBOT桌面机械臂"项目和北京大学"ofo共享单车"项目获得季军。

案例2：饿了么

"饿了么"于2008年在大学宿舍诞生，2015年获得E轮融资，拥有几千名员工，服务范围也从上海交通大学周边快速扩展到全国250个城市，这便是在线外卖订餐平台"饿了么"的快速发展轨迹。

饿了么的创始人张旭豪通过校园BBS招来软件学院的同学入伙，用了半年左右时间，他们便开发出了首个订餐网络平台。

启示 大学生是大众创业、万众创新的主力军，高校创新创业教育的水平和成效，不仅关乎高等教育的发展和人才培养质量的提高，更关乎国家战略目标的实现。加快以移动互联网、云计算、大数据、物联网、人工智能等为代表的新一代信息通信技术与教育、医疗、制造、能源、服务、农业等领域的融合创新，发展壮大新兴业态，打造新的产业增长点，这是大学生肩负的使命。

第一节 "互联网+"基础知识

现在有很多的门户型网站、配对型的网站、搜索型的网站、网购型的网站、游戏型的网站，它们都顺应了互联网时代的创新商业模式。随着互联网宽带化、大众化、个性化、移动化的不断发展，新应用层出不穷。互联网呼唤新的商业模式出现！创新，是互联网的基本驱动力，而创新最直接的体现是业务的专业化，并在此基础上，不断深化技术与市场拓展。

一、"互联网+"基本概念

（一）互联网的概念、应用模式及发展历程

1 互联网的概念

互联网（Internet）又称因特网或网际网络，始于1969年美国的阿帕网，是网络与网络之间所串连成的庞大网络，这些网络以一组通用的协议相连，形成逻辑上的单一巨大国际网络。互联网采用超文本（Hyper Text）和超媒体（Hyper Media）的信息组织方式，将信息的链接扩展到整个互联网上。其中，超文本是一种用户接口方式，用以显示文本及与文本相关的内容，其格式常使用超文本标记语言（Hyper Text Markup Language，HTML）或富文本格式（Rich Text Format，RTF）；超媒体是一种采用非线性网状结构对块状多媒体信息（包括文本、图像、视频等）进行组织和管理的技术。超文本传输协议（Hyper Text Transfer Protocol，HTTP）是互联网上应用最为广泛的一种网络协议。

2 互联网应用模式

互联网应用模式可划分为网络信息获取应用模式、电子商务应用模式、网络交流互动应用模式、网络娱乐应用模式和电子政务应用模式。

（1）网络信息获取应用模式又可分为网络新闻模式、搜索引擎模式、信息分类模式、信息聚合模式和知识分享模式。

（2）电子商务应用模式可以分为商对商（Business to Business，B2B）、商对客（Business to Customer，B2C）、客对商（Consumer to Business，C2B）、厂对客（Manufacturers to Consumer，M2C）、客对客（Customer to Customer，C2C）和线上线下（Online to Offline，O2O）等电子商务模式。

（3）网络交流互动应用模式可以分为即时通信模式、个人空间模式、网络社交模式和网络论坛模式。

（4）网络娱乐应用模式可以分为网络游戏模式、网络文学模式和网络视频模式。

（5）电子政务应用模式可以分为政府与政府（Government to Government，G2G）、政府与政府雇员（公务员）（Government to Employee，G2E）、政府与企业（Government to Business，G2B）和政府与公民（Government to Citizen，G2C）等电子政务模式。

3 互联网的发展历程

全球广域网（World Wide Web，WWW）亦称作Web、W3、"万维网"和"环球网"等，

是个由许多互相链接的超文本组成的全球性系统,可分为 Web 客户端和 Web 服务器。用户可以通过 Web 客户端(通常指浏览器)访问 Web 服务器上的页面,获得互联网资源。互联网并不等同于 Web,Web 是建立在互联网上的一种网络服务,为浏览者在互联网上查找和浏览信息提供了图形化的、易于访问的直观界面。

互联网发展经历了 Web 1.0 门户时代、Web 2.0 搜索/社交时代和 Web 3.0 大互联时代 3 个阶段。

(1) Web 1.0 门户时代

Web 1.0 时代开始于 1994 年,其主要特征是大量使用静态的 HTML 网页来发布信息,并开始使用浏览器来获取信息,信息传递主要是单向的。通过 Web,互联网资源可以在一个网页里比较直观地表示出来,而且在网页上资源之间可以任意链接。Web 1.0 的本质是聚合、联合、搜索,其聚合的对象是巨量、无序的网络信息。Web 1.0 只解决了人对信息进行搜索、聚合的需求,而没有解决人与人之间沟通、互动和参与的需求。

Web 1.0 时代是第一代互联网,表现在技术创新主导模式、基于点击流量的盈利共通点、门户合流、明晰的主营兼营产业结构和动态网站,Netscape、Yahoo 和 Google 等公司在 Web 1.0 上做出了巨大贡献。其中,Netscape 研发出第一个大规模商用的浏览器,Yahoo 提出互联网黄页,Google 推出大受欢迎的搜索服务。中国互联网从 1997 年正式进入商业时代,到 2002 年,Web 1.0 的代表有新浪、搜狐及网易等门户网站。

(2) Web 2.0 搜索/社交时代

Web 2.0 始于 2004 年 3 月 O'Relly 和 MediaLive 公司的一次头脑风暴会议。Tim O'Reilly 在《What is Web 2.0》一文中概括了 Web 2.0 的概念,并给出描述 Web 2.0 的框图。在 Web 2.0 中,软件被当成一种服务,互联网从一系列网站演化成一个成熟的为最终用户提供网络应用的服务平台,强调用户的参与、在线的网络协作、数据存储的网络化、社会关系网络以及文件的共享等成为 Web 2.0 发展的主要支撑和表现。Web 2.0 模式大大激发了人们创造和创新的积极性,使互联网重新变得生机勃勃。Web 2.0 的典型应用包括 Blog、Wiki、RSS、Tag、SNS、P2P 和 IM 等。

Web 2.0 更注重用户的交互作用,用户既是网站内容的浏览者,又是网站内容的制造者。Web 2.0 是指一个利用 Web 平台,由用户主导而生成的内容互联网产品模式。用户生产内容是指用户原创内容,是伴随着以提倡个性化为主要特点的 Web 2.0 概念而兴起的。

(3) Web 3.0 大互联时代

Web 3.0 是针对 Web 2.0 提出的,它是 Web 2.0 的进一步发展和延伸,是互联网发展的必然趋势。

Web 3.0 在 Web 2.0 的基础上,将杂乱的微内容进行最小单位的继续拆分,同时进行词义标准化、结构化,实现微信息之间的互动和微内容间基于语义的链接。Web 3.0 能够进一步深度挖掘信息使其直接从底层数据库进行互通,并把散布在互联网上的各种信息点以及用户的需求点聚合和对接起来,通过在网页上添加元数据,使机器能够理解网页内容,从而提供基于语义的检索与匹配,使用户的检索更加个性化、精准化和智能化。

Web 3.0 提供智能化及个性化搜索引擎技术、数据自由整合与有效聚合技术,适合多种终端平台,实现了信息服务的普适性。Web 3.0 的典型特点是多对多交互,包括人与人交互、人机交互以及多个终端交互。Web 3.0 大互联时代是以智能手机为代表的移动互联网作为开端,发展到基于物联网、大数据和云计算的智能生活时代,实现"每个个体、时刻联网、各取所需、实时互动"的状态。

从应用角度来看，传统的门户网站如新浪、搜狐、网易等是 Web 1.0 的代表，博客中国、校内网、Facebook、YouTube 等是 Web 2.0 的代表，iGoogle、阔地网络等是 Web 3.0 的代表。

（二）"互联网+"的提出

国内"互联网+"理念的提出，最早可以追溯到 2012 年 11 月易观国际董事长兼首席执行官于扬在"易观第五届移动互联网博览会"上发表的主题演讲"互联网+"。在会上，他首次提出"互联网+"理念，认为在未来，"互联网+"公式应该是我们所在的行业目前的产品和服务，在与我们未来看到的多屏全网跨平台用户场景结合之后产生的一种化学公式，而怎么找到你所在行业的"互联网+"，则是企业需要思考的问题。随后，"互联网+传统集市"催生淘宝网，"互联网+传统百货卖场"催生京东网，"互联网+传统银行"催生支付宝，"互联网+传统交通"催生快的打车和滴滴打车。

2015 年 7 月，国务院印发《关于积极推进"互联网+"行动的指导意见》，鼓励传统产业树立互联网思维，积极与"互联网+"相结合，充分发挥互联网的创新驱动作用，以促进创业创新为重点，推动各类要素资源聚集、开放和共享，大力发展众创空间、开放式创新等，引导和推动全社会形成大众创业、万众创新的浓厚氛围，打造经济发展新引擎。

作为一项国家战略，"互联网+"推动互联网的创新成果与经济社会各领域深度融合发展，形成更广泛的以互联网为基础设施和创新要素的经济社会发展新形态，具有广阔的前景和无限潜力，已成为不可阻挡的时代潮流。"互联网+"正对我国经济社会发展产生着战略性和全局性的影响。

（三）"互联网+"的定义

百度百科对"互联网+"的定义："互联网+"是创新 2.0 下的互联网发展的新业态，是知识社会创新 2.0 推动下的互联网形态演进及其催生的经济社会发展新形态。

"互联网+"概念的中心词是互联网，符号"+"意为加号，即代表着添加与联合。简单来说，"互联网+"就是"互联网+各个传统行业"，但这并不是简单的二者相加，而是通过信息通信技术及互联网平台，让互联网与传统行业进行深度融合，创造新的发展生态。

"互联网+"代表一种新的社会形态，即依托互联网信息技术实现互联网与传统产业的联合，以优化生产要素、更新业务体系、重构商业模式等途径来完成经济转型和升级。因此，"互联网+"能够充分发挥互联网在社会资源配置中的优化和集成作用，将互联网的创新成果深度融合于经济、社会各个领域之中，提升全社会的创新力和生产力，形成更广泛的以互联网为基础设施和实现工具的经济发展新形态。

"互联网+"是互联网思维的进一步实践成果，它能够推动经济形态不断地发生演变，从而带动社会经济实体的生命力，为改革、创新和发展提供广阔的网络平台。

（四）"互联网+"的特征

"互联网+"是工业 4.0 时代的象征，是两化融合（信息化和工业化的高层次的深度结合）的升级版，是将互联网作为当前信息化发展的核心特征并提取出来，实现与工业、商业、金融业等服务业的全面融合，其关键是创新，只有创新才能让这个"+"真正有价值、有意义。

"互联网+"的主要特征是跨界融合、创新驱动、重塑结构、尊重人性、开放生态和连接一切。

① 跨界融合

"互联网+"重在与传统行业的融合,但这些传统行业和互联网之间的跨度很大,二者能够融合到一起是一种创新,行业之间融合也是客户消费转化为投资的一个过程,大家共同参与创新。"互联网+"中的"+"就是跨行跨界、变革开放,意在重塑融合。通过跨行跨界坚实创新基础,通过融合协同实现群体智能,实现从研发到产业化的过程更快、更短。融合本身也指代身份融合,例如客户消费转化为投资等。

② 创新驱动

国内最早的资源驱动型增长方式是粗放型的,但是目前这种资源驱动型增长方式已经不能够继续,需要转变到创新驱动方式才能发展。这正是互联网的特质,通过互联网思维来改变目前的境况,自我革命,达到创新的目的。

③ 重塑结构

当前,信息革命、全球化、互联网已打破原有的社会结构、经济结构、地域结构及文化结构。社会治理开始向互联网和虚拟技术的方向靠近,互联网+社会治理、虚拟社会治理已经成为发展趋势。

④ 尊重人性

人性的光辉是推动科技进步、经济增长、社会进步和文化繁荣的最根本的力量。互联网改变了人们的生产方式、生活方式、消费方式和社会治理方式。互联网的强大力量来源于对人性的最大限度的尊重、对用户体验的敬畏和对人的创造性发挥的重视。

⑤ 开放生态

"互联网+"是种开放式的生态,"互联网+"的推进可以优化、制约创新的环节,让研发由消费者个性化的市场需求来驱动,让创业者有更多的机会去创新、创造。通过"互联网+"将更多的信息孤岛连接到各自的生态体系,让更多传统行业在这个体系中共生、发展,让各自的生态体系里的用户获得更高的生活品质。"互联网+"是一种良性竞争,谁做得越好,其生态体系的黏性就越大,用户数就会越多。

⑥ 连接一切

"互联网+"将实体、个人、设备等基本要素连接起来,犹如电一般,把一种全新的能力注入各行各业,使各行各业在新的环境中实现新生,并创造出一个"互联网+"生态系统。"互联网+"能够实时动态地连接个体消费者与生产者、服务提供者,让创业者发现大量的新机会。显然,互联网已不再仅仅是虚拟经济,而是主体经济社会中不可分割的一部分,经济社会的每一个细胞都需要与互联网相连,互联网与万物共生共存将成为大趋势,连接一切是"互联网+"的目标。

二、"互联网+"新一代信息技术

当前,以移动互联网、物联网、云计算、大数据及人工智能等为代表的新一代信息技术不断取得突破和应用创新,催生新兴产业快速发展,同时通过与传统产业的融合渗透,助推产业转型升级,给人类的生产生活方式带来了深刻变革。

（一）移动互联网

随着宽带无线接入技术和移动终端技术的迅速发展，全球已经进入移动互联网阶段，从而使得计算机技术经历大型机、小型机、个人计算机、桌面互联网、移动互联网 5 个发展周期。移动互联网是目前 IT 领域非常热门的概念之一，然而业界并未就其定义达成共识。

百度百科中指出：移动互联网是一种通过智能移动终端，采用移动无线通信方式获取业务和服务的新兴业态，包含终端、软件和应用 3 个层面。其中，终端层包括智能手机、平板电脑、掌上电脑等；软件层包括操作系统、中间件、数据库和安全软件等；应用层包括休闲娱乐类、工具媒体类、商务财经类等不同应用与服务。

工业和信息化部电信研究院在 2011 年的《移动互联网白皮书》中给出：移动互联网是以移动网络作为接入网络的互联网及服务，涉及移动终端、移动网络和应用服务等各要素。其中，移动终端包括手机、专用移动互联网终端和数据卡方式的便携式计算机；移动通信网络接入包括 2G、3G、4G 等公众互联网服务，公众互联网服务包括 Web、WAP 等方式。移动终端是移动互联网的前提，接入网络是移动互联网的基础，而应用服务则成为移动互联网的核心。

移动互联网是移动通信网络与互联网的融合，用户以移动终端接入无线移动通信网络的方式访问互联网，同时，移动互联网还产生大量新型的应用，这些应用与终端的可移动、可定位和随身携带等特性相结合，为用户提供个性化的、位置相关的服务。目前，谷歌公司和苹果公司已经建立起全球移动互联网的两大生态系统。移动智能终端操作系统主要包括苹果公司的 iOS、谷歌公司的 Android 和微软公司的 Windows Phone。

随着信息网络技术的迅猛发展和移动智能终端的广泛普及，移动互联网以其连接、智能和普惠等突出优势，有力推动了互联网和实体经济深度融合，已经成为创新发展新领域、公共服务新平台和信息分享新渠道。

2017 年 1 月，中共中央办公厅、国务院办公厅《关于促进移动互联网健康有序发展的意见》指出：推动移动互联网和农业、工业、服务业深度融合发展，积极扶持各类中小微企业发展移动互联网新技术、新应用、新业务，打造移动互联网协同创新平台和新型孵化器，发展众创、众包、众扶和众筹等新模式，拓展境内民间资本和风险资本融资渠道。

（二）物联网

当前，信息与通信技术已经从满足人与人之间的沟通，发展到实现人与物、物与物之间的连接，进入无所不在的物联网时代。物联网促使人们在信息与通信技术的世界里获得一个新的沟通维度，将任何时间、任何地点、连接任何人，扩展到连接任何物品，万物的连接就形成了物联网。

物联网指将各种信息传感设备（如射频识别、红外感应器、全球定位系统及激光扫描器等装置）与互联网结合起来而形成的一个巨大网络。其目的是让所有的物品都与网络连接在一起，系统可以自动地、实时地对物体进行识别、定位、追踪、监控并触发相应事件。物联网是在互联网基础上延伸和扩展的网络，其核心和基础仍然是互联网，其用户端延伸和扩展到任何物品与物品之间，进行信息交换和通信。物联网通过智能感知、识别技术与普适计算等通信感知技术，广泛应用于网络的融合中。物联网被称为继计算机、互联网之后世界信息产业发展的第三次浪潮。

我国已将物联网作为战略性新兴产业的一项重要组成内容。2013 年 2 月，《国务院关于推进物联网有序健康发展的指导意见》（国发〔2013〕7 号）指出：物联网是新一代信息技术的高度集成和综合运用，具有渗透性强、带动作用大及综合效益好的特点；推进物联网的应用和发展，有利于促进生产生活和社会管理方式向智能化、精细化、网络化方向转变，对于提高国民经济和社会生活信息化水平，提升社会管理和公共服务水平，带动相关学科发展和技术创新能力增强，推动产业结构调整和发展方式转变具有重要意义。

（三）云计算

近年来，电子商务、数字城市、社交网络及在线视频等新一代大规模互联网应用发展迅猛，导致数据存储量大、业务增长速度快，从而催生了云计算。云计算是分布式计算、互联网技术以及大规模资源管理等技术的融合与发展。

美国国家标准与技术研究院指出：云计算是一种利用互联网实现随时随地、按需、便捷地访问共享资源池（包括计算设施、存储设备、应用程序等）的计算模式。云计算提供一种方便的使用方式和服务模式，可以快速和最少的管理工作为用户提供服务。

云计算是推动信息技术能力实现按需供给、促进信息技术和数据资源充分利用的全新业态，是信息化发展的重大变革和必然趋势。2015年1月，国务院《关于促进云计算创新发展培育信息产业新业态的意见》（国发〔2015〕5号）指出：发展云计算，有利于分享信息知识和创新资源，降低全社会创业成本，培育形成新产业和新消费热点，对稳增长、调结构、惠民生和建设创新型国家具有重要意义；支持云计算与物联网、移动互联网、互联网金融、电子商务等技术和服务的融合发展与创新应用，积极培育新业态、新模式；充分发挥云计算对数据资源的集聚作用，实现数据资源的融合共享，推动大数据挖掘、分析、应用和服务。

（四）大数据

近年来，随着移动互联网、物联网、云计算等信息与通信技术的迅猛发展，数据以前所未有的速度积累和增长，大数据概念受到越来越多的关注。信息社会已经进入了大数据时代。大数据改变着人们的生活与工作方式，改变着企业的运作模式。著名管理咨询公司麦肯锡认为：数据已经渗透到当今每一个行业和业务职能领域，成为重要的生产因素；人们对于大数据的挖掘和运用，预示着新一波生产力增长和消费盈余浪潮的到来。美国政府认为：大数据是"未来的新石油"，一个国家拥有数据的规模和运用数据的能力将成为综合国力的重要组成部分，对数据的占有和控制将成为国家间和企业间新的争夺焦点。

迄今并没有公认的大数据定义。通常，大数据是指无法在一定时间内用常规机器和软硬件工具进行感知、获取、管理、处理和服务的数据集合。

（1）从宏观世界角度来讲，大数据是融合物理世界、信息空间和人类社会的纽带，因为物理世界通过移动互联网、物联网等技术有了在信息空间中的大数据反映，而人类社会则借助人机界面、脑机界面、移动互联等手段在信息空间中产生自己的大数据映像。

（2）从信息产业角度来讲，大数据是新一代信息技术产业的强劲推动力。新一代信息技术产业在本质上是构建在第三代平台上的信息产业，主要是指大数据、云计算、移动互联网等。

（3）从社会经济角度来讲，大数据是第二经济的核心内涵和关键支撑。第二经济的概念是由美国经济学家Auther在2011年提出的。他指出由处理器、链接器、传感器、执行器以及运行在其上的经济活动形成了人们熟知的物理经济（第一经济）之外的第二经济（不是虚拟经济）。第二经济的本质是使国民经济活动能够变得智能化，其主要支撑是大数据，因为大数据是永不枯竭并不断丰富的资源产业。借助于大数据,未来第二经济下的竞争将不再是劳动生产率竞争,而是知识生产率竞争。

2015年8月,《国务院关于印发促进大数据发展行动纲要的通知》(国发〔2015〕50号)指出:大数据是以容量大、类型多、存取速度快、应用价值高为主要特征的数据集合,正快速发展为对数量巨大、来源分散、格式多样的数据进行采集、存储和关联分析,从中发现新知识、创造新价值、提升新能力的新一代信息技术和服务业态;信息技术与经济社会的交汇融合引发了数据迅猛增长,数据已成为国家基础性战略资源,大数据正日益对全球生产、流通、分配、消费活动以及经济运行机制、社会生活方式和国家治理能力产生重要影响;我国互联网、移动互联网用户规模居全球第一,拥有丰富的数据资源和应用市场优势,大数据部分关键技术研发取得突破,涌现出一批互联网创新企业和创新应用,一些地方政府已启动大数据相关工作;大数据成为推动经济转型发展的新动力,以数据流引领技术流、物质流、资金流、人才流,将深刻影响社会分工协作的组织模式,促进生产组织方式的集约和创新;大数据推动社会生产要素的网络化共享、集约化整合、协作化开发和高效化利用,改变了传统的生产方式和经济运行机制,可显著提升经济运行水平和效率;大数据持续激发商业模式创新,不断催生新业态,已成为互联网等新兴领域促进业务创新增值、提升企业核心价值的重要驱动力;大数据建立"用数据说话、用数据决策、用数据管理、用数据创新"的管理机制,实现基于数据的科学决策,将推动政府管理理念和社会治理模式进步;推动大数据与云计算、物联网、移动互联网等新一代信息技术融合发展,探索大数据与传统产业协同发展的新业态、新模式,促进传统产业转型升级和新兴产业发展,培育新的经济增长点。

(五)人工智能

1950年,"人工智能之父"图灵提出一个图灵测试的概念,测试某个系统是否具有人类的智能能力,需看系统能否"骗"过人类。如果人不能分辨其是系统还是人类,便认为该系统具备人类的智能能力。然而,迄今并没有公认的人工智能定义。百度百科中指出:人工智能是研究、开发用于模拟、延伸和扩展人的智能的理论、方法、技术及应用系统的一门新的技术科学。

人工智能经过60多年的发展,其中经历过很多坎坷,形成几个流派。近几年,由于云计算和大数据的发展,人工智能迎来超前的发展机会:云计算为人工智能提供强大的计算平台,大数据为人工智能提供丰富的数据资源。目前人工智能从过去的游戏和科幻,变为如今的产业与现实,其研究的核心领域包括数据挖掘、机器学习、模式识别和深度学习等。

随着移动互联网、云计算、物联网和大数据等新一代信息技术同机器人技术相互融合的步伐加快,人工智能迅猛发展,在各个领域取得很多突破性成果。在某些领域中人工智能的水平已超过人类,如游戏、人脸识别、语音识别等方面。另外,制造机器人的软硬件技术日趋成熟,成本不断降低,性能不断提升,无人机、自动驾驶汽车、家政服务机器人已经成为现实,有的人工智能机器人已具有相当程度的自主思维和学习能力。

2016年5月,国家发展和改革委员会、科学技术部、工业和信息化部、中央网信办制定的《"互联网+"人工智能三年行动实施方案》明确指出:到2018年,将打造出人工智能基础资源与创新平台,并基本建立人工智能产业体系、创新服务体系等;在重点领域将培育若干全球领先的人工智能骨干企业,初步建成基础坚实、创新活跃的人工智能产业生态,形成千亿级的人工智能市场应用规模。

三、互联网思维

互联网时代，传统企业遇到的最大挑战是基于互联网的颠覆性挑战。为了应对这种挑战，传统企业首先要做的是改变思想观念和商业理念。中国互联网元老、宽带资本田溯宁说："未来企业要互联网化，每家企业都要有互联网思维。在未来不用互联网方式来思考问题，就没办法在社会展开竞争。"

互联网思维，在学术界尚没有明确的定义。百度百科中指出：互联网思维是指在"（移动）互联网+"、大数据和云计算等科技不断发展的背景下，对市场、用户、产品、企业价值链乃至对整个商业生态进行重新审视的思考方式。

互联网思维已经不再局限于互联网，与人类历史上的"文艺复兴"一样，这种思维的核心即将开始扩散开去，对整个大时代造成深远的影响。互联网实质上是一种思维方式、一种生活方式、一种哲学论，即对整个商业世界的看法产生了一种全新的认识，具体包括互联网精神、互联网理念和互联网经济3个方面。

（一）互联网精神

互联网精神包括开放、平等、协作和共享。

（1）开放指"互联互通"。企业面向社会、面向全球，充分利用外部资源，实现企业从有边界发展到无边界发展的突破。开放的实质就是拆墙、打通。

（2）平等指"去中心化、去权威化、去等级化"。企业内部服务关系中高层为中层服务、中层为基层服务、基层为用户服务。企业之间由竞争走向合作竞争，再到共建商业生态。企业员工由被管理者转向自管理者，再进一步转向自创业者。企业和用户之间，用户由产品购买者转向产品制造者、产品定价者和产品传播者，再进一步转向产品创意者。

（3）协作指实现从"公司时代"转变到"社会时代"，从"公司生产"转向"社会生产"。

（4）共享包括分享、免费、普惠。在互联网背景下产品生产接近于零的边际成本，使得分享成为可能；大量使用"虚拟资源"不需要缴纳任何费用，使得免费成为可能。分享和免费的基础上，普惠成为互联网精神的又一重要内容。

（二）互联网理念

互联网理念包括虚拟实体打通、时空约束打破、一切都极致化、一切都模块化、利用大众力量、通过免费赚钱和用户本位主义。

（1）虚拟实体打通：指实体空间和虚拟空间各自内部互联互通，且实体空间和虚拟空间相互之间互联互通。虚拟实体打通具体包括：产品经营创造价值与资本经营创造价值打通、有形资产创造价值与无形资产创造价值打通、企业内部创造价值与企业外部创造价值打通、线上创造价值与线下创造价值打通。

（2）时空约束打破：移动互联网使用户使用终端移动化，互联网来源信息的数字化要求信息快而且准，形成信息的即时化，人们之间的时空约束被打破，彼此联系不再受限。时空约束打破具体包括：用户之间交流的时空约束打破、个人与企业交互的时空约束打破、企业所在的供应链时空约束打破。例如，O2O消除线上和线下之间的距离，C2B消除用户和企业之间的距离，C2C消除用户和用户之间的距离。

（3）一切都极致化：指以用户为中心开展经营活动，用户需要什么，就研制、生产什么，而且需要把产品异质化做到极致，追求极致。产品极致化需要提升产品设计理念、提升产品营销理念和提升产品消费理念。

（4）一切都模块化：模块化是极致化分工与极致化合作的结果。模块化来自产品供应链的分工组合及企业经营环节的分工组合。

（5）利用大众力量：互联网时代信息和资源掌握在大多数人手里，他们可能是专家，可能是业余爱好者。企业发挥普通员工力量能够聚沙成塔、滴水成海。企业可利用大众力量，拓展资源范围，实现自我激励，实现开放经营。

（6）通过免费赚钱：在互联网时代下，企业可以做到既免费又赚钱，通过免费赚钱。企业通过和用户建立情感链接，促使用户产生更多的需求来赚钱，或者通过和用户的交互产生数据，用数据来赚钱。商品免费是符合互联网经济的基本规律的。通过免费赚钱在现实中存在以下几种模式：一是"交叉补贴"模式，即通过免费赠送一种商品服务来捆绑销售另外一种商品服务，包括常规产品免费、升级产品收费、单个产品免费、关联产品收费、硬件产品免费、软件服务收费，社交服务免费、游戏娱乐收费，搜索服务免费、广告客户收费等；二是"三方市场"模式，即针对产品生产者和使用者之外的第三方收费，例如，任何人登录互联网门户网站免费浏览信息，页面中的广告就为你浏览信息付费；三是"版本划分"模式，包括产品初级功能免费、产品升级功能收费，基础服务免费、增值服务收费，前期服务免费、后期服务收费，前端产品免费、后端服务收费，个人用户免费、企业用户收费等；四是"数据服务"模式，数据服务在实体世界中是价值链上利润最高的领域，例如，阿里巴巴掌握着数以万计经济运行的核心数据、成千上万企业的经营情况、几亿人的消费行为，这里面可产生的利润可谓无限之大。

（7）用户本位主义：从企业经营层面讲，就是设计来自用户、标准来自用户、生产来自用户、内容来自用户、推广来自用户、销售来自用户、体验来自用户和评价来自用户。

（三）互联网经济

互联网经济包括交易技术层面、交易结构层面和交易绩效层面。

（1）交易技术层面：长尾理论。互联网时代，天下没有难做的生意。互联网工具促使实体与实体打通、虚拟与虚拟打通、虚拟与实体打通。在此背景下，互联网降低了生产者和消费者的搜寻成本、产品供需双方的匹配成本和信任成本，进而降低了生产者和消费者的交易成本，使得交易零时间、零距离和零成本进行。互联网解决消费者和生产者之间信息不对称的问题，使企业精准营销，定向推送产品，实现消费者和生产者双赢、全赢、多赢、共赢。

（2）交易结构层面：市场均衡理论。互联网经济使市场均衡理论从理想变成现实。互联网经济使市场交易双方具有规模经济效应和范围经济效应。互联网经济改变了市场交易双方力量的对比，出现新的势力格局。消费者之间团体化、生产者之间组织化实现了交易双方的地位平等，解决了市场势力不对称、不均衡和不平等问题，交易双方都实现了规模经济和范围经济，创造了市场交易的新格局：由供给创造需求到需求引导供给，由生产主导消费到消费主导生产。

（3）交易绩效层面：消费者主权论。在互联网经济的市场交易中，消费者在交易谈判中的力量开始超过生产者并获得支配地位，进而大大提升消费者在企业生产经营中的作用，形成消费者主权论。消费者主权论主要体现在消费者对产品服务具有定价权、选择权、评价权，对产品设计生产具有参与权、主导权、引领权，最终形成消费者在产品价值链活动中的话语权。即消费者消费生产的一体化、消费者营销行为的媒体化、消费者交易行为的团体化和消费者市场地位的中心化。

互联网改变的是人与人、人与组织、组织与组织之间的关系，这必然要求企业进行一场结构性大革命，即用互联网思维重新架构企业的运营模式，以此打造"智慧型组织"，旨在自学习、自适应、自协调、自进化，实现企业柔性、弹性、轻型发展，与外部不稳定性、未来不确定性、环境高复杂性动态匹配和整合创新。

四、"互联网+"商业模式

互联网企业急需寻求新的市场，而传统企业急需寻找转型升级的路径，二者具有共同的需求点。互联网是传统企业的升级路径，而传统企业正好是互联网企业的新市场，于是"+"成为可能。目前，互联网正在从面向网民个人的消费互联网向面向企业的产业互联网拓展。德国近年提出了工业4.0战略，美国部署产业互联网的发展，我国政府提出制订"互联网+"行动计划。"互联网+"的重点是推动信息化与工业化的深度融合（即两化融合），特别是打造制造业的升级版，也包括深化消费互联网的应用。

在"互联网+"时代，企业之间的核心竞争不再是产品竞争，而是商业模式竞争。企业拥有核心竞争力的关键是实现商业模式的互联网化。商业模式是企业的生命力，是经济社会运行的基本单元，是大学生创新创业过程中进行企业运营的核心，决定着大学生创立的企业能否在激烈的市场竞争中生存，能否盈利，能否创业成功。创新企业的商业模式成为大学生创业的必然选择。在传统生态里，商业模式是固定的，营销模式、生产模式、管理模式是变化的。而"互联网+"时代的商业模式在产品内容、营销推广、人才需求方面都有新的变化。

（一）"互联网+"商业模式的基本形态

❶ 商业模式的概念

商业模式是企业在经营中围绕如何使其收益高于其投资而在企业与顾客间设计的，是企业跟它的内外部利益相关者形成的一个交易结构，这个交易结构就是商业模式。任何一个商业模式都是一个由客户价值、企业资源、能力与盈利方式以及外部效应构成的四维立体模式。

商业模式的本质就是一群利益相关者把自己的资源能力投进来，形成一个交易结构。这个交易结构持续交易，会创造出新的价值，每一方都会按照一定的盈利方式去分配这个价值。

在"互联网+"时代，商业模式需要通过互联网的力量来帮助企业获得资源并展开经营活动。也就是说，"互联网+"商业模式就是利用网络来使企业获得利润的经营运作方式。

❷ "互联网+"商业模式的基本形态

"互联网+"商业模式包括"口"模式、"线"模式、"台"模式、"圈"模式、"网"模式、"大数据"模式及"云计算"模式7种基本形态，如图9-1所示。

（1）"口"模式：指通过互联网将每个人、每个物体连接起来的节点，这个节点就是入口。

（2）"线"模式：指产品和入口结合起来，就如一根线。"线"模式是传统产业和互联网结合的一个主要模式，即传统产品与互联网入口相结合。

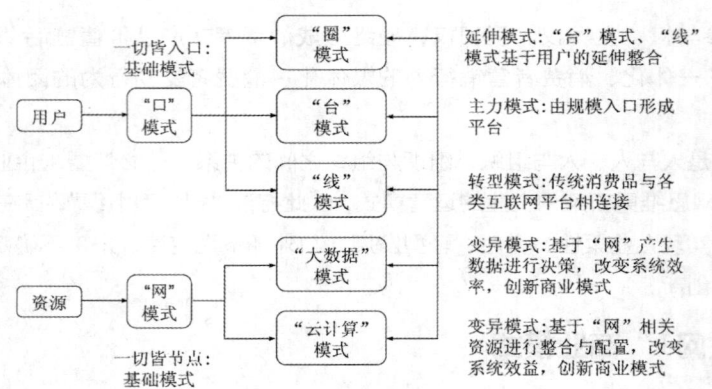

图9-1 "互联网+"商业模式的基本形态

(3)"台"模式:指通过一个入口卖的不是一个产品而是一堆产品。例如,淘宝、京东采用的就是"台"模式。

(4)"圈"模式:指通过入口可以演化为"线"模式和"台"模式,但形成强有力的入口后,可以围绕入口的规模用户,再去整合其他的产业产品,形成基于用户的生态圈模式。

(5)"网"模式:指互联网通过一个中心的端口或没有中心的端口将世界上的人和物连接成一张网。

(6)"大数据"模式:指人对网里的信息进行实时、动态的分析并用于决策。

(7)"云计算"模式:指把所有的节点连接起来,节点可能是资源,连接起来后就形成资源池,节点也可以是端口,中间连接的是"管"。从某种角度讲,银行和淘宝形成"云计算"模式,但主动权并不在"云",而是在"管"。各个银行的钱是"云",淘宝通过支付宝和余额宝形成一个管道,把银行的资金源源不断地吸过来,从而控制整个生态网络。

上述前4个模式的基本模式是"口"模式,离不开入口,都是基于用户的。而后3个模式的基本模式是"网"模式,是基于资源的。"口"模式和"网"模式都是基础模式。无论是"线"模式、"台"模式,还是"圈"模式,都围绕用户开展,离不开入口,没有入口一切都无从谈起,即"一切皆入口"。"网"模式是基于资源的,所有的资源都通过互联网连接在一起,这是"一切皆节点",不是用户,是信息节点。例如,滴滴打车、快的打车把社会上的车辆整合在一起,车辆就是一个节点。互联网时代正是通过"信息边际成本趋于零,信息渠道距离趋于零,线状信息到网状信息,万物皆信息节点",从而产生"极低、极快、极广及极多"的机理来改变世界。

(二)"互联网+"商业模式的构成

"互联网+"商业模式的构成包括价值主张、盈利模式、资源能力和外部效应4个部分,每个部分又包含两个具体的构成要素,如图9-2所示。

(1)价值主张:是商业模式构成的首要部分,主要说明企业向顾客提供何种价值的问题。价值主张包括目标市场和产品服务两个要素。其中,目标市场是企业提供价值服务的对象,包括市场和顾客群体两个部分;产品服务是企业提供价值的内容,企业通过产品服务来向顾客提供价值。

(2)盈利模式:是商业模式构成的关键因素,主要说明企业如何通过向顾客提供价值进而最终实现企业价值。投资者和企业最关心的因素就是盈利模式,盈利模式由成本结构和收入来源两个部分构成。其中,成本结构是企业为获取价值所耗费的资源;收入来源是企业获取收入的手段和方式。商业模式实现盈利的前提是企业获得的收入要大于其消耗的成本。

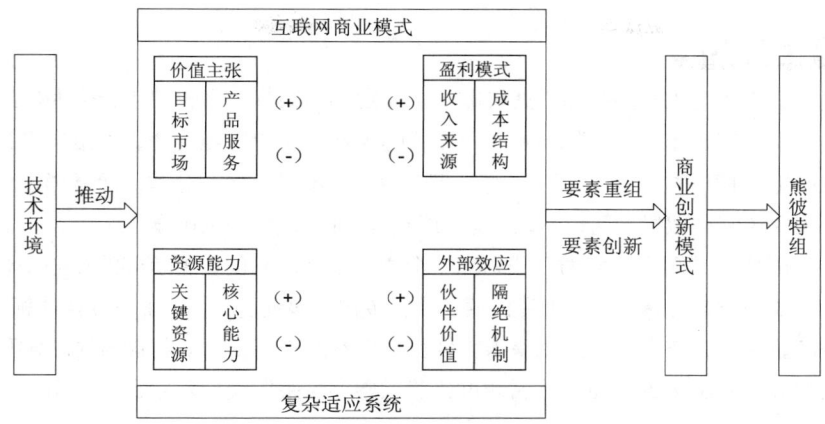

图 9-2 "互联网+"商业模式的构成

（3）资源能力：是企业与其商业模式相适应的保障，主要说明企业依赖什么来支撑它的价值主张。资源能力包括关键资源和核心能力两个部分。其中，关键资源是企业拥有而其他企业难以模仿的异质性战略资源；核心能力是企业在经营过程中获得的特殊能力。商业模式的成败取决于企业拥有的异质性资源能力的稀缺性及难以模仿性。

（4）外部效应：是商业模式具备可持续性的关键因素，主要说明企业实现其价值主张而进行的维护。外部效应由隔绝机制和伙伴价值两个部分构成。其中，隔绝机制是企业为避免商业模式遭受竞争对手模仿或破坏的机制；伙伴价值指商业模式给产业链的合作企业带来的价值。商业模式的外部效应由隔绝机制和伙伴价值提供，隔绝机制和伙伴价值是商业模式可持续性的保证。

（三）"互联网+"商业模式的种类

"互联网+"为大学生创新创业带来了众多的机遇，但创业并不是很容易的事情，即使是"互联网+"时代降低了大学生创业的门槛，有着广阔的前景，大学生在创业的过程中仍会遇到各种困难。大学生创业者要从互联网中挖掘创业的好项目，思考如何进行跨界和融合，思考传统产业如何与互联网结合以创造新的商业价值，思考如何推出新的商业业态和实行新的商业模式。

1 跨界商业模式

跨界商业模式是通过"互联网+"实现的一种变革，是创新基础，是一种通过融合而进行的重塑，是一个从来没有做过本行业的创业者，从其他行业跨界过来整合、改造、颠覆本行业，经过激烈的市场竞争最终成为本行业的领导者。跨界商业模式是"互联网+"时代商业模式的新贵，是颠覆传统产业的主要商业模式之一。

跨界商业模式就是利用高效率产业整合低效率产业，实现传统产业核心要素的再分配，通过重构生产关系来提升整体系统效率。通过跨界可以减少中间环节，减少渠道和损耗，降低成本，最终实现"1+1>2"的效果。在互联网时代，一家跨界企业可以用很短的时间占领新行业。在跨界进入其他领域时，会将原来传统行业链条利益分配模式打破，进行重新洗牌，打破原来的利益分配格局，原来获利最多的一方受损最大。不同部门之间可以通过"互联网+"实现跨界融合，发挥不同群体之间的智慧。例如，苹果公司从软件行业跨界到手机制造行业，小米公司从风投行业跨界到手机制造行业，它们都只用几年的时间就取得了巨大的成功。

❷ 免费商业模式

免费商业模式指将传统产业销售模式打破，企业发展由原来依靠收费生存变为依靠边际收益发展，将传统收费模式变为免费模式。免费商业模式的免费方式包括纯免费、直接交叉补贴、免费加收费及第三方市场 4 种形式。"互联网+"时代下的免费并不是不挣一分钱，而是通过免费将用户的注意力吸引过来。免费商业模式可以挤垮当前市场，也可以统摄未来市场。

"互联网+"时代下"用户注意力"成为稀缺资源，是互联网创业者争夺的核心资源。互联网经济就是以吸引大众注意力为基础，去创造价值，然后转化成赢利。例如，在杀毒软件领域，奇虎 360 首先利用免费商业模式，在全世界开创杀毒软件行业免费的先河，从而打破瑞星杀毒和金山毒霸占据中国杀毒软件大部分市场的局面，然后通过免费杀毒平台来发展搜索平台，利用边际服务和广告收费。

❸ 平台商业模式

平台商业模式指利用互联网打造足够大的平台，进行产品闭环设计，重视用户体验，提供多样化产品。例如，淘宝商城采用的就是典型的平台商业模式，几乎所有产品都可以在淘宝上买到。通过占据商业平台，阿里巴巴能够拥有永不停息的现金流，可以不断拓展增值服务和产品。

案例分析：战略分歧、方向摇摆

酷 6 是视频网站当年的三杰（优酷、土豆和酷 6）之一，然而风风火火仅一年后，酷 6 便掉队了。

创始人李善友离职，亏损逐年变大，最后只能大裁员后再转型。陈天桥派驻的酷 6 新首席执行官施瑜公开表示："酷 6 从此不再购买长视频版权，包括电影和电视剧等，将关注于社区化、UGC（用户生成内容）和短视频。"

在李善友离职、盛大大规模清理创始团队之后，陈天桥与李善友就酷 6 的发展战略产生的分歧浮出水面。陈天桥希望酷 6 的发展方向是"视频资讯新闻"，而李善友则更希望坚持购买正版版权的"大片模式"，最终不欢而散。

视频行业一向以"烧钱"著称，盛大已经向酷 6 投入了将近 2 亿美元，却颗粒未收。而这或许正是促使酷 6 转型的最直接原因。酷 6 烧了 2 亿美元，最后落得个尴尬转型。管理方与创始人理念不同，企业就不会有正确的方向和终点。

启发思考问题：

互联网创业同样充满着各种风险和不确定性，请同学们分组讨论酷 6 的案例带给我们的启示是什么。

第二节 "互联网+"创新创业

"互联网+"促进以移动互联网、云计算、大数据、物联网为代表的新一代信息技术与制造、能源、服务、农业等领域的融合创新,发展壮大新兴业态,打造新的产业增长点。当前,我国已形成"政府促进创业、市场驱动创业、学校助推创业、社会扶持创业、个人自主创业"的生动局面。以互联网为依托的创新平台,创业途径和就业模式正在持续打破时空限制,网店、微店、微客、创客等新兴群体已不断通过新创意来参与公平竞争,踏上成功创业之路。

一、"互联网+"新技术革命

自工业革命以来,人类社会已大致经历了5次技术革命。目前,以新一代信息技术为核心的通用技术正在引发新一轮技术革命。"互联网+"是新一轮技术革命的产物,代表着一种新的技术经济范式。

(一)工业革命以来的5次技术革命

技术创新可以分为渐进式创新和激进式创新。前者是在既有技术轨迹下的改良,而后者意味着对既有技术轨迹的颠覆。相互关联的通用技术领域相继出现激进式创新和突破,并逐步形成主导技术体系或技术革命。

20世纪80年代末以来,弗里曼、佩雷兹等新熊彼特主义经济学家对工业革命以来的技术创新进行了系统的考察和梳理,并划分出5次技术革命。

(1)第一次技术革命:18世纪六七十年代,以"斯密顿水车""珍妮纺纱机""阿克莱特水力织布机"等为标志,开启工业革命的序幕。

(2)第二次技术革命:18世纪末到19世纪30年代,以"瓦特蒸汽机"广泛应用和"利物浦—曼彻斯特"铁路线开通为标志,将人类社会带入"蒸汽和铁路时代"。

(3)第三次技术革命:19世纪70年代,以钢铁、电力及重型机械等为代表,将人类社会带入"钢铁和电气时代"。

(4)第四次技术革命:20世纪初,以石油化学、汽车制造为代表,开启"石油与汽车时代"。

(5)第五次技术革命:20世纪六七十年代,以英特尔公司微处理器发布为标志,宣告"信息时代"的到来。

(二)"互联网+"时代的新技术革命

"互联网+"是以互联网平台为基础,利用信息通信技术与各行业的跨界融合,推动产业转型升级,并不断创造出新产品、新业务与新模式,构建连接一切的新生态。"互联网+"背后的技术支撑是以移动互联网、物联网、云计算、大数据及人工智能等为代表的新一代信息技术。

信息与通信技术属于典型的通用技术,能够广泛应用于国民经济各行各业,渗透到生产流通、消费各环节;而移动互联网、物联网、云计算、大数据及人工智能等相对于以往的固定电话、个人计算机、单机运算等技术可以算是一种颠覆。

与此同时,在其他关联的通用技术领域,一系列激进式创新正不断涌现。在新材料领域,石墨烯已在超级电容、环境治理等方面展现出超凡的应用前景，高强度纳米纤维、纳米管计算机、纳米隐身材料和纳米环境材料层出不穷。在能源领域，风能、太阳能、生物能等可再生能源技术已日臻成熟并实现大规模商业化应用。在交通运输领域，先进汽车、先进飞机、轨道交通都取得重大突破。可以说，以移动互联网、物联网、云计算、大数据及人工智能等新一代信息通信技术为核心，加上新材料、新能源、先进交通运输以及基因和干细胞生物等前沿技术所形成的新技术体系，正逐步成为新的主流技术体系，并催生新一轮技术革命。

（三）"互联网+"代表的新技术经济范式

新一轮技术革命在某种意义上可以看作继电子计算机、芯片、个人计算机出现后的第二次信息技术革命。以芯片、个人计算机、软件为代表的第一次信息革命，促使人类在数据信息处理方面的能力实现了跨越式的提升。而在以新一代信息技术为核心的技术体系下，信息的收集、存储、处理、传播、展示等发生了全方位的革命性变化。移动互联、传感器+RFID+物联网、云存储、大数据分析等技术使得数据信息的生成和处理成本极大降低。新技术体系所带来的零边际成本效应，使得数据信息成为新的关键要素。围绕数据信息这一新的关键要素，新的技术经济范式正在形成。"互联网+"现代农业、工业4.0、互联网金融、能源互联网等，都是基于新一代信息技术而衍生的新型产业模式，其核心支撑就在于网络平台和低成本的数据信息收集与处理。

在我国"互联网+"行动实施之前，经济社会运行实践中新技术经济范式的特征已经初显端倪，大致表现为分布式、网络化、智能化、集成化、产业融合、跨界融合、线上线下融合、大规模、低成本、个性化和定制化等。而实施"互联网+"行动，将加快新一代信息技术在经济社会各领域的广泛应用和渗透，推动技术经济范式的转换。

三、"互联网+"重点行动

"互联网+"是把互联网的创新成果与经济社会各领域深度融合，推动技术进步、效率提升和组织变革，提升实体经济创新力和生产力，形成更广泛的以互联网为基础设施和创新要素的经济社会发展新形态。2015年7月，《国务院关于积极推进"互联网+"行动的指导意见》（国发〔2015〕40号）明确了11项重点行动："互联网+"创业创新、"互联网+"协同制造、"互联网+"现代农业、"互联网+"智慧能源、"互联网+"普惠金融、"互联网+"益民服务、"互联网+"高效物流、"互联网+"电子商务、"互联网+"便捷交通、"互联网+"绿色生态和"互联网+"人工智能。

（一）"互联网+"行动计划的11项重点行动

❶ "互联网+"创业创新

充分发挥互联网的创新驱动作用，以促进创业创新为重点，推动各类要素资源聚集、开放和共享，强化创业创新支撑、积极发展众创空间、发展开放式创新等，引导和推动全社会形成大众创业、万众创新的浓厚氛围，打造经济发展新引擎。

❷ "互联网+"协同制造

推动互联网与制造业融合，提升制造业数字化、网络化、智能化水平，加强产业链协作，发展基于互联网的协同制造新模式，包括大力发展智能制造、发展大规模个性化定制、提升网络化协同制造和加速制造业服务化转型等，打造一批网络化协同制造公共服务平台，加快形成制造业网络化产业生态体系。

❸ "互联网+"现代农业

利用互联网提升农业生产、经营、管理和服务水平，培育一批网络化、智能化、精细化的现代"种养加"生态农业新模式，形成示范带动效应，构建新型农业生产经营体系，培育多样化农业互联网管理服务模式，逐步建立农副产品、农资质量安全追溯体系，促进农业现代化水平明显提升。

❹ "互联网+"智慧能源

通过互联网促进能源系统扁平化，推进能源生产与消费模式革命，提高能源利用效率，推动能源生产智能化；加强分布式能源网络建设，提高可再生能源占比，促进能源利用结构优化；加快发电设施、用电设施和电网智能化改造，提高电力系统的安全性、稳定性和可靠性。

❺ "互联网+"普惠金融

促进互联网金融健康发展，全面提升互联网金融服务能力和普惠水平，鼓励互联网与银行、证券、保险、基金的融合创新，为大众提供丰富、安全、便捷的金融产品和服务，更好地满足不同层次实体经济的投融资需求，培育一批具有行业影响力的互联网金融创新型企业。

❻ "互联网+"益民服务

充分发挥互联网的高效、便捷优势，提高资源利用效率，降低服务消费成本。大力发展以互联网为载体、线上线下互动的新兴消费，加快发展基于互联网的医疗、健康、养老、教育、旅游和社会保障等新兴服务，创新政府服务模式，提升政府科学决策能力和管理水平。

❼ "互联网+"高效物流

加快建设跨行业、跨区域的物流信息服务平台，提高物流供需信息对接和使用效率。鼓励大数据、云计算在物流领域的应用，建设智能仓储体系，优化物流运作流程，提升物流仓储的自动化、智能化水平和运转效率，降低物流成本。

❽ "互联网+"电子商务

巩固和增强我国电子商务发展领先优势，大力发展农村电商、行业电商和跨境电商，进一步扩大电子商务发展空间。电子商务与其他产业的融合不断深化，网络化生产、流通、消费更加普及，标准规范、公共服务等支撑环境基本完善。

❾ "互联网+"便捷交通

加快互联网与交通运输领域的深度融合，通过基础设施、运输工具、运行信息等的互联网化，推进基于互联网平台的便捷化交通运输服务发展，显著提高交通运输资源利用效率和管理精细化水平，全面提升交通运输行业服务品质和科学治理能力。

❿ "互联网+"绿色生态

推动互联网与生态文明建设深度融合，完善污染物监测及信息发布系统，形成覆盖主要生态要素的资源环境承载能力动态监测网络，实现生态环境数据互联互通和开放共享。充分发挥互联网在逆向物流回收体系中的平台作用，促进再生资源交易利用便捷化、互动化、透明化，促进生产生活方式绿色化。

11 "互联网+"人工智能

依托互联网平台提供人工智能公共创新服务，加快人工智能核心技术突破，促进人工智能在智能家居、智能终端、智能汽车、机器人等领域的推广应用，培育若干引领全球人工智能发展的骨干企业和创新团队，形成创新活跃、开放合作和协同发展的产业生态。

（二）"互联网+"行动计划的发展目标

"互联网+"行动计划的发展目标如下。

第一，到 2018 年，互联网与经济社会各领域的融合发展进一步深化，基于互联网的新业态成为新的经济增长动力，互联网支撑大众创业、万众创新的作用进一步增强，互联网成为提供公共服务的重要手段，网络经济与实体经济协同互动的发展格局基本形成。

第二，到 2025 年，网络化、智能化、服务化、协同化的"互联网+"产业生态体系基本完善，"互联网+"新经济形态初步形成，"互联网+"成为经济社会创新发展的重要驱动力量。

三、"互联网+"创新创业机遇

实施"互联网+"行动是顺应新一轮技术革命和技术经济范式转换要求的重大举措，将加速新一代信息技术在经济社会各领域的广泛应用和渗透，对于推进工业化与信息化深度融合、实现经济转型升级具有重要意义。历史经验表明，每一次新技术体系的推广渗透和技术经济范式的转换都会伴随各种新经济、新业态、新模式的大量涌现，产生各种新的投资消费需求，为创新创业提供巨大的成长空间。

（1）"互联网+"有利于传统产业改造，通过利用物联网、大数据等手段，促进工业互联网发展，实现传统产业的结构调整与转型升级。"互联网+"可为产业升级提供技术上的支持和思维上的革新，在产业结构调整、加快传统产业转型升级中发挥巨大作用。为了避免中国经济出现"硬着陆"，必须以"双引擎"驱动经济发展：一是要打造新引擎，要通过推动大众创业、万众创新，释放民智民力；二是要改造传统引擎，特别是用信息化改造传统产业，使传统增长点焕发新活力。

（2）"互联网+"有利于催生新兴产业和新兴业态，培育新的经济增长点，打造稳定中国经济增长的"新引擎"。"互联网+"在发展新业态及新兴产业、培育新的经济增长点中发挥着重要作用。互联网与制造业、生活服务业及农业等领域的联系日益紧密，各产业间的深度融合导致更多新业态的出现。"互联网+"加速了产业间的融合，经济潜力巨大。同时，"互联网+"有助于促进现代服务业及战略性新兴产业的发展。

（3）"互联网+"有利于促进商品生产、流通、消费各环节的变革，使产品及服务更加贴近用户。随着消费互联网的建设发展，现有的消费习惯与消费方式逐渐发生改变，网上消费已成为新的潮流。贴近用户是促进商品生产、流通、消费各环节发生变革的重要动力。在生产环节，"互联网+"使生产者得以直接与消费者进行衔接，生产方式逐渐由大规模、单一品种的刚性生产向小规模、个性化定制的柔性生产转变。在流通环节，"互联网+"通过构建扁平化的营销渠道结构等，简化流通环节，降低交易时间及成本。在消费环节，"互联网+"使得消费模式发生颠覆性变革。

（4）"互联网+"有利于促进商业模式的革新，通过平台模式的发展和平台效应的发挥，实现资源要素的跨界整合与效率提升。平台模式与平台经济是"互联网+"的重要特征。"互联网+"时代催生一系列新的商业模式，电子商务平台、众筹平台及在线教育平台等屡见不鲜，与传统商业模式不同，基于互联网的平台型商业模式有利于集聚不同类型的消费者群体与生产者群体，促进交叉网络外部性的发挥，通过这种创新商业模式，有利于提升企业的生产经营效率，减少信息不对称问题，促进资源要素的跨界整合与合理配置，提高经济效益。同时，"互联网+"也带动企业治理模式的变革，推进企业边界模糊化、层级扁平化，实现企业运行效率的提升。

（5）"互联网+"有利于个人思维模式的变革，通过树立新的互联网思维理念，带动和推进中国社会更深层次的变革。"互联网+"有助于推动个人思维模式的变革。当今时代，互联网已经成为一种全民共知、共享及共赢的生活方式，个人在工作、学习和生活中将更多地把互联网纳入其中，思维模式也会因此发生变化。相比传统的思维模式，融入了互联网基因的个人思维模式将更好地帮助个体释放潜能、实现个体发展。

（6）"互联网+"有利于降低创业门槛和创业成本、创建更公平的创业环境、扩大创业投资的范围，促进创业浪潮发展，使我国迈向创业型经济。"互联网+"时代为创业提供更为良好的条件，包括更公平的创业环境、更开放的创业空间、更低的创业门槛和创业成本及更活跃的风投资本等。

四、"互联网+"创新创业挑战

首先，很多创业者，特别是缺乏社会经验的大学生创业者，对"互联网+"创新创业的残酷性往往没有充分认识和准备。事实上，新创企业存续期短、成功率偏低历来都是无法回避的现实。从欧美调查数据来看，50%以上的新创公司存活时间不足 5 年。"互联网+"虽然降低了创新创业门槛，但比起传统的创新创业更具残酷性。根植于移动互联网之上的各种新业态、新模式，其网络特性带来的先发优势和用户黏性，更容易形成行业垄断（或寡头垄断）局面。在细分领域中，经常出现行业第一和第二之间的竞争进入胶着和白热化后，行业第三应声倒下的案例。据估算，中国有很大一部分比例的大学生创业都集中在互联网外卖上，模式单一、趋同。在"饿了么""百度外卖"等已经占据大部分市场的情况下，此类"互联网+"创业既没有新意，也很难有太大的生存概率。如果任由类似的盲目创业现象蔓延，可能会造成大量创新创业资源的浪费。

其次，创业者过分追求"互联网+"概念的炒作，追求形式上的创新，而忽略创新的本质，忽略了核心技术、产品质量、服务品质的提升。例如，国内某智能手机公司，其创始人借助自身媒体从业经验，通过炒作博得了不少眼球，但其旗舰手机发布后 15 个月累计出货量不足 30 万台。相比之下，华为手机依托自身技术优势，厚积薄发，其旗舰手机 Mate7 发布仅半年出货量便高达 400 万台。

最后，传统行业的很多企业对"互联网+"大潮的到来反应迟钝，尚未确立拥抱"互联网+"的积极心态。这在根本上源于传统行业企业是旧技术体系下的既得利益群体，在新旧技术体系交替和技术经济范式转换过程中，基于（技术上的）路径依赖通常都会表现出一定惰性。具体体现为，因袭原有的信息化老路，对云计算、大数据等基础设施服务缺乏必要的了解和应用，也没有适应消费者作为主导的商业格局的转变。

> **案例分析：玩转饥饿营销的"小米手机"**
>
> 说起小米，大家一定不会陌生，小米公司是 2010 年 4 月成立的。成立不到 4 年时间，年销售额就达到了 280 亿元人民币，公司估值已超过 100 亿美元。令人不解的是小米公司几乎"零投入"的营销模式，其通过论坛、微博、微信等社会化营销模式，凝聚起粉丝的力量，把小米快速打造为"知名品牌"。
>
> 小米公司自成立以来，在产业链的每一个环节上尝试着颠覆，也渐渐地形成了一些独特的理论。比如互联网七字诀：专注、极致、口碑、快。再比如，不计成本地做最好的产品，让用户尖叫。也正是通过种种颠覆，使小米公司在成立不到 4 年的时间里以独特的模式换来年销售额 280 亿元的奇迹。"小米模式"是一个渐渐形成的过程，也许还有更多的颠覆发生，所幸小米在飞速发展中始终保持着冷静。
>
> 案例讨论：
> 2013—2015 年，"小米模式"备受推崇，互联网思维风靡中国，智能手机厂商蜂拥成立电商品牌。在互联网思维火热之时，OPPO 公司的总裁陈明永认为，OPPO 公司不能过分强调互联网思维，要发挥自己的优势。随后两年，在众多智能手机厂商忙着做电商时，OPPO 公司花了很大精力与经销商合作，重点布局三四线城市的线下渠道。
>
> 据了解，2014 年年底，OPPO 公司拥有近 14 万家销售网点，该数字在 2015 年激增到 20 万家。
>
> 你认为，这两种营销模式各有什么利弊？

校园创新创业项目

大学生是实施创新驱动发展战略和推进大众创业、万众创新的生力军，既要认真扎实学习，掌握更多知识，又要投身创新创业，提高实践能力。创新创业训练与竞赛是连接理论教学和社会实践的平台，是我国创新创业教育的一个重要环节。通过创新创业训练与竞赛，鼓励和支持学生积极参与科学研究、技术开发和社会实践等创新创业活动。将创新创业教育融入人才培养全过程，进一步激发大学生的创业意识，推动和加强对大学生的实践能力、创新能力和创业精神的培养。

2015 年，教育部印发《教育部关于举办首届中国"互联网+"大学生创新创业大赛的通知》（教高函〔2015〕4 号）。"互联网+"大学生创新创业大赛紧扣国家发展战略，是促进学生全面发展的重要平台，也是推动产学研用相结合的关键纽带，从而实现在人才培养过程中以赛促教、以赛促学、以赛促创，积极推进高校学生创新创业训练和实践，不断提高创新创业人才培养水平，厚植"大众创业、万众创新"土壤，为建设创新型国家提供源源不断的人才智力支撑。

2015年5月，《国务院办公厅关于深化高等学校创新创业教育改革的实施意见》（国办发〔2015〕36号）提出：完善国家、地方、高校三级创新创业实训教学体系，深入实施大学生创新创业训练计划，扩大覆盖面，促进项目落地转化。为此，教育部举办了全国大学生创新创业大赛，并支持举办各类科技创新、创意设计、创业计划等专题竞赛。

一、"互联网+"大学生创新创业大赛

（一）大赛简介

为贯彻落实《国务院办公厅关于深化高等学校创新创业教育改革的实施意见》（国办发〔2015〕36号），进一步激发高校学生创新创业热情，展示高校创新创业教育成果，教育部于2015年5月至10月举办首届中国"互联网+"大学生创新创业大赛。

举办中国"互联网+"大学生创新创业大赛的宗旨：深化高等教育综合改革，激发大学生的创造力，培养造就"大众创业、万众创新"的生力军；推动赛事成果转化，促进"互联网+"新业态形成，服务经济提质增效升级；以创新引领创业、创业带动就业，推动高校毕业生更高质量创业就业，重在把大赛作为深化创新创业教育改革的重要抓手，引导各地各高校主动服务创新驱动发展战略，创新人才培养机制，切实提高高校学生的创新精神、创业意识和创新创业能力。

大赛采用校级初赛、省级复赛、全国总决赛3级赛制。校级初赛由各高校负责组织，省级复赛由各省自治区、直辖市负责组织，全国总决赛由各省、自治区、直辖市按照大赛组委会确定的配额择优遴选推荐项目。

首届中国"互联网+"大学生创新创业大赛分为创意组和实践组。第二届中国"互联网+"大学生创新创业大赛中，根据参赛项目所处的创业阶段及已获投资情况，大赛分为创意组、初创组和成长组。第三届中国"互联网+"大学生创新创业大赛中，根据参赛项目所处的创业阶段、已获投资情况和项目特点，大赛分为创意组、初创组、成长组和就业型创业组。

（二）大赛主题

（1）首届中国"互联网+"大学生创新创业大赛主题："互联网+"成就梦想，创新创业开辟未来。

（2）第二届中国"互联网+"大学生创新创业大赛主题：拥抱"互联网+"时代，共筑创新创业梦想。

（3）第三届中国"互联网+"大学生创新创业大赛主题：搏击"互联网+"新时代，壮大创新创业生力军。

（三）大赛项目要求

（1）2015年举办首届中国"互联网+"大学生创新创业大赛，参赛项目要求：能够将移动

互联网、云计算、大数据、物联网等新一代信息技术与行业产业紧密结合，培育产生基于互联网的新产品、新服务、新业态、新模式，以及推动互联网与教育、医疗、社区等深度融合的公共服务创新。

（2）2016年举办第二届中国"互联网+"大学生创新创业大赛，参赛项目要求：能够将移动互联网、云计算、大数据、物联网等新一代信息技术与经济社会各领域紧密结合，培育基于互联网的新产品、新服务、新业态、新模式；发挥互联网在促进产业升级以及信息化和工业化深度融合中的作用，促进制造业、农业、能源、环保等产业转型升级；发挥互联网在社会服务中的作用，创新网络化服务模式，促进互联网与教育、医疗、交通、金融、消费生活等深度融合。

（3）2017年举办第三届中国"互联网+"大学生创新创业大赛，参赛项目要求：能够将移动互联网、云计算、大数据、人工智能、物联网等新一代信息技术与经济社会各领域紧密结合，培育基于互联网新时代的新产品、新服务、新业态、新模式；发挥互联网在促进产业升级以及信息化和工业化深度融合中的作用，促进制造业、农业、能源、环保等产业转型升级；发挥互联网在社会服务中的作用，创新网络化服务模式，促进互联网与教育、医疗、交通、金融、消费生活等深度融合。

与第二届参赛项目要求相比，第三届参赛项目要求中增加了"人工智能"这一新一代信息技术。

（四）大赛项目类型

（1）2015年举办的首届中国"互联网+"大学生创新创业大赛的参赛项目类型如下。

① "互联网+"传统产业：新一代信息技术在传统产业领域应用的创新创业项目。

② "互联网+"新业态：基于互联网的新产品、新模式、新业态的创新创业项目，优先鼓励人工智能产业，智能汽车、智能家居、可穿戴设备、互联网金融、线上线下互动的新兴消费及大规模个性定制等融合型新产品、新模式。

③ "互联网+"公共服务：互联网与教育、医疗及社区等结合的创新创业项目。

④ "互联网+"技术支撑平台：互联网、云计算、大数据及物联网等新一代信息技术的创新创业项目。

（2）2016年举办的第二届中国"互联网+"大学生创新创业大赛的参赛项目类型如下。

① "互联网+"现代农业：包括农林牧渔等。

② "互联网+"制造业：包括智能硬件、先进制造、工业自动化、生物医药、节能环保、新材料及军工等。

③ "互联网+"信息技术服务：包括工具软件、社交网络、媒体门户、数字娱乐及企业服务等。

④ "互联网+"商务服务：包括电子商务、消费生活、金融、旅游户外、房产家居及高效物流等。

⑤ "互联网+"公共服务：包括教育文化、医疗健康、交通及人力资源服务等。

⑥ "互联网+"公益创业：以社会价值为导向的非营利性创业。

（3）2017年举办的第三届中国"互联网+"大学生创新创业大赛的参赛项目类型如下。

①"互联网+"现代农业：包括农林牧渔等。

②"互联网+"制造业：包括智能硬件、先进制造、工业自动化、生物医药、节能环保、新材料及军工等。

③"互联网+"信息技术服务：包括工具软件、社交网络、媒体门户及企业服务等。

④"互联网+"文化创意服务：包括广播影视、设计服务、文化艺术、旅游休闲、艺术品交易、广告会展、动漫娱乐及体育竞技等。

⑤"互联网+"商务服务：包括电子商务、消费生活、金融、财经法务、房产家居及高效物流等。

⑥"互联网+"公共服务：包括教育培训、医疗健康、交通及人力资源服务等。

⑦"互联网+"公益创业：以社会价值为导向的非营利性创业。

二、"挑战杯"中国大学生创业计划竞赛

"挑战杯"中国大学生创业计划竞赛是以推动成果转化为目标的活动。它借助风险投资运作模式，要求参赛者组成学科交叉、优势互补的竞赛团队，就一项具有市场前景的技术产品或服务，以获得风险资本的投资为目的，完成一份完整的创业计划书。"挑战杯"中国大学生创业计划竞赛被誉为中国大学生创业创新类比赛的"奥林匹克"盛会，是目前国内大学生创业创新类最热门、最受关注的竞赛。"挑战杯"中国大学生创业计划竞赛每两年举办一届，该比赛是全国目前最具有导向性、示范性和权威代表性的全国竞赛活动。

1999年，首届"挑战杯"中国大学生创业计划竞赛成功举行。竞赛汇集了全国120余所高校的近400件作品，在全国高校掀起了一轮创新创业的热潮，产生了良好的社会影响。在社会各界的关心和支持下，一批创业计划进入了实际运行操作阶段，技术、资本与市场的结合向更深的层次推进。2000年，第二届"挑战杯"中国大学生创业计划竞赛在上海交通大学成功举办。2003年国家教育部正式成为主办方，将大学生创业浪潮推向了新的高峰。"挑战杯"中国大学生创业计划竞赛使大学校园创新意识、创业能力的教育与培训工作得到了进一步发展，成为共青团、学生会组织参与素质教育的新载体，成为学生科技活动的新形式。

参加大赛的学生必须以竞赛小组的形式参加。参赛者提供一项具有市场前景的产品或服务，组成一个优势互补的竞赛小组，在深入研究和广泛市场调查的基础上，完成一份把产品或服务推向市场的完整、具体、深入的商业计划；同时，创造条件，吸引风险投资家和企业家注入资金，推动商业计划真正走向市场。参赛者所提供的产品或服务应为参赛者的发明创造或经授权的发明创造，也可以是一项可能实现开发研究的概念产品或服务。所组成的竞赛小组人数不限，可以跨校组成。所完成的商业计划书可以直接应用。

"挑战杯"中国大学生创业计划竞赛采取学校、省和全国3级赛制，分预赛、复赛、决赛3个阶段进行。竞赛吸引了众多企业家和投资商参加参赛作品的投资合作洽谈，以投资的方式入股，促使竞赛目的的真正实现。

第四节 评估与分析

本章介绍了"互联网+"基础知识、"互联网+"创新创业和校园创新创业项目,以下题目是与这些内容相关的练习,通过这些练习,可以为大学生利用"互联网+"进行创新创业提供借鉴和帮助。

阅读以下材料,回答与材料相关的问题。该案例将对大学生应如何借助"互联网+"创业模式的优势有所启示。

案例分析:首届中国"互联网+"大学生创新创业大赛金奖和最佳创意奖作品——指尖上的陶艺

"指尖上的陶艺"是国内首款集个性化定制、众创空间功能于一体的陶瓷垂直电商 App,主要包括手机淘瓷、私人定制、陶艺空间 3 大功能模块。该项目是由 9 名景德镇陶瓷大学的信息、艺术、工商等专业的学生发起,以用户为中心,整合行业资源,变革生产方式,重新定义渠道,打造的互联网+陶瓷新业态。

目前国内已经有了一些陶瓷行业网站,这个 80 后、90 后的创业小团队,将如何带领"指尖上的陶艺"突围?

1. 用户定位

"互联网+"创业的核心关键是用户,一切都要以用户为出发点。以用户为中心,需要琢磨几个问题:第一,谁是我的用户?第二,用户有什么特征?第三,用户喜欢什么,想要什么?不断地分析用户,超出用户期待值,才是"互联网+"思维的威力所在。

用户并没有期待能自己设计陶瓷,能买到心仪的陶瓷是用户完全能接受的,而"私人定制"这项新颖的设计功能非常吸引用户,用户自然而然会继续关注"指尖上的陶艺",继续在其 App 上购买陶瓷。超出用户想象,用户满意了当然会继续使用 App。

2. 以用户为中心,如何做项目?

第一,发现痛点。痛点就是用户需求,抓住用户最痛的点,越痛需求越强烈。而且必须是群体的痛点,不同群体痛点不同。陶瓷是中国古代的伟大发明,是几乎每个人的生活必需品。景德镇的陶瓷备受追捧,而不到景德镇,就难以买到正宗的景德镇陶瓷,尤其是小批量、个性化的陶艺作品。但"指尖上的陶艺"推出的"手机淘瓷"满足了用户足不出户就能买到正宗景德镇陶瓷的需求,而且确保品质,同时弘扬陶瓷文化。

第二,让用户尖叫。尖叫本身是创造需求,让用户爽。痛点是满足用户需求,尖叫是超乎用户需求。"指尖上的陶艺"的"私人定制"中,用户可以自主设计陶瓷,由陶瓷企业集群生产,产品生产完成后,物流配送交付,改变传统陶瓷企业设计、生产、销售的链式运作模式,满足用户的个性化需求。为用户制作独一无二的专属陶瓷产品,所以让用户尖叫。

第三,与用户共情共鸣。让产品有情怀是个技术活,与用户产生共鸣才是王道。这是做创业营销推广最好的方法。企业的创始人在开始设计产品或服务时,就要让产品有温度,有情怀;

而"故事"是温度和情怀的天然载体。"陶艺空间"汇聚了众多陶艺爱好者,为陶艺爱好者提供线上线下陶艺创作体验、陶艺创作交流与培训,并打造"网络众包＋制造业"的模式,与陶瓷企业合作,开展产品创意设计征集活动,让每一件陶瓷产品都有"故事",活跃气氛,激活人气。

问题:

(1)你如何思考"互联网+"和"+互联网",二者区别在哪?

(2)你有没有更好的"互联网+陶瓷"模式?对案例中的模式给出建议。

(3)分析"互联网+"的特性还有哪些?

第十章 大学生创业案例剖析

学习目标

>>> 了解并选择适合大学生的创业项目
>>> 从创业成功的案例中总结经验
>>> 认识大学生创业失败的主要原因
>>> 从创业失败的案例中吸取教训

案例导入

武东福是湖南省衡东现代节能工程有限公司的董事长,他是个绝顶聪明的人,也是白手起家的典范。

武东福成为湖南省第一个百万富翁后,心想自己能有今天的成就,全靠与自己一起打天下的那帮农民兄弟,现在自己富了,自然不能亏待了这帮兄弟。于是他在自己的节能公司底下成立了十几个分公司,好兄弟一人一个。他规定这些分公司只需定期向总公司交纳一些象征性的管理费即可,其他盈利都是分公司自己的。刚开始这帮兄弟还严格按规定办事,按期交纳管理费,可时间长了,有人看出了武东福的善良、仁慈,于是管理费慢慢变成了白条,武东福却从来没有要求他们将白条兑现。后来,这帮兄弟不但不交管理费,还想方设法从总公司弄钱,他们要求武东福担保贷款,武东福总是有求必应。并且为了照顾与自己一起创业的兄弟,衡东现代节能工程有限公司这些年从未从外面招聘过一个高级管理人员和大学生。

武东福还是一个非常讲社会责任感的人,他在公司创建之初,就做了一个决定:"若是自己获得了一块钱的利润,就必须无偿地捐出8角钱给社会,自己只留2角钱用于发展。"武东福不但自己这样做,还要求分公司经理——他的那帮农民兄弟也必须三七开,即赚一块钱,自己只留3角钱,剩下的7角钱捐给社会。

然而,武东福的公司经过最初几年的红火后,渐渐转向了没落,可惜武东福对此竟没有察觉。在武东福创办企业十几年后,他自己的账上竟然没有一分钱的积蓄。2000年8月,武东福因为收受别人拿来抵债的一张价值2万元的虎皮被警方逮捕,被判入狱4个月,而当他从牢狱出来后才发现昔日的那帮好兄弟早已各奔东西。

启示 从上面的案例来看，企业过去的成功并不意味着永恒，这种靠义气经营、分光用尽的创业方式是不可取的。创业者不能被企业成功后带来的喜悦和财富冲昏了头脑，更不能感情用事，否则必将招致失败。

缤纷多彩的市场，给创业者提供了宽广的选择天地。可到底哪些创业项目适合大学生？大学生可以从那些成功或失败的创业经历中学习到什么呢？为此，本章收集了大学生创业成功和失败的案例，逐一点评分析，并对创业成功的经验和失败的教训进行了总结，以供大学生参考学习。

第一节 创业的成功经验

不是每一个创业者都能成功，但是，真正成功的创业者必然经历了重重困难。学习和借鉴成功创业者的经验可以避免大学生在创业的道路上走过多的弯路，从而早日走向成功。

下面首先介绍几种适合大学生的创业项目，然后结合案例归纳总结大学生创业成功的方法。

一、选择适合大学生的创业项目

大学生作为一个独立的市场主体参与激烈的商业竞争，有自己的优势，但也有不足之处。因此，大学生创业要做到知己、知彼、知市场，量力而行。首先，如同就业一样，大学生创业也要结合自己的兴趣和专业，选择适合的创业项目。其次，要紧贴市场需要，在"新、奇、特"上下工夫。最后，要量力而行，在创业初期可先选择一些门槛较低的项目，挖到"第一桶金"，增加了资本、积累了经验之后再做其他项目也不迟。

网上开店是梦想的开始

现在网络购物不仅成为一种潮流，还为年轻人提供了一个不错的创业机会。Linda 与 Ben 就是网上开店的受益者，他们是一对大学生情侣，没有任何创业经验。由于网上开店费用负担小，于是 Linda 与 Ben 决定在淘宝网上开店，他们的网店取名为 "Linda 与 Ben 的生活馆*幸福屋"。

Linda 与 Ben 是一对幸运儿，开店后的第二天，他们就有了第一笔生意。由于有比较好的货源，以及比较适合的主营项目，再加上个人不懈的努力，他们的店铺已经经营了 9 个多月，并且成了钻石卖家。

虽然店铺生意越做越好，但 Linda 与 Ben 认为作为大学生，学习还是最主要的，他们说：

> "我们的路还很长,在淘宝网上开店只是梦想的起点,感谢淘宝网为我们提供了一个这么好的平台,作为有梦想的大学生,我们可以没有任何负担地在这里积累经验,为今后实现我们的理想打下基础。在淘宝网开店这个过程中,我们体会到了创业的艰辛和挫折,也感受到了收获的幸福。"

哪些项目适合有创业意向的大学生呢?创业指导专家认为以下项目大学生可以选择尝试。

(1)借助学校品牌的项目:借助学校品牌的项目包括各类教育与培训、成熟的技术转让、各种专业咨询等。

(2)具有优势的服务项目:具有优势的服务项目包括家教服务、成人考试补习、会议礼仪服务、收售旧书、发明家俱乐部、速记训练营、出租旅游用品等。

(3)可以独立运作的专业项目:可以独立运作的专业项目包括可以拆分开的业务、图书制作前期工作、各类平面设计工作、各种专项代理业务等。

(4)利用对外合作的项目:利用对外合作的项目包括婚礼化妆司仪、服装鞋帽设计、各类信息服务、主题假日学校等。

(5)小型多样的经营项目:小型多样的经营项目包括手工制作、特色专柜、网络维护、体育用品等。

另外,投入少、风险低的项目最适合初次创业人群。目前市场上的一些"小本经营"项目也可以供大学生一展身手。比如:餐饮食品项目——开家奶茶店,或者开家社区小厨房;咨询服务项目——开办水电维修中心,开办信息服务站;服装时尚项目——从事擦地拖鞋加工,或者开外贸服饰折扣店;美容护养项目——开办花卉护理中心,或者开家美甲店;玩具投资项目——开家拼图小店或玩具租赁店;宠物经济项目——开家网上宠物店,或者做宠物生意;数码科技项目——开家自拍照相吧,或者开家老照片数码设计店;日化家居项目——开家眼镜店,或者开家日化用品专卖店。以上项目颇具创意,又有可操作性,很多项目都有过成功的实践检验,具有借鉴价值,大学生创业者可以学习尝试。

二、大学生创业成功方法与案例

大学生创业拥有极大的市场和潜力。尤其是近几年来,许多大学毕业生大胆开拓,敢于创新,开辟了丰富多样的创业方法和途径,创业成功者也大有增加。总的来看,近年来大学毕业生成功创业主要有以下7类。

扫一扫

成功创业的方法

(一)在网上创业

网上开店是一种便捷、实惠的创业模式。只要登录网站、注册店铺、发布产品信息和图片,一家小店就可以开张了。网络销售不受时间、空间、地域限制,消费者只要上网,就能看到商家出售的商品。同时网上店铺不需要花钱装修,也不涉及水电工资等费用,产品价格更便宜,利润也比较丰厚。因此,网上开店在许多高校学生中日渐流行起来,甚至成为部分大学毕业生的就业新选择。

目前大学生网上开店在各大城市蔚然成风,越来越多的大学生加入网上从商的大军,当起网络世界里虚拟店的老板,一边读书一边创业。据有关网站统计,目前大学生店主在淘宝、易趣等大型网络商务平台中占了3成左右,而其中又以女性居多,经营的店铺主要出售首饰、护肤品、化妆品等。但是,需要特别提醒大学生创业者:网上开店,诚信尤重!

网络与实体店的有机结合

张小桃，女，华中师范大学财务管理专业的学生。从竞标到开业，从单纯的理想到真实创业，只用了不到一个月的时间，她和朋友创办的期颐商务网就已经在学院里流行开来。

为了弥补"期颐"网络虚无的不足，她们还开办了一家实体店，并取名"期颐之音"。经营的商品主要包括个性小家电、数码产品、公仔饰物等，还可以提供各类服务，包括光盘刻录、MP3录制、相片加工、制作相册等。另外，她们可以为企业、个人设计网站，为年轻一族或毕业生制作有个人风格的求职简历。

（二）到农村创业

当越来越多的农民涌进城里打工寻找致富门路的时候，一些大学生则做了相反的选择。他们自愿放弃优厚的城市生活，回到农村养鸡、种菜……

"养鸡专业户"马俊的创业故事

在山西传扬着大学生"养鸡专业户"马俊的创业故事。马俊的父母是地地道道的农民，好不容易让马俊完成了大学学业，然而他们怎么也没想到，大学毕业的马俊却毅然决定回家养鸡。

从养鸡的第一天起，马俊就提出"轻松养鸡、快乐养鸡、养快乐鸡"的理念，而他也实现了这一梦想。在他的养殖场，一个人可以轻松地饲养4 000多只鸡，这是人们原来想都不敢想的。马俊为自己养的鸡注册了商标：易兰质。"易"指容易饲养，"兰"即像兰花那样的优良品质，"质"指质量战胜一切困难。为鸡注册商标，在全国尚无先例，马俊的"易兰质"成为山西省第一个鸡品牌。为了将"易兰质"轻松养鸡法传授给养鸡户，2005年9月，马俊创立了"易兰质"鸡业合作社，以"连锁养鸡场"的模式延续他的快乐养鸡法。有一位远在青海的养鸡户，不远千里来到马俊的鸡场取经，看了马俊设计的科学饲养方案，他激动地告诉马俊："我养了1 000多只鸡，每天要工作8个多小时，而且鸡还长得慢，按照你的方案，每天工作不超过3个小时……"回家不久，这位养鸡户就给马俊打来电话，他已经在扩建鸡场了。马俊养鸡的成功经验使当地农民看到了科技与创新的威力，很多养殖户不得不承认，发展高效农业就得靠有知识的年轻人。

农村是片广阔的天地，除了养鸡之外，大学生还可以考虑在种植果树、农产品加工、农村文化产业等领域创业。尤其是在建设社会主义新农村的背景下，大学生应该担负起应有的社会责任，将自己的知识才能与祖国的前途命运有机结合起来，帮助广大农民奔小康，既解决了自己的就业问题，又带动了农村经济发展，实在是双赢之举！

（三）借垃圾创业

在建设资源节约型、环境友好型社会的实践中，废旧物品的回收再利用已成为一个重要的财富增长点。许多大学生通过创办"破烂公司"加入废旧物品回收的行列，用全新的理念为大学生创业和就业提供了一种思路。这不仅锻炼了大学生的实践能力，还有利于为其他学生树立环保意识，因此得到了越来越多的关注。

阅读材料

"绿色启航"的废品资源管理

在延边大学，每逢周三、周五下午，就会有一支由大学生组成的"破烂王"队伍造访每一间宿舍和办公室，他们回收瓶瓶罐罐、废纸旧报。这些大学生共同拥有一个股份合伙制"垃圾回收公司"——绿航实业发展有限责任公司。

2000年10月，延边大学成立了环保社团"绿色启航"。成立之初社团主要是在校内组织举办一些公益性的环保活动，慢慢地，因为缺乏资金，社团活动规模常常受到限制，有时甚至很长时间不能举办活动。

2003年，"绿色启航"负责人陈浩南赴北京参加全国高校环保社团的交流会。会上，北京林业大学实施的"回收"行动计划令他眼前一亮。他想，自己学校里每天产生的"垃圾"数量也相当可观，这不是可以用来换资金吗？就这样，"回收"行动计划被引入延边大学。陈浩南从"绿色启航"百余名成员中抽出30多人组成一支"回收"行动小分队，主要任务是每个周末定期深入学生宿舍回收"垃圾"。第一次进宿舍回收"垃圾"，一些同学嗤之以鼻，但忙碌了一个下午后，"绿色启航"靠回收的垃圾赚到了第一桶金——18.5元。惊喜之余陈浩南调查发现，全市在校大学生超过60万人，而这么多人每天产生的"垃圾"数量惊人，这其中蕴藏着巨大商机。这两年国家支持循环经济，"绿色启航"的废品资源优势得天独厚，如果能进行公司化运作，利润绝对可观。他找到本校艺术工程学院2003级环艺专业的学弟杜伟，两个人一拍即合。

2005年6月，又是毕业生离校的时间，他们注意到，毕业生4年积攒下的电子辞典、旧书、CD、电器、被褥等物品大部分没法带走，只能摆地摊贱卖，来不及卖掉的就当垃圾扔掉，而这些东西恰恰是很多低年级同学需要的。于是"绿色启航"开通了二手市场业务，卖家可以直接将东西卖给"绿色启航"，也可以寄存在"绿色启航"申请代卖，若到期仍未卖出或达不到预期价格，交点管理费还可以取回。

2005年11月，在学校的支持下，绿航实业发展有限责任公司在延边大学以社团的形式正式注册成立，公司有员工100多人，全是在校大学生。公司成立之初，单靠简单"买进卖出"所得利润十分微薄，于是他们将目光转向了废旧物品的再加工上。

通过不断摸索，公司建立了一套规范的垃圾回收、处理、变卖管理系统。仅半年时间，公司主营业务月收入最高已达到5 000余元。

先由一些志同道合的同学组成学生活动团体，既从事学生活动，又从事创业尝试，慢慢地，这个学生团体逐渐发展为公司的雏形，这是目前许多在校大学生创业的有效形式。实际上，原先的学生团体已为今后创业做了组织上和思想上的准备。

（四）凭专业创业

创业来不得半点的盲目和草率，特别是对于经验和财力有限的大学生创业者来说，更需要慎之又慎。一些大学生创业成功的主要原因在于围绕自己的专业，发挥自己的能力特长。

第一，在选择创业项目上，应从自己比较熟悉的行业入手。创业初期，不能盲目搞多元化，而要突出企业的专业性。

第二，在学习知识的过程中，不要忽视社会实践经验的积累，要围绕自己的职业生涯规划使知识系统化，为创业打下坚实基础。

阅读材料

靠专业和技术走上创业之路

侯贤，北京某科技大学物理系研究生，1997年以专利技术成为北京市海淀区一电池生产股份公司股东，每月收入4 000余元。早在1994年开始进行汽车蓄电池研究之前，他就已经注意到世界蓄电池的发展动态了，汽车时代少了蓄电池怎么行？并且许多专家预测21世纪将是中国最繁荣的汽车时代，汽车蓄电池在我国有十分广阔的市场。

大二的时候，侯贤开始着手研究汽车蓄电池。无论是节假日还是课余时间，他都在宿舍里摆弄蓄电池。有同学笑话说："侯贤一心要当老学究啦。"但是凭借对蓄电池研究的兴趣以及对以后靠技术致富的渴望和信念，侯贤义无反顾地选择了这条艰苦的创业之路。

1996年秋天，侯贤研究的节能汽车蓄电池顺利获得国家专利后，他得到了国内十几家汽车蓄电池生产厂家的青睐。而他毫不犹豫地参加了国家科委举办的科学技术专利转让大会，并顺利地和北京的一个厂家签订了以科技专利入股的合约，成为全国第一个大学生股东。

这项发明成功后，侯贤暂时中止了他的一系列科研活动，一心报考研究生并一举成功。侯贤每个月可以依靠那项专利领到4 000多元，经济生活有了保障，科研经费也有了，他又着手研究另外一项发明。

专业是大学生就业的关键竞争力，也是大学生创业的关键优势，尤其是一些大学生具有专业发明，更容易走上创业道路。理工科专业和艺术类专业的大学生更应充分地意识到这一优势。

（五）校园内创业

大学校园里时时是商机，处处有人气。只要善于把握机会，发挥专长，立足身边熟悉的环境，从小事做起，也一样可以创业成功。

一般来说，大学周边商家云集，因为大学生是一个极大的消费群体，大学校园里时时处处潜藏着商机，这给大学生在校园内创业提供了良好机遇。大学生应注意培养自己的创业意识和经商敏感性，为成功创业奠定良好的基础。

在校大学生走上创业之路

陈峰伟是南京邮电大学二年级的学生，他通过个人投入和融资的方式，在仙林大学城内建了一个 $500m^2$ 的名为"华盛电器"的 IT 大卖场，大卖场的所有工作人员都是大学生。

陈峰伟到南京不过一年半时间，却一直没有停止自己的创业之路。在新生军训时，学校只发了衣服，没有配鞋子，于是他立即从外面购进鞋子向新生推销。暑假里，陈峰伟先到太平洋建设集团实习，之后回到河南老家又做起了一些高校的招生代理。陈峰伟最早接触的 IT 销售，也是在大学里，就是向同学推销手机、MP3 等 IT 产品，此外，他还在仙林大学城的各个学校内发展代理。在向同学推销手机和其他数码产品时，他发现了巨大的商机："仙林地区有 12 万名大学生，却没有一个专业销售数码、手机产品的卖场。而仙林地区手机、笔记本电脑和数码产品的年市场份额达 3.6 亿元，仅手机一天就产生 300 部需求。"陈峰伟称这一结论来自他组织的 3 次市场调研。此外，他还向大学生做了另外一个问卷调查：如果我在仙林开一个大卖场，你会不会来这边买产品？70%的学生的回答是"不会"，他们会选择像苏宁、国美这样的大店。在问卷上选择到他店里去的仅占 18%，但这 18%也给了他很大的鼓舞，纯数学计算，3.6 亿元市场总需求的 18%就是 6 480 万元。于是，陈峰伟决定，开这个大卖场。

陈峰伟从没透露过自己在校一年半的时间到底赚了多少钱，但他称此次华盛电器的启动资金全靠自己，没向家里要一分钱，家里甚至不知道他在做这件事。"其他的钱，我主要是融资，就是向企业借贷。"他称自己不久前从江苏某知名企业获得了担保，并且已成功从北京某企业获得融资，但他没有透露具体数额，只称正逐步到位。他还说："我们已经与海尔、TCL、诺基亚等 10 多个厂商达成了协议，广东一带生产 MP3 的企业也已经同意免费铺货进场。"陈峰伟称："华盛电器所需的数十名员工已经招聘完毕，全是来自仙林地区各高校的大学生。核心管理团队 4～5 人，有南京邮电大学也有其他高校的创业主力，也有本校的学生会主席。基层员工则以按时计费为主。"虽然南京家电业巨头云集，但陈峰伟已经把竞争对手锁定为苏宁、五星等巨头，他第一年的销售目标是 4 000 万元，他希望 5 年后的年销售额能达到 2 亿元。

（六）新商机创业

大学生经验不足，社会关系简单，抵抗风险能力弱，这些不足之处需要大学生在创业之前有清醒的认识。这些缺陷与不足使得大学生如果选择一个比较成熟的传统市场创业，将无力同其他同行竞争。而在一些新兴的市场，大家都处于同一起跑线，大学生反而因为没有传统经验主义的束缚，往往能够出奇制胜。也有一些大学生创业者巧抓商机，从别人关注不到的行业入手，迅速走向成功。

商机贵在"新",新商机又从何而来呢?细致观察和认真思考是必不可少的,通过对现有商品或服务的不足之处与顾客个性需求和特殊需要进行思考研究,往往能发现商机。大学生头脑灵敏,敢于创新,如果把这种优势充分运用到创业实践上,必定能取得成功。

传统零售业的现状

目前,传统零售业如果不做任何改变和调整,接下来将面临崩溃。事实上零售店的租金越来越贵,销售业绩越来越差,营业员根本不知道消费者需要什么,只是一味地向消费者推荐高端产品。而移动互联网可以根据消费者的需求,向消费者推荐并定制其所需的产品。

从市场营销的角度来看,要不断发现和跟踪用户行为,通过用户识别,感知用户的需求和消费习惯,精准营销,满足用户需求。未来的销售渠道,也许不是零售商选定的消费渠道,甚至也不在商业中心。以用户需求设定的零售业将越来越多,如用微信可以购物,用旅游 App 可以购买户外用品,通过餐饮网站可以购买蔬菜半成品等。

(七)连锁店创业

大学生如果选择开店创业,如何才能在竞争激烈的市场经济大潮中成功地拼搏一把而不被挤垮?对于经济实力相对有限的大学生创业者来说,恐怕最好的方案就是出奇制胜。很多实例表明,如果能够准确把握市场需要,巧妙选择自己的业务范围以迎合特定客户的特殊需要,大学生开店仍然不失为一种简单易行的创业途径,而连锁店创业就是坚持以消费者为中心,通过统一商品、统一价格、统一服务、广泛布点,及时并最大限度地满足顾客所需的经营方式。

"风火轮滑"连锁店的开创

欧阳,男,湖南师范大学国际经济与贸易专业 2003 级学生,酷爱轮滑运动。进入大学后,他发现很多同学也有同样的爱好,于是萌生了开创品牌轮滑店的想法,并进行了一定的市场调查,确定了创业方案。通过向朋友借款和自己的部分存款,欧阳筹集了 8 万元资金,于 2005 年创办了自己的品牌轮滑专卖店——"风火轮滑",主要经营成人轮滑装备,进行轮滑技术培训与咨询,并承接各类有关轮滑的商业表演。

由于初期的经营并不令人满意,"风火轮滑"并没有多大知名度。为了改变这种局面,扩大品牌的知名度,推广自己的品牌,推广轮滑运动,欧阳频繁在长沙各大高校演出,结交志同道合的朋友,吸引更多热爱轮滑的人。

经过两年的摸索,"风火轮滑"已经初具规模,拥有 3 家连锁店,其中两家设在长沙,另外一家设在北京,会员已有 500 余名。欧阳还成为中国轮滑协会的合作伙伴,"风火轮滑"是中国轮滑协会的推荐产品,为长沙高校广大学生熟知。

大学毕业后,欧阳继续经营着"风火轮滑",并且有意经营其他体育运动装备。

欧阳的"风火轮滑"专卖店取得了较大的成功,不仅在于他精湛的轮滑技艺,还在于他善于发现潜在的商业机会,并通过合理的手段开拓市场。

第二节 创业失败的教训

创业不易,创业失败的教训比成功的经验更有价值,俗话说:"失败乃成功之母"。创业者应该善于从失败中吸取经验教训,方能获得成功。

大学生自主创业是一项利国、利民、利己的事情。他们能勇敢冲破长期形成的就业观念的束缚,不等、不靠、不要,主动到社会上开创属于自己的事业和天地,这种勇气和精神是值得提倡的。但是,大学生也要清醒地看到,创业是艰难的,是具有风险的。据统计,发达国家每年都有上百万家新企业诞生,这些新企业能生存 18 个月的只有 1/2,能生存 10 年的仅为 1/5。

据美国有关调查显示,24%的新企业 2 年之内就关闭了,在 6 年之内,有 63%的新企业彻底失败,而美国高科技企业能生存 10 年的仅为 10%。在我国,每年有超过 100 万家企业(包括个体工商户)倒闭,其中有一定规模的企业每年倒闭 10 多万家,企业的平均寿命为 3~4 年。从国家工商总局的统计数据来看,每年新注册登记的各类企业(含个体工商户)平均生存期仅为 4~6 个月。由此可见,创业之艰辛,创业的风险之大。

一、大学生创业失败的主要原因

扫一扫

失败的主要原因

一批又一批大学生创业之初意气风发、雄心勃勃,却出师未捷便折戟沉沙,留下难言的创痛和沉重的心理与债务负担。那么,是什么原因导致了这样的结果呢?为了了解大学生创业失败的原因,帮助大学生自主创业,下面对造成大学生创业失败的主要原因进行了归纳,大致有以下 10 种。

(1)缺乏经验和能力不足:当老板与给人打工是完全不同的,最大的区别就是老板需要决策。从零开始创办一个企业要求创业者必须是一个能干的多面手,没有一定的经验和能力很难办好企业。

(2)缺乏产品营销策略:现在创业难的不是有没有产品或服务,而是没有认识到谁来购买企业的产品或服务。没有搞清楚哪些人会购买你的产品或服务以及他们为什么会购买之前就贸然推出新产品或服务,通常会导致失败。

(3)对市场的规模估计过分乐观:认为自己的产品或服务不错,总会有人来购买,或者认为别人开办企业能赚钱,自己也可以赚钱。这些想法是错误的。新创企业必须研究目标市场,了解企业的竞争对手,对市场的规模和前景做出实事求是的估计。

(4)起步成本过高:新创企业必须坚持勤俭持家、精打细算,尽量压缩不必要的开支,努力降低成本,不要把宝贵的起步资金投入装修、购置固定设施、设置重叠机构上。非生产经营性的成本过高必然会削弱企业的竞争力。

（5）选址不当：在何处营业或开店及房屋租金的高低对企业来说是非常重要的问题。选择店址既要考虑租金高低，又要考虑客流量的大小。如果没有顾客光顾，即使租金再低也没有意义。应该在开业前认真进行市场调研，反复进行分析比较，确定合适的经营场所。

（6）缺乏流动资金：有多种原因会使企业流动资金缺乏，经营发生困难。所以，在制订计划时对资金的需求要有正确的估计，在资金的分配上要留有充分的余地。

（7）准备不充分：创办企业不是一件容易的事情，开业前必须完成大量的准备工作，比如市场调研、制订创业计划、选择场所、装修店面、添置设备、招聘人员等。不能低估起步阶段所需要的时间，一定要合理计划。在某种意义上，时间的准备比金钱的准备更重要。

（8）挑选和管理雇员不当：人才是企业经营成败的关键。企业本身就是一种团队作业现象，需要有科学的组织结构和管理安排，挑选合适的雇员和管理人员十分重要。

（9）不顾条件盲目扩张：有人认为企业越大越好、发展越快越好，这种观念是错误的。发展需要一定的条件，不切实际地盲目扩张，拔苗助长，欲速而不达。

（10）急功近利：创业必然希望尽快实现盈利，但是有些创业者致富心切，搞短期行为欺骗顾客，甚至生产、销售假冒伪劣产品，结果信誉尽失，自掘坟墓。

仓促创业终致失败

李某早就想摆脱打工者的身份自己当老板，但是由于找不到好的投资项目，始终没有开始自己的创业。一天，他在与一位亲戚的谈话中得知，当前生产塑料袋子非常赚钱，而且那位亲戚通过经营塑料生意确实赚了很多钱。于是他抛开了创业应有的谨慎，没有做任何市场调查和前期准备，就投入了4万元资金，在当地办起了一家小型的塑料编织袋加工厂。

由于前期没有充分了解该行业，在创业之初，李某就犯了一个低级错误。生产塑料制品需要有场地堆放材料，可是李某却选择了一个很小的场地就动工生产了，导致没有场地堆放材料，厂里的生产经常需要停工。同时，李某在小场地上已经投入了不少资金，也没有足够的资金再去寻找其他场地了。

仓促与盲目地创业，使得困难接踵而至，除了场地问题，销路问题也让李某烦恼不已。本来以为都是塑料加工企业，亲戚能在销售上帮忙，可是李某选择的是生产塑料编织袋，和亲戚加工的塑料袋子不一样，亲戚根本不能提供任何帮助。他这才发现凭自己的能力，并不能顺利销售产品。

李某的创业很快走进了死胡同，这让他认识到盲目地创业最终是无法成功的。

创业因人因时因地而不同，创业成功取决于丰富的社会经验和对市场的把握。如果前期对市场需求情况不了解，没有谨慎选择进货渠道，也没有对风险和竞争策略有所预期，必然会导致失败。

三、大学生创业失败案例评析

创业者若能从别人的失败中吸取教训，可以避免不必要的风险，使创业的步子走得更稳。同时也可以从失败中得到启迪，总结出迈向成功的方法。

（一）非法经营，创业不成反成囚

企业的经营行为主要指从事某项能够为自己带来利益的活动。一般情况下，正常的企业经营行为不会有非法经营罪的风险，但是也常有部分企业因发生非法经营行为而遭到处罚。按照法律规定，非法经营罪一般指违反国家规定，未取得经营方面的行政许可，而从事的扰乱市场经营秩序的行为，包括非法经营烟草，非法经营食盐，非法经营证券、期货、保险，非法出版等。一般而言，非法经营罪都是违反了上述规定，未获得审批、许可而发生的经营行为。

合法经营才能成功

姜某曾是广州某大学公共关系学专业的学生，读书期间就一直在一家广告公司做市场策划，这一经历触发了他的创业灵感。大三的时候，他找到学计算机的几个朋友商量创办公司，大家一拍即合，并确定了目标。经过两个多月的努力，1999年4月，一家注册资金为30万元的某高科技公司诞生了，姜某为法定代表人。包括姜某在内的7人团队被媒体誉为"开创广东大学生在IT界创业的先河"，正式吹响广东大学生创业第一声号角。但在公司的经营过程中，他们却迷失了方向，在互联网上以经营电影网站的方式传播淫秽电影、图片获取暴利。2005年2月28日，广州市东山区人民法院以传播淫秽物品牟利罪为由对该公司进行了一审公开宣判，判处公司总经理姜某有期徒刑1年6个月，并处罚金人民币1万元。

姜某本来是第一个试吃螃蟹的勇士，理应受到人们尊敬，可是他以身试法，最终锒铛入狱。此教训不可谓不深刻。看来，任何一个创业者，首先要是一个守法者，然后才是一个经商者，最后才可能是一个成功者。

创业者在经营过程中，应该注意自己经营的内容，特别是在企业经营的某些特殊项目上，是否有行政许可。对于超出自己经营范围的，要特别小心，多向有关部门咨询请示，多做相关调查。

（二）计划不详，新鲜创意竟成空

创业计划是创业者叩响投资者大门的"敲门砖"，一份优秀的创业计划往往会使创业者达到事半功倍的效果。一般来说，在创业计划中应该包括创业的种类、资金规划及资金来源、资金总额的分配比例、阶段目标、财务预估、行销策略、可能风险评估、创业的动机、股东名册、预定员工人数等。如果创业计划不详细，在创业的过程中很难预测企业是否达到预期目标，是否能保持可持续发展。

阅读材料

创业计划不容忽视

胡某是西安某大学 2006 届毕业生。大学最后一学期，迎接胡某的是一场接一场的招聘会和一次又一次的失望而归。在与企业的接触中，胡某了解到企业也存在类似的烦恼，因为缺乏对学生的了解，企业仅通过一次招聘会或一次简单的面试就与学生签订用人协议，事后却发现招聘来的员工并不适合这份工作，为此浪费了大量人力物力。于是，他萌发出一个想法——办一个不同寻常的求职网站，为企业和大学生搭建一个长期稳定的接触平台。大学生和企业只要登录注册，双方就可以通过这个平台相互了解，企业甚至可以跟踪大学生在校期间的表现，在大学生毕业时决定是否予以录用。

在西安市政府举行的全市落实创业政策恳谈会上，胡某刚提出自己想建立一个大学生求职网站的想法，就得到了西安市政府有关领导的赞赏和支持。在西安市政府有关领导的鼓励下，这个充满创业激情的小伙子迅速完善了先前酝酿许久的《创业计划书》，架构起未来网站的基本框架。接下来的几个月，胡某开始了广泛的市场调研。

他对 20 多家企业进行了调查，并与人力资源管理部门负责人进行了沟通，网站的特色服务内容得到多数人的肯定。他计划用 2~3 年的时间向外界推广该网站，吸纳大学生和企业登录，并向企业收取一部分会员费。几年后，当网站访问量有了一定提升时，广告将会成为网站盈利的又一渠道。未来，在继续完善网站服务内容的基础上，可以推出一系列连带产品，相信会有更大的发展前景。

尽管制订了自己的创业计划，确立了盈利模式，进行了市场调研，也得到了父母兄长的资金支持，但胡某忽视了创业最为关键的因素——组建得力的团队。这是一个不可避免的问题，胡某自己不会写软件程序，而网站的建立必须由专业的技术人员来完成，在哪里能找到这样一位技术人员呢？刚开始他以为这不是问题，直到制订创业计划的后期，胡某才向身边好友发布信息，结果发现目前高校内具备这方面技术的人才极少，而有丰富经验和能力的人却不愿意放弃已有的工作跟他一起创业。苦苦找寻数月无果，胡某只好暂时收起自己的创业梦想。

"合理的创业方案、资金和团队是创业的 3 大要素，缺一不可。这次对创业条件分析不足，是我最大的失败。"胡某这样总结自己失败的原因。

（三）经验不足，创业便遭当头棒

大学生有创业热情，可是由于经验欠缺、能力不足等原因，导致创业成功率明显偏低。为此，建议大学生在创业前要考虑清楚自己的优势在哪里？熟悉哪一行？同时，尽量从小事做起，多积累经验，做到厚积薄发。创业之初，不要急功近利，不要过早地追求盈利，不要做损害长远利益的事情。

虽然大学生创业面临创业经验不足的风险，但是创业经验的不足可以通过自身的努力以及利用社会和学校提供的资源来尽量弥补，从而提高创业成功率。

经验不足造成的创业失败

刘某，曾经是闻名广州的大学生创业明星和风光一时的年轻的首席执行官，然而现在却和普通大学生一样为找工作而忙碌着。

从大一开始，刘某卖过小灵通，也为广告公司拉过订单，积累了一些做生意的经验。因为学的是IT专业，马云的创业故事让他很受启发。"一个英语教师搞电子商务能成功推出阿里巴巴网站，学IT出身的我为何不尝试一下？"于是，大三暑假前，刘某对电子商务的几种模式进行反复研究，最终选定B2C（企业对个人）模式，准备建一个面向大学生的团购网站。刘某的《创业计划书》得到了一个有海归背景的云南老板的关注，随着双方交流的深入，不久该云南老板答应为刘某投资100万元实施这一项目。

2005年8月，随着铺天盖地的广告和新闻报道，刘某的e路校园网站在重庆的大学校园迅速传播开来。随后的两个月，网站每天访问量达4万~8万次，会员迅速发展到8 000多人，与国内同类网站相比，发展速度已达中上水平。

突如其来的成功使得刘某和他的团队被冲昏了头脑。身为大学生，他们竟一直未考虑到寒、暑假学生考试以及离校等因素可能对网站造成的影响。到当年12月，随着期末考试的临近，网站人气骤然下降，访问量滑落至日均2 000多次，新增用户也由以前的每天300多个降至50个，尽管如此，房租、水电、人工等日常开销还得继续。

本来面对前几个月人气骤增的局面，刘某打算年底启动网上团购，但随后通过对市内各高校的调查及网上测试发现，本地高校学生对网购的热情远远低于预期。这无疑给一心想走校园电子商务路线的刘某当头一棒。但他仍尽最大努力维持网站运作，只不过网站宣传势头已大不如前，人气持续走低。

到了春节，好不容易闲下来的刘某开始冷静思考。当时，网站预期的3大盈利点为网上团购、网络广告、SP分成，第一个仍未启动，后两个收益也不理想。于是刘某到云南与投资人反复沟通后，不得不忍痛关掉运作半年多的e路校园。

突然的成功就像突然的失败一样容易使人一下子冲昏头脑。大学生应做好各种心理准备，包括如何在失败中走出来，以及如何在成功中一直走下去。真正的成功者一定是败不馁胜不骄的人。

（四）不善理财，万贯财产付东流

对于创业者来说，如何合理地分配创业资金？如何进行资本的转化？这些都需要丰富的理财知识。每一个成功的企业家都会高度重视企业的财务管理，以确保企业获得最有效的资源配置。在某种意义上说，创业者理财能力的高低决定着整个创业项目的走向。

创业者应该重视培养自己的理财能力，因为创业中的资金问题随时都会出现，创业的风险也无处不在，没有良好的理财能力，创业资金的使用效率肯定会大打折扣，同时，企业的发展也必将受到较大的影响。

善于理财是大学生创业的重要基本功。如果自己不懂财务，也必须让得力的助手帮助理财。否则，企业必将因为资金问题而陷于困境。

创业是离不开资本运作的，也就是说没有理财能力，创业也就失去了根本。资金是企业的生存之源，创业者要保证它不枯竭。在创业之前，创业者应努力培养自己拥有控制资金的能力。

（五）不经挫折，一有不顺便失败

每个人在创业中都会面临成败，面对失败，有的人一蹶不振，有的人接受教训再次上路。因此，创业者一定要培养抗挫折能力，只有不怕失败能经受挫折，才能走向最后的成功。当面临困境时，创业团队如果能够齐心协力，同舟共济，努力克服困难，企业必将走上健康发展的轨道。

正确对待创业过程中的挫折

2003年11月，某大学6名在校大学生共同投资创办了"莱利广告策划公司"。创办者蒋某学的是法学，方某学的是电子信息。大一的时候，两人共同发起并创办了贵州高校首家红十字会，并于次年将其发展成为一个有2 700多名会员的大社团。

当年的"全国高校优秀社团"中，贵州仅此一家社团入选。不久，蒋某和方某双双进入贵州天马国际旅行社兼职。蒋某任外联经理，方某任业务经理，两人共同负责大学生旅游市场的开发和经营。这段兼职经历对蒋某和方某二人影响很大：一是扩大了他们的交际网，初步积累了社会经验；二是旅行社内部浓厚的团队精神及创业激情深深打动了他们。从那时起，一颗创业的种子悄悄在这两个热血青年的骨子里萌芽了。2003年5月，蒋某成功策划了校园慈善演唱会，并顺利拿到了43万元赞助。蒋某从中发现了自己的潜质，心中的创业梦日渐明朗。

当蒋某把心中的梦想告诉方某时，二人一拍即合，随即决定创办一家广告策划公司。创业目标锁定后，蒋某和方某开始忙碌起来。为了系统地了解财务和管理方面的知识，从2003年5月开始，连续3个月，蒋某和方某除了搞些市场调查，大部分课余时间都泡在了书店里。同时，他们也开始通过各种途径物色合作伙伴。经过挑选，2003年11月8日，由6名"勇士"投资5万元创立的广告策划公司成立了。

公司成立伊始，创业者们纷纷表示：对公司未来充满信心！但是，热情并不能消除困难。虽然得到了社会各界的帮助和支持，但由于缺乏成熟的企业管理能力和开拓市场的经验，角色的突然转变使这些大学生们感到现实和创业激情碰撞的"阵痛"。尽管公司根据股东们的课程表统筹安排，规定在没有课且完成学习任务的前提下实行轮班制，可是公司里繁杂的事务和学校里繁重的学习任务使他们焦头烂额，两位股东杜某和郑某不久就以"学习工作两难兼顾，时间无法妥善支配"为由撤出了股份。后来，在公司接到的10多个订单（其中不乏上百万元的大订单）中，由于种种原因，竟然一个订单都没有完成。终于另外两位重要股东王某和方某也动摇了，他们相继向蒋某提出了退股的要求。过了3个月之后，公司面临着解体的危险，蒋某只好决定从"老本营"——贵阳时代广场第28层的办公场所里悄然撤离。

本来大学生创业就面临着诸多困难，在校大学生创业更是如此，既有经营方面的挑战，又有学业方面的压力。因此，在校大学生创业时应充分考虑人员结构，保证团队成员都能够把全部时间和精力投入创业中。

（六）为利所惑，管理不善终是祸

做企业跟做人一样，时时刻刻都面临着各种诱惑，如金钱、利益、荣誉、面子等，如果经不住诱惑，利欲熏心，终将害人害己。因此，在金钱和利益面前，创业者应时刻保持清醒，切不可误入歧途。

利欲熏心不可为

3年前，潇某还是上海某高校大四的学生。他想为就业积累经验，便四处寻找实践机会。当时恰逢联通公司扩张时期，联通公司与上海关天通信工程设备公司签订了销售代理协议，将以直销方式，在校园发展用户。每台手机700元的补贴款和不菲的酬金让潇某动了心。获取这一信息的潇某决定尝试一下。根据要求，他找到了上海想云科技咨询有限公司与关天公司签协议，在高校师生中发展CDMA客户。

根据协议，潇某可以以优惠的价格向在校师生销售CDMA手机，要求客户购买联通公司的UIM卡加入CDMA网，并至少使用两年。而潇某每发展一个客户，根据不同的业务种类，可以获得手机补贴费、业务酬金等，收入不菲。

然而，潇某忽略了合同中一个重要细节：合同规定，所发展的用户必须凭学生证、教师证原件和复印件才能购买这个CDMA的手机套餐业务，而外地生源的学生还必须有学校的担保。也就是说，严格的身份认证是联通公司这笔业务成功的关键，一旦发现有恶意登记的"黑户"存在，潇某就需要承担责任。

潇某似乎对这个问题并没在意，他和他的大学生助手们在自己的学校里以直销形式发展客户，生意极好。一开始，他们还像模像样地查看、登记学生证和教师证，但是后来这道程序就形同虚设。很多社会上的人得知校园里有便宜手机卖，便前往购买，一部分人使用假的身份证件，满某和助手们却无暇审查，为此埋下了祸根。

仅仅两个月的时间里，满某就发展了4 196个客户，而其中有1 000多个客户是使用假身份证件，其中有无主户、不良用户和虚假用户，并且许多人大肆恶意拖欠话费。联通公司无法通过身份登记寻找到这些客户，损失百万余元，于是将满某告上了法庭。上海市第二中级人民法院对满某下达了一纸判书，他将负连带责任赔偿95万元。

不遵守合同协议，不严格执行合同规定，只为了贪图一己之利，结果既害了别人，又害了自己。大学生创业者应具有强烈的法制意识，在商业运作过程中，严加管理，遵纪守法，合法经营，正当盈利。

（七）急于求成，贪大求快必失败

企业成长如同人的成长一样，是一个从量变到质变的过程。如果过分追求成长速度，无异于拔苗助长。其实，企业经营就像一场马拉松比赛，不是看谁现在跑得快，而是看谁能在关键时刻跑到别人前面去。在创业过程中，当企业效益逐渐凸显后，创业者不能一味地扩大企业规模，而应关注并妥善处理资金预算、市场预测，以及材料、人员相关要素的协调等管理问题。如果没有做好充分准备，高速的增长只会给企业带来巨大风险。

阅读材料

一位急于求成创业者的败局

王某是湖北某大学工商管理专业的毕业生。因为家境殷实，刚一毕业便接过父亲名下的一家家用电器公司。由于公司前期的运作和管理已经比较成熟，所以王某上任之后并没有太大的压力。他渐渐不满足于公司已有的规模和效益，看不起同行们缩手缩脚、小打小闹的样子，一心想要大干一场，这种心态使他忘记评估自己的企业抵抗风险的能力。

通过一番考察，王某决定扩大公司在电磁炉上的生产规模。他对这个电磁炉项目充满自信，认为这个项目一定能给他带来不菲的收益。于是他千方百计筹集资金，就在这时，他手下的一名技术员劝告他说："老板，你应该将新线开工时间推迟4个月，我们就能安装调试好一种目前最先进的设备来生产这种产品，比现有设备生产的产品要好，相信也会卖得更好。"王某听了却很不高兴地说："推迟开工4个月，那意味着我们将白白丢掉上百万元的利润。"于是他命令马上开工，连上两条生产线，公司的负债随着他的盲目投资迅速扩大，王某却毫不在乎。在他看来，等公司一运转起来，什么债都可以还清。但是，工厂开工没几个月，就因为配套技术陈旧、产品科技含量低而使产品陷入滞销，公司也面临倒闭。

现实中，一些创业者一开始就喜欢把摊子铺得很大，殊不知摊子铺得越大，所承担的风险也越大。同时，在经济快速增长的时候，人们容易信心超支，对未来估计过于乐观，从而形成投资泡沫，稍有不慎，投资者就会陷入危局和困境。

投资者应从风险与收益平衡的角度考虑企业的投资导向，选择合适的投资项目，并且将投资规模控制在适度的范围内。创业者在初涉投资时，易受眼前利益驱动，而忽视长远利益，采取急功近利的短期行为，这样做虽然能够使企业一时获利，却丧失了长远发展的后劲。投资是一项系统工程，创业者要克服急功近利的思想，绝不可杀鸡取卵。在进行投资时，应将资金分批次、分阶段投入，尽量避免一次性投入，以防止万一环境发生变化，手中却无资金可以周转，从而导致企业倒闭。

阅读材料

大学生创业必经3大"阶梯"

1. 体验创业

所谓体验创业，就是大学生通过低成本、无风险的个人投资用一种体验的态度和心情进行创业实践活动，逐步增强社会认知，着力感悟自身价值。

2. 学习创业

拥有体验创业的经历之后，那些不想创业的大学生就可以寻找自己喜欢的工作，而那些真正有兴趣继续创业的大学生则要进入下一阶段——学习创业阶段。这个阶段的主要任务是学习创业知识、挖掘创业天赋、明确创业方向。

3. 实践创业

创业是一项充满挑战的伟大事业，一个具有创业愿望的大学生能否最终走上成功创业之路，与他是否相信自己可以在激烈的竞争中胜出有着直接的关系。大量事实证明，大学生的实践创业将有效地激发大学生的智慧潜能，将有效地促进大学生的社会适应能力。在经历了创业实践之后，无论成败，大学生都将拥有值得终身珍视的人生财富。这对于大学生未来赢取事业的成功、家庭的幸福、人生的快乐，都将发挥无与伦比的特殊价值。

总体而言，体验创业、学习创业与实践创业是大学生成功创业的3个阶段。

第三节　评估与分析

本章不仅介绍了适合大学生的创业项目，还通过案例归纳总结了大学生创业成功与失败的原因。以下是与这些内容相关的练习，通过这些练习，分析与评估创业者成功的经验与失败的教训，为自主创业提供借鉴和帮助。

阅读以下材料，分析孟炎具有哪些适合创业的优点，以及他创业失败的原因。假如你是孟炎，谈谈你从这次失败的创业中学到了什么。

孟炎短暂的7个月创业经历

孟炎在大学学的是企业管理，大学毕业后曾经在一家销售轴承的公司工作了一年。由于一直跑业务，经常与客户打交道，孟炎认为自己对这方面的知识和技巧已经全部掌握了，他渴望自己创业。一个偶然的机会，他得知同学小谢的家中有人做过机械轴承的销售，而且收入颇丰，小谢也称自己有过相关的工作经历，有一些老客户可以联系。于是孟炎心动了，很快就开始规划起创业的具体细节，他一直觉得自己的创业目的很明确：一是给将来打基础；二是多赚点钱。可是对于具体如何运作，目前的市场前景如何，这个行业的特点怎样，以及具体产品的性能如何等，两人都是外行。

2002年4月，孟炎在北京城东的一座小写字楼里租了一个70多平方米的办公间，每月租金5 000多元（原本没必要租这么贵的写字间，但两人觉得搞轴承销售，面积、装修都要体现一定的实力），加上日常开支、电话费等，月支出在1万元左右。孟炎和小谢共借来了8万元作为启动资金，为了节省房租，孟炎和小谢都搬到了公司住。白天，他们与请来的两个员工一起打印各种资料、报价单等，晚上就将这些资料装入信封发给各个企业。可是上万封信发出去后，如石沉大海，他们没有等来一个业务咨询电话，却等来了邮局退回的信件。

2002年8月，他们开始到各个机械设备展览会现场、轴承展览会现场，向往来客商递送资料，没想到这种方法竟然让他们收集了几百张中间商的名片，有国内的，也有国外的。两个人兴奋到了极点，他们觉得自己已慢慢进入了状态。他们每天忙忙碌碌，把收集的名片输入计算机，做成数据库。借着展会的后续效应，每天都有十几个客户打电话或上门谈业务。可是过了一个多月后，孟炎察觉有些不对劲：每天都有客户来咨询，要求提供样品或报价，但他们拿了资料和报价后就再没了回音。孟炎着急起来，他专门找了一些业内的人士，向他们请教，并分析原因，最后他才知道机械轴承这个行业情况很复杂，发展到现在，国内外厂商和供应商之间的关系相对稳定。因此，产品质量好、价格低未必能争取到客户。

孟炎心想干脆主动上门与客户洽谈，以增进与客户沟通，甚至动员了所有的同学、朋友、家人，帮他寻找相关企业的熟人。然而，隔行如隔山，没有一个人能帮上忙。孟炎越来越感觉自己就像陷入了一个旋涡中。于是，孟炎决定招几个业务员，并且草拟了一份销售计划。业务员招来后，孟炎给他们开出了每月500元的保底工资。然而两个多月过去了，公司仍然颗粒未进，孟炎心急火燎。直到国庆前夕，公司总算有了第一笔订单，合同金额为7万多元，孟炎将自己的利润降到最低，一单生意下来只赚了4 000多元。接着，又陆续签了几笔业务，都是小单子，赚了不到1万元。

随后，公司业务终于有了起色，完成了几次订单后，孟炎创下了不错的口碑，上门的客户越来越多，虽然都是很小的订单，但是所赚的利润也勉强能够维持每月的开支。孟炎再次看到了希望，但是，暂时的成功并不能掩盖公司组织不健全、构架不合理、员工工作秩序混乱的问题，以及孟炎作为一名创业者在管理方面的欠缺。很快麻烦又来了，业务员之间为了争客户明争暗斗，互相拆台。孟炎起初以为这是业务员竞争过程中的必然现象，并未加以重视，没想到事态逐渐恶化。一个业务员为了抢到订单，竟然与厂商做起了私下交易，可是当供货出现问题时，业务员早已走人，而厂商只能找到孟炎要求赔偿。为了保证公司声誉，孟炎给了厂商一定的赔偿，两个月刚刚赚到的钱就这样被赔光了。更严重的是，公司业务员之间的你争我夺，在业内很快就人尽皆知，导致厂商对孟炎的公司产生疑虑。很快，公司业务再次陷入僵局。

2002年11月，小谢终于绝望地提出散伙，并且带走了仅有的几个客户。孟炎的生意彻底陷入绝境。事后，孟炎说，如果能在同类的外贸公司做两三年，积累一定的经验和客户资源，也许工作起来就不会这么被动。

参考文献

[1] 杰弗里·蒂蒙斯. 创业学[M]. 北京：人民邮电出版社，2011.
[2] 史蒂夫·布兰克，鲍勃·多夫. 创业者手册[M]. 新华都商学院，译. 北京：机械工业出版社，2013.
[3] 伊丽莎白. K. 龙斯沃希. 新办企业成败手筋[M]. 顾海兵，译. 沈阳：春风文艺出版社，1997.
[4] 杰弗里·蒂蒙斯，小斯蒂芬·斯皮内利. 创业学案例[M]. 周伟民，吕长春，译. 北京：人民邮电出版社，2005.
[5] 菲利普·科特勒. 营销管理[M]. 梅汝和，梅清豪，周安柱，译. 北京：中国人民大学出版社，2001.
[6] 艾伦·默里. 管理的常识——《华尔街日报》萃取全球120年管理思想精华[M]. 邱璟旻，译. 北京：中华工商联合出版社，2012.
[7] 《创业者》杂志. 创业宝典——未来企业家之路[M]. 高建，译. 北京：清华大学出版社，2012.
[8] 杰克. M. 卡普兰，安东尼. C. 沃伦. 创业学：第2版[M]. 冯建民，译. 北京：中国人民大学出版社，2009.
[9] 埃里克·莱斯. 精益创业[M]. 吴彤，译. 北京：中信出版社，2012.
[10] 神田昌典. 餐巾纸上的创业课[M]. 蔡昭仪，译. 重庆：重庆出版社，2009.
[11] AshMaurya. 精益创业实战[M]. 张玳，译. 北京：人民邮电出版社，2013.
[12] 桂曙光. 创业之初你不可不知的融资知识[M]. 北京：机械工业出版社，2010.
[13] 彼得. F. 德鲁克. 创新与创业精神[M]. 张炜，译. 上海：上海人民出版社，2002.
[14] 约瑟夫. H. 波耶特，吉米. T. 波耶特. 管理管什么——79位世界顶级管理大师的真知灼见[M]. 王振源，译. 北京：新华出版社，2012.
[15] 戈尔兹. 创业真经[M]. 徐丹，译. 北京：中信出版社，2003.
[16] 《赢在中国》项目组. 俞敏洪创业人生[M]. 北京：中国民主法制出版社，2008.
[17] 付遥. 创业时代[M]. 北京：中信出版社，2015.
[18] 李爱卿，叶华. 大学生创业基础[M]. 北京：清华大学出版社，2015.
[19] 侯慧君，林光彬. 中国大学创业教育蓝皮书[M]. 北京：经济科学出版社，2011.

[20] 蒋云飞. 赢在创业[M]. 北京：机械工业出版社，2009.

[21] 王达林. 创业天下[M]. 北京：清华大学出版社，2009.

[22] 陈炜煌. 创业学[M]. 北京：中国物资出版社，2010.

[23] 万炜. 创业案例集锦[M]. 北京：中国人民大学出版社，2013.

[24] 李华强. 创业的革命[M]. 长沙：湖南人民出版社，2010.

[25] 马于军. 大学生就业问题研究[M]. 长沙：湖南人民出版社，2007.

[26] 吴运迪. 大学生创业指导[M]. 北京：清华大学出版社，2012.

[27] 葛玉辉，李肖鸣，申舒萌. 大学生创业测评[M]. 北京：清华大学出版社，2010.

[28] 张小强. 今天，你创业了吗[M]. 北京：清华大学出版社，2010.

[29] 白涛. 学生就业指导与创业教育[M]. 哈尔滨：哈尔滨工程大学出版社，2010.

[30] 麦可思研究院. 2010年中国大学生就业报告[M]. 北京：社会科学文献出版社，2010.

[31] 李绍勋，范建荣. 大学生职业生涯规划与创业就业指导[M]. 北京：人民邮电出版社，2015.

[32] 张玉利，薛红志，陈寒松. 创业管理[M]. 北京：机械工业出版社，2013.

[33] 吴克明. 中国大学生就业问题研究[M]. 济南：山东人民出版社，2015.

[34] 杨华东. 中国青年创业案例精选（第2辑）[M]. 北京：清华大学出版社，2012.

[35] 庞开山. 大学生就业与创业法律实务[M]. 合肥：中国科学技术大学出版社，2011.

[36] 雄飞，李军. 创办一个企业[M]. 北京：机械工业出版社，2006.

[37] 韩雪，周颂. 大学生创业宝典[M]. 北京：中国金融出版社，2013.

[38] 李娟，方伟，等. 科技创业[M]. 武汉：华中科技大学出版社，2011.

[39] 姜博仁. 创业成功的秘诀[M]. 北京：当代中国出版社，2009.

[40] 徐庆瑞. 全面创新管理[M]. 北京：科学出版社，2006.

[41] 张汝山，张林. 大学生创业案例解析[M]. 南京：南京大学出版社，2013.

[42] 孙陶然. 创业36条军规[M]. 北京：中信出版社，2012.

[43] 丁栋虹. 企业家精神[M]. 北京：清华大学出版社，2010.

[44] 丁栋虹. 创业学[M]. 上海：复旦大学出版社，2014.

[45] 刘清亮，陈玲，王吉祥. 就业指导与职业规划[M]. 北京：人民邮电出版社，2009.

[46] 杜海东. 创业启动[M]. 北京：清华大学出版社，2009.

[47] 储盈. 创业兵团[M]. 北京：中华工商联合出版社，2012.

[48] 朗宏文，郝婷，高晶. 创业管理[M]. 北京：科学出版社，2011.

[49] 李肖鸣，朱建新. 大学生创业基础[M]. 2版. 北京：清华大学出版社，2013.